BRUNO CARNEIRO LIRA (ORG.)

Linguagem e ensino:
realidades que se intercruzam

Dados Internacionais de Catalogação na Publicação (CIP)
(Câmara Brasileira do Livro, SP, Brasil)

Linguagem e ensino : realidades que se intercruzam / Bruno Carneiro Lima, (org.). – São Paulo : Paulinas, 2012. – (Coleção educação em foco)

ISBN 978-85-356-3255-2

1. Comunicação oral 2. Escrita 3. Fala 4. Língua e linguagem - Variação 5. Linguagem e línguas - Estudo e ensino 6. Oralidade 7. Sociolinguística I. Lima, Bruno Carneiro. II. Série.

12-08327   CDD-410.7

Índices para catálogo sistemático:
1. Língua materna e sociolinguística : Linguística   410.7
2. Sociolinguística e língua materna : Linguística   410.7

1ª edição – 2012

Direção-geral: *Bernadete Boff*
Conselho editorial: *Dr. Afonso M. L. Soares*
Dr. Antonio Francisco Lelo
Me. Luzia M. de Oliveira Sena
Dra. Maria Alexandre de Oliveira
Dr. Matthias Grenzer
Dra. Vera Ivanise Bombonatto
Editora responsável: *Maria Alexandre de Oliveira*
Assistente de edição: *Rosane Aparecida da Silva*
Copidesque: *Mônica Elaine G. S. da Costa*
Coordenação de revisão: *Marina Mendonça*
Revisão: *Ruth Mitzuie Kluska*
Assistente de arte: *Ana Karina Rodrigues Caetano*
Gerente de produção: *Felício Calegaro Neto*
Projeto gráfico: *Telma Custódio*
Capa e diagramação: *Manuel Rebelato Miramontes*

Nenhuma parte desta obra poderá ser reproduzida ou transmitida por qualquer forma e/ou quaisquer meios (eletrônico ou mecânico, incluindo fotocópia e gravação) ou arquivada em qualquer sistema ou banco de dados sem permissão escrita da Editora. Direitos reservados.

Paulinas
Rua Dona Inácia Uchoa, 62
04110-020 – São Paulo – SP (Brasil)
Tel.: (11) 2125-3500
http://www.paulinas.org.br – editora@paulinas.com.br
Telemarketing e SAC: 0800-7010081
© Pia Sociedade Filhas de São Paulo – São Paulo, 2012

Dedicamos este livro aos nossos leitores e leitoras, esperando contribuir com as reflexões em torno das nossas práticas linguageiras.

*Os verdadeiros analfabetos são
os que aprendem a ler e não leem.*

Mário Quintana

SUMÁRIO

Apresentação 9

CAPÍTULO 1
"O pobrema é qui num sei o qui fazê." "Tô pagano!"
Bruno Carneiro Lira 19

CAPÍTULO 2
A audição como meio de descoberta e desenvolvimento
da linguagem oral
Andréa Carla Lima Coelho 45

CAPÍTULO 3
Aprender a aprender: desafio para professores e alunos
Junot Cornélio Matos e Sônia Sena da Silva 57

CAPÍTULO 4
Intertextualidade, tipologia e os gêneros textuais no ensino
de língua portuguesa
Patrícia Oliveira Fonseca 71

CAPÍTULO 5
A contribuição da dialogicidade ante a intervenção consciente
da realidade
Shalimar M. Gonçalves da Silva e Junot Cornélio Matos 93

CAPÍTULO 6
As distintas concepções de língua e texto subjacentes às práticas
docentes nas condições escolares de produção textual
Charles Gomes Martins e Maria Lúcia F. Barbosa 107

CAPÍTULO 7
Escola: espaço de construção da linguagem ou do estigma?
*Maria Lúcia Gurgel da Costa, Erideise Gurgel da Costa e
Edmilson Leite Maciel Junior* 131

Capítulo 8
   Avaliar rima com ensinar? Uma análise da compreensão leitora de poemas no livro didático do Ensino Médio
   Helio Castelo Branco Ramos e Lívia Suassuna 153

Capítulo 9
   A influência da fala na produção escrita de alunos do primeiro ano do Ensino Médio
   *Ana Carla Estellita Vogeley e
   Marígia Ana de Moura Aguiar* 175

Capítulo 10
   Linguagem e família: perspectiva sistêmico-relacional na educação infantil
   Manoel Queiroz de Oliveira 197

Capítulo 11
   Os protagonistas de ações de leitura e escrita em ensino a distância
   Inaldo Firmino Soares 213

Capítulo 12
   Eu não sei escrever as palavras direito, mas sei escrever letras
   Adriana Alcântara Teixeira, Marília Maria de Lucena Macêdo, Cleideline Vieira de Barros, Maria Lucilene Silva Machado, Marta Maria Gonçalves de Oliveira, Andréa Carla Lima Coelho, Pe. Bruno Carneiro Lira 241

Capítulo 13
   A importância da estratégia de leitura para o ensino
   Adriana Alves Büchler 261

Capítulo 14
   A construção dos sentidos da metáfora pela criança com perda auditiva de grau moderado
   Kátia Maria Gomes de Albuquerque 283

Tecendo redes de interlocução 301

APRESENTAÇÃO

A presente obra versa sobre temas significativos que envolvem os fenômenos da linguagem e do ensino. No mundo em que as comunicações são cada vez mais sofisticadas, vale recordar todos os aspectos e eventos comunicativos que passam por esse fundamental veículo das relações interpessoais.

Pesquisadores e professores que já se debruçam sobre essa temática foram convidados para interagir nesse compêndio, com ênfase em determinadas questões, pontos de vista e relatos de experiências, dando origem a esse valioso mosaico de reflexões. Com o intuito de ajudar o leitor a orientar-se e estabelecer relações entre as diversas informações, tentaremos destacar de maneira sintética as principais contribuições de cada um, evidenciando as linhas que permeiam esse nosso debate.

O primeiro capítulo, de minha autoria, reflete sobre os fenômenos fonéticos e fonológicos a partir da fala da personagem de Katiuscia Canoro, a Lady Kate do programa *Zorra Total* da Rede Globo de Televisão. O fundamento teórico mais abrangente no capítulo é o fenômeno que chamamos de *apoio na oralidade*, ou seja, se escreve tentando imitar a fala e os determinados contextos de usos linguísticos; e é isto que faz a personagem citada acima. Meu texto, portanto, tem algumas subdivisões que objetiva ser didático e facilitar o entendimento dos leitores. Assim, em um primeiro momento tratamos dos erros na escrita que possuem influência da oralidade; em seguida, o texto traz questões metodológicas com relação ao ensino-aprendizagem de língua portuguesa, influenciadas pelos aspectos fonéticos e fonológicos da língua materna. Mostra, ainda, a importância dos estudos de fonética e fonologia na formação dos professores de língua. Apresenta, também, o valor estético dos fonemas e a importância da seleção vocabular no momento de produção de textos, pois dela depende o grau de alcance que desejamos manter com os leitores nos variados tipos, gêneros e portadores.

Andréa Carla Lima Coelho, no capítulo seguinte, debruça-se sobre a temática do desenvolvimento da linguagem oral, demonstrando que os efeitos da perda auditiva, na fase de aquisição de linguagem, interferem no desenvolvimento de padrões de produção de fala em crianças, processo esse diferenciado na surdez pós-lingual. Seu artigo, portanto, apresenta os componentes do ouvido e sua importância para a produção dos sons da linguagem humana.

Junot Cornélio Matos e Sônia Sena da Silva destacam a necessidade dos alunos, sejam eles da universidade, do Ensino Médio ou Fundamental, de aprenderem a pesquisar, interpretar e a redigir seus textos com desenvoltura e adequação linguística, coerentes, coesos e na norma padrão, visto que são os tipos de textos exigidos pelo Exame Nacional de Ensino Médio (ENEM). Para eles o professor também deverá ser um pesquisador e facilitador, pois ambos, docentes e discentes, estão sempre aprendendo a aprender.

Patrícia Oliveira Fonseca, em seu artigo "Intertextualidade, tipologia e os gêneros textuais no ensino de língua portuguesa", enfatiza, em um primeiro momento, a atual postura da maioria dos alunos em sala de aula. Partindo de uma leitura acurada da sua realidade de professora, conclui que os discentes encontram-se, cada vez mais, desmotivados e que a família não está fazendo o seu papel de parceira da escola, fomentando em seus membros a educação doméstica. Por outro lado, também, assevera que os governantes não deveriam criar leis aleatórias, como a de não reprovar os alunos em séries iniciais, pois eles, por não estarem em sala de aula, não saberiam da deficiência de base com a qual esses alunos chegam ao segundo segmento do ensino fundamental. Partindo dessas reflexões mostra o valor da alteridade nas práticas docentes e, finalmente, chega ao texto, objeto primordial das aulas de língua portuguesa. A partir do texto, a autora propõe o estudo da intertextualidade, dos tipos e gêneros textuais, inclusive trazendo a baila exemplos significativos, sempre com a preocupação de tornar os alunos produtores autênticos de seus textos e que realizem tais produções, em sala de aula, com prazer. Traz, ainda, uma reflexão sobre a mediação dialética, ou seja, a maneira adequada com que o professor deverá transportar o conhecimento científico para as práticas de ensino.

Shalimar M. Gonçalves da Silva e Junot Cornélio Matos, no artigo que se intitula "A contribuição da dialogicidade ante a intervenção consciente da realidade", oferecem reflexões bem pertinentes no que concerne ao ensino e à linguagem. O texto mostra a dialogicidade da educação a partir das reflexões de Paulo Freire, admitindo que os seres humanos dialoguem com suas realidades para transformá-las através da verdadeira palavra composta de ação e reflexão. Apresentam, também, a dialogicidade na linguagem, tendo por base o dialogismo de Bakhtin, que aponta para a necessidade humana de dialogar; e, como sabemos, todo texto verbal, seja ele oral ou escrito, leva-nos a uma atitude dialógica. Há, portanto, uma ponte entre o diálogo e a linguagem, tanto no discurso interior como no face a face com outros interlocutores. Os autores, ainda, conceituam de maneira profunda o diálogo a partir da filosofia, visto estar "situado no tensionamento ressoante da linguagem". Comentam, além disso, o pensamento de Habermas no que diz respeito à teoria da comunicação, pois a ação comunicativa passa pela interação dos indivíduos por meio da linguagem, ou seja, da fala cotidiana dialógica que constitui os sujeitos.

Charles Gomes Martins e Maria Lúcia F. Barbosa, em suas linhas "As distintas concepções de língua e texto subjacentes às práticas docentes nas condições escolares de produção textual", refletem sobre a importância da concepção de língua e linguagem que os docentes de língua portuguesa do ensino fundamental devem ter em suas práticas pedagógicas, assumindo, portanto, a mesma concepção de língua evidenciada por Luiz Carlos Travaglia, Luiz Antônio Marcuschi, Ingedore Koch e Wanderley Geraldi, ou seja, língua como atividade e que acontece nos momentos de interação (nos usos linguísticos). Apresentam, ainda, a importância das produções textuais para destinatários reais, com objetivos precisos e que circulem socialmente em seus diversos gêneros, como já demonstrou a profa. Patrícia Oliveira em artigo anterior. Orientam, ainda, para a importância dos contextos (momentos de enunciação) nas produções textuais dos alunos. Os autores evocam o valor de respeito que se deverá ter com relação aos conhecimentos prévios dos discentes, como também a importância do diálogo entre os saberes dos professores e dos alunos, pois a sala de aula é lugar de interação verbal e construção coletiva. O professor, por sua vez, planeja e replaneja, sempre em função da aprendizagem, tendo para cada aula objetivos claros a serem atingidos com relação ao ensino da língua que deverá ser, sempre, ressignificado a partir do processo de letramento social.

Maria Lúcia Gurgel da Costa, Erideise Gurgel da Costa e Edmilson Leite Maciel Junior, no artigo seguinte, tratam da instituição escola no que concerne ao instrumento do Estado responsável pela construção do conhecimento, nesse caso, o linguístico. Para tanto, os autores começam a partir de uma constatação: crianças com atraso no desenvolvimento da linguagem escrita e oral são influenciadas muitas vezes por fatores biológicos e sociais. Os autores apresentam, em seguida, a importância da interação entre pais, filhos e o contexto da escola. Constatam que ocorrem mudanças radicais quando a criança chega à escola, pois são novos interlocutores que entram em cena e que não sabem decifrar os seus códigos domésticos adquiridos, sobretudo, com os pais, no contexto familiar. O outro (novo interlocutor) constitui-se de importância na aquisição da linguagem, pois assume uma atitude responsiva nos atos de fala e escrita. Sendo, nesse contexto de construção conjunta, que a criança vai aprendendo e internalizando as regras da língua: morfologia, estruturas sintáticas, questões de semântica, prosódia e usos linguísticos. Os autores fazem uma ponte com o primeiro capítulo desta obra, capítulo esse de minha autoria, quando tratam da importância da combinação dos fonemas no processo de construção dos sentidos, passando as descobertas das regras implícitas e explícitas presentes nos processos de inferências da linguagem. Afirmam, ainda, que cabe ao professor entender as práticas linguageiras da criança e à escola, como um todo, caberá o papel de trazer-lhe recursos para entender as regras que compõem a variedade culta da língua. A escola, por sua vez, poderá ser causadora de estigmas nas crianças e responsável pelo fracasso escolar, se não levar em conta as práticas linguísticas de cada discente e seus tempos certos para a construção e evolução da linguagem. Finalmente, apresentam pistas para favorecer a real inclusão no contexto escolar, sobretudo daqueles que possuem algum déficit que dificulte a aquisição da linguagem, seja ela oral ou escrita.

Hélio Castelo Branco Ramos e Lívia Suassuna analisam as atividades realizadas a partir de textos literários, no caso, o poema "A Jesus Cristo Nosso Senhor", de Gregório de Matos, em dois livros didáticos do Ensino Médio. O artigo é, formalmente, apresentado na forma clássica da poética, ou seja, sua divisão se dá através de mote, estrofes e versos.

O próprio título evoca o vocábulo rima, próprio da teoria poética, e finaliza com o subtítulo: "chave dourada". Investigam, portanto, a leitura do texto literário no livro didático e a maneira como o material linguístico é explorado nos exercícios de compreensão leitora. Propõem os dois paradigmas da literalidade: o da própria função poética, a partir da teorização de Roman Jakobson, e aquele que brota da interação leitor/texto, originando a plurissignificação. Os autores optam pelo segundo modelo no que se refere às práticas didáticas, chamadas de letramento literário. O artigo também contempla o respeito que se deve ter aos conhecimentos prévios dos discentes – chamados aqui de enciclopédicos e interacionais –, acumulados na memória do leitor. As questões foram verificadas segundo os seguintes critérios: localização de informações explícitas; identificação de elementos formais; avaliação de inferências; ensino de inferências e questões que portam respostas óbvias, sem nenhum desafio para aquele que interpreta. Concluem que as obras analisadas são de boa qualidade didática, pois a grande parte das questões é relativa ao maior grau de inferências. Finalmente, os autores propõem que nos livros didáticos, nesse caso para análise de poemas, os enunciados das questões sejam "bem construídos e inter-relacionados e, para tanto, faz-se necessário, sobretudo, um investimento na formação do professor...".

Ana Carla Estellita Vogeley e Marígia Ana de Moura Aguiar tratam da influência da fala na produção escrita de alunos do Ensino Médio. Para tanto, iniciam fazendo uma reflexão sobre a dificuldade de apropriação do sistema de escrita da língua portuguesa, isso devido ao processo histórico de sua evolução, as várias reformas ortográficas, como também a variação linguística. Afirmam que nas relações fala/escrita existe certa continuidade. A primeira é acompanhada de gestos e prosódia, a seguinte, de cor e tamanho, não havendo, portanto, dicotomia entre elas. Mostram, ainda, a visão redutora de ensino da língua materna, centrado, apenas, nas questões de regras e nomenclaturas (gramática prescritiva), podendo ocasionar o preconceito linguístico dentro da própria sala de aula. A gramática, sim, é importante para a escrita, pois garante a unidade da língua; na fala admite-se a variação. Mas, dependendo dos contextos de uso, esta, por sua vez, também deverá ser monitorada pela gramática. Portanto, nos dois modos de manifestação da língua, tem que se levar em conta a adequação contextual. Afirmam as autoras que "tanto situacionalmente quanto funcionalmente, a fala e a escrita apresentam semelhanças e diferenças". Baseadas nas dez categorias apresentadas por Zorzi (1998) sobre os principais erros ortográficos, como também tendo em vista os aspectos históricos e evolutivos da língua ressaltados por Coutinho (2002), aplicam uma pesquisa em duas turmas do Ensino Médio da rede privada do Recife, sendo uma de classe média alta e, outra, baixa. Sessenta alunos foram avaliados a partir de um mesmo ditado (anexo) e as autoras concluíram que os de classe média alta tiveram melhor desempenho do que aqueles da baixa, isso por terem poder aquisitivo para compra de livros ou outros portadores de textos. A pesquisa mostrou a logicidade dos erros gráficos entre os sujeitos, pois os mesmos erros são encontrados em grande número de usuários da língua e são atribuídos à sua evolução e à arbitrariedade do sistema. Vê-se, portanto, a necessidade de se romper com o preconceito linguístico, pois fala e escrita "são processos cognitivos paralelos que comungam alguns aspectos linguísticos, havendo, assim, variações de uma língua portuguesa (não padrão) também na escrita, assim como na fala".

Manoel Queiroz de Oliveira traz em seu artigo, em primeiro lugar, a ruptura entre o cartesianismo (que, segundo ele, originou a fragmentação do saber) e o paradigma sistêmico que privilegia as interações, tomando partido para esse último tipo de modelo. Assume, também, como base para suas conclusões, o paradigma da complexidade refletido por Edgar Morin. Em um segundo momento, mostra a importância da interação familiar no processo de aquisição de linguagem oral, sobretudo nas relações da criança com seus pais. Finalmente, dá pistas para os professores da Educação Infantil, no que concerne aos alunos com atrasos no processo de aquisição de linguagem, favorecendo, assim, as práticas pedagógicas nesses inícios de vida escolar.

Inaldo Firmino Soares trata do ensino da linguagem a distância, tendo como pano de fundo "uma pesquisa sobre as ações de linguagem nas interações realizadas por alunos e tutores de um curso de Especialização em Ensino a Distância voltado para a formação de tutores, professores conteudistas e gestores, a partir do hipertexto". O autor apoia-se na visão do Interacionismo Sociodiscursivo (ISD) de Vygotsky, Bakhtin e Bronckart. Enfatiza a importância da interação entre professores, estudantes e contextos sociais, numa atividade responsiva, portanto, dialógica. Encontra-se, em seu texto, a presença marcante do binômio linguagem-relações sociais, proveniente dos conceitos de dialogismo e internalização; apresentando esse binômio como a base de todo o conhecimento. Mostra, ainda, as pesquisas em torno do ISD realizadas em várias universidades brasileiras, inclusive do grupo de pesquisadores da Universidade da Paraíba (PROLING), do qual o autor faz parte. Tais pesquisas estão em constantes diálogos com os teóricos suíços da área. A análise do *corpus* se faz a partir do comando dado pelo tutor e o cumprimento da tarefa realizada pelos alunos das turmas de EaD. Para tanto, o autor analisa as práticas linguageiras em várias maneiras de trabalho com a linguagem, desejadas pelos tutores, como também a pronta execução, por parte dos alunos, sempre tendo por base o ISD. Interessante o leitor observar que sempre são pedidas atividades de retextualização, apoiando-se nas novas operações textuais discursivas da passagem do texto oral para o escrito, refletidas por Marcuschi,[1] inclusive trazendo exemplos bem sugestivos. O presente artigo indica, também, as atividades de retextualização nas aulas de EaD, sobretudo quando se trata das relações fala-escrita, concluindo com dicas para as atividades de leitura como um processo de construção de sentidos.

Adriana Alcântara Teixeira, Marília Maria de Lucena Macêdo e outros tratam, no artigo seguinte, sobre a aquisição de leitura-escrita em sujeitos com algum tipo de distúrbio, gerando assim certas dificuldades no momento da aprendizagem. Desenvolveram, portanto, a estratégia multissensorial SONS E GESTOS QUE ALFABETIZAM, com a finalidade de facilitar a aquisição da escrita em alunos que possuem algum déficit. O desejo dos autores é desenvolver a consciência fonológica de forma satisfatória para o desempenho da leitura-escrita em crianças com déficit cognitivo, pois essas apresentam melhor desempenho nas habilidades visuais e gestuais. Refletem, ainda, as fases de aprendizagem da escrita apresentadas por Emília Ferreiro e Ana Teberosky, na psicogênese da língua escrita: fase pré-silábica, silábica, silábico-alfabética e, finalmente, escrita alfabética. Esse caminho é observado no momento da aplicação da estratégia que se utiliza não só dos aspectos visuais e auditivos, mas também dos elementos táteis e sinestésicos, ao apresentar a importância dos movimentos corporais. Finalmente, os autores mostram um estudo de caso de sucesso realizado com um sujeito de 5 anos de idade

---

[1] MARCUSCHI, Luiz Antônio. *Da fala para a escrita*: atividades de retextualização. 6. ed. São Paulo: Cortez, 2005. p. 75.

denominado M. V.; trazendo, ainda, o quadro das vogais e consoantes e o modo como estas são vistas em forma de grafema, fonema, auditiva e visualmente, tátil e sinestésico.

Adriana Alves Büchler, no capítulo seguinte, centra o seu estudo na atividade leitora interpretativa, aplicando a sua estratégia com alunos da Educação de Jovens e Adultos do SESC – PE (Unidade de Casa Amarela). Enfatiza, portanto, a importância do conhecimento de mundo dos leitores, como também a significância dos contextos de interpretação. Partindo da concepção das quatro estratégias de leitura já amplamente estudadas pela linguística textual: seleção, antecipação, inferência e verificação, a autora toma como objeto de estudo um trecho extraído do romance de Frei Beto, *O vencedor*, publicado pela editora Ática em 1995, e faz com que dois de seus sujeitos respondam, oralmente e por escrito, em períodos de tempo diferentes, a três questionamentos, mostrando como eles usam os quatro tipos de estratégias em seus atos interpretativos, ocorrendo de maneira simultânea e, até mesmo, inconsciente. Finalmente, sugere a importância do ensino de tais estratégias nas práticas pedagógicas dos professores de língua portuguesa, tendo por base os vários tipos e gêneros textuais que circulam na sociedade.

Por fim, *Kátia Maria Gomes de Albuquerque*, em seu texto, faz um estudo relevante no que concerne à relação da criança com surdez moderada e seus percursos na aquisição e entendimento da linguagem. Para a autora, "a perda auditiva interfere no aprendizado da fala, tornando-o lento, pois a criança vai perdendo oportunidades de trocas linguísticas com o meio". Portanto, esse estudo surgiu da necessidade de investigar a capacidade de construção do sentido metafórico através desse tipo de sujeito. Nas suas reflexões, apoia-se em vários estudiosos e, a partir deles, apresenta os tipos de perda auditiva, aprofundando a moderada. A autora reconhece que um indivíduo com perda auditiva menos intensa poderá ter dificuldades de compreensão, requerendo, no entanto, uma intervenção especial ao longo de toda a sua vida escolar. Essa criança, portadora de tal perda, revela ainda dificuldades em lidar com a polissemia das palavras e compreender metáforas e ambiguidades, por perceber a fala de modo diferente dos ouvintes. Aprofundando o estudo das metáforas, a presente reflexão traz dois tipos de sujeitos com perda auditiva moderada, mostrando as relações cognitivas e contextuais que eles realizam ao se depararem com a linguagem metafórica. A pesquisadora conclui que essas crianças apresentaram um desempenho insatisfatório na compreensão dos sentidos das metáforas e nas habilidades metalinguísticas. Finalmente, indica formas de atividades docentes, no contexto da sala de aula, para esses tipos de sujeito, já que, por terem uma mínima perda auditiva, convivem e interagem somente com ouvintes.

Para ordenar os artigos, seguimos o critério de chegada deles para o organizador. Sabemos que todos são de suma importância para o conjunto da obra e que o leitor atento só terá que haurir de tantos conteúdos científicos ligados à linguagem e ao seu ensino e, assim, formar sua nova consciência em torno da temática.

Agradecemos aos autores e autoras que deram vida e luz a este compêndio, tendo a certeza de que os leitores irão encher de significados essas nossas linhas e, a partir delas, extrair novas reflexões para o campo da ciência linguística.

Bruno Carneiro Lira

CAPÍTULO 1

"O pobrema é qui num sei o qui fazê." "Tô pagano!"

> Dedico este artigo aos meus pais,
> Paulo e Nivalda Lira, que me ensinaram, com aplicação,
> os rudimentos da fonética e da fonologia,
> como também aos amigos Sílvia Cavadinha e Dedeo,
> meus assíduos leitores e, ainda, ao amigo
> João Herculano Alexandre (Alex - Salão Spazzio)
> e à querida amiga Cirinha Patrício Ribeiro,
> pelo modelo de disponibilidade

BRUNO CARNEIRO LIRA[*]

Quantas vezes nós, educadores, já ouvimos esse título na produção da fala de tantos usuários da língua portuguesa aqui no Brasil. A comediante carioca Katiuscia Canoro, que interpreta a rica ascendente no programa Zorra Total da Rede Globo de Televisão, a esfuziante Lady Kate, traz em seu personagem, no que diz respeito à fala, essas sequências sonoras muitas vezes utilizadas por inúmeros brasileiros, e foi da sua boca que colhemos o mote para o presente artigo.

---

[*] Graduado em Filosofia e Teologia pela Escola Teológica do Mosteiro de São Bento de Olinda – PE; fez licenciatura plena em Letras pela UFPE. Mestre em Ciências da Linguagem pela UNICAP. Possui o curso de especialização de conversação em Língua Francesa pela Alliance Française de Paris. Atualmente, é o Supervisor Pedagógico da Educação de Jovens e Adultos (EJA) do SESC – Santo Amaro (PE). Professor Adjunto dos cursos de Gerenciamento de Redes, Administração de Empresas e Ciências Contábeis da FAPE IV (Faculdade Pernambucana), professor do curso de Administração de Empresas da Faculdade Integrada de Pernambuco (FACIPE) e autor de livros nas áreas da Linguagem, Educação e Liturgia pela Editora Paulinas. É sacerdote da Arquidiocese de Olinda e Recife (PE). E-mail: brunonis.pe@gmail.com.

Para os "cultos", cuja língua é apenas a gramática normativa, com certeza soa de maneira pejorativa e estranha. Mas sabemos pela linguística que tal fenômeno já tem uma explicação até mesmo científica, já que é observado nos vários contextos de uso da língua portuguesa em nosso país. Mesmo indo de encontro à norma padrão, temos aí um evento comunicativo da língua em uso que não poderá passar despercebido. Mesmo diante do enfrentamento das duas concepções de linguagem bem arraigadas nos meios pedagógicos: língua como estrutura (com acento nas normas e nomenclaturas) e como instrumento de interação (enfatizando os usos linguísticos), encontramos explicações para este fato da linguagem nessa última concepção, que respeita as variedades e vê a língua de maneira dinâmica, heterogênea, histórica, cognitiva e contextual. A comunidade de falantes é resultado dos contextos sociais onde eles estão inseridos, pois se não há nenhum bloqueio no aparelho fonador a produção de fala seria a imitação contextual de seus usos.

Como sabemos, os sons do português falado no Brasil são vários e, portanto, existem possíveis causas fonético-fonológicas para os problemas de ensino da escrita e de produção de fala na língua.

São sutis as diferenças que determinam a distinção entre os sons de nosso sistema fonológico. Os seguintes pares apresentam apenas como diferença a vibração ou não das pregas vocais, ocasionando o que chamamos de fonemas vozeados ou desvozeados; é o caso de: /t/ e /d/; /p/ e /b/; /f/ e /v/; /k/ e /g/. Aquele que está aprendendo a falar ou a escrever deverá perceber essas diferenças, os traços distintivos dos sons, pois podem em sequência interferir nos significados e na produção oral ou grafada da língua. No caso da chamada do presente capítulo, tem-se no vocábulo "pobrema" o fenômeno da confusão das líquidas ou laterais, ou ainda, como se chama hoje por vários linguistas, o rotacismo, a troca do r pelo l ou vice-versa. São laterais, pois na produção desses sons temos o ar saindo pelos lados, já que ocorre uma oclusão no centro, com o toque da ponta da língua nos alvéolos. Posteriormente, exemplificaremos mais pormenorizadamente este fenômeno. No vocábulo acima encontramos, também, um metaplasmo de síncope com perda do fonema / r / na primeira sílaba.

Também o vocábulo *não* é substituído por "nun"; isso pela lei do menor esforço, visto que esse último é mais fácil de ser pronunciado, permanecendo os dois nasalizados. O falante de língua francesa tem muita dificuldade de falar o nosso (ão), optando por "non", e o brasileiro de cultura somente oralizada fala o "nun". O verbo *estar* é abreviado, em sua primeira pessoa do presente do modo indicativo (tô), e o gerúndio "pagano" sofre assimilação fonológica do /d/ pelo /n/, pronunciados no mesmo ponto de articulação, com a lâmina da língua tocando nos alvéolos superiores. Esse processo de assimilação se reflete na escrita pela busca direta do apoio na oralidade e, assim, temos vários pares: correndo/correno; falando/falano; comendo/comeno... Portanto, a Lady Kate é uma caricatura dos falantes reais da língua portuguesa aqui no Brasil.

Agora, lança-se o questionamento: o que dizer ou fazer com nossos alunos, nos momentos pedagógicos de aula, diante de tais eventos comunicativos. Em primeiro lugar devemos levá-los a ter um profundo respeito pelas variedades linguísticas que, antes de serem erros, são apenas modos diferentes de falar que fogem da norma prescritiva convencional; em seguida, informar da utilidade de se aprender a variedade da norma-padrão como instrumento de garantia da unidade de escrita e a consequente preservação da língua. Lemle (1991) apresenta quatro etapas para o processo de alfabetização: uma primeira à qual chama de casamento monogâmico entre sons e letras, ou seja, as letras correspondem aos sons; portanto, se escrevendo como se fala. Em seguida, apresenta a teoria da poligamia com restrições de posição, em que para cada som numa determinada posição há uma certa letra numa dada posição, que corresponderia a um som específico. Ex. CASA/CASSA. Um /s/ intervocálico tem valor de /z/; /ss/ tem o som de /s/, inclusive se tornando vocábulos semanticamente diferentes. Poderão ocorrer, ainda, pequenas trocas de letras e consequentemente de sentido, como em: PRETO/PERTO. Outra etapa seria a consciência de que o sistema linguístico possui partes arbitrárias como nos pares: CINCO/SINO; *ASCENDEU/ACENDEU*, também com sentidos distintos. A última etapa caracteriza-se por questões ligadas à morfologia com relação a afixos. Assim temos:

a) O sufixo EZA, que é sempre formador de substantivos a partir de um adjetivo e deverá ser grafado com Z:

Mole = MOLEZA

Duro = DUREZA

Belo = BELEZA

Rico = RIQUEZA

Pobre = POBREZA

b) Os substantivos terminados em AGEM são grafados, sempre, com G: VIAGEM, LAVAGEM, VAGEM, GARAGEM.

c) Adjetivos derivados de nomes de países ficam com a terminação ÊS: FRANCÊS, INGLÊS, PORTUGUÊS, FINLANDÊS.

d) Substantivos derivados de adjetivos fica com a terminação EZ: LIQUIDEZ, SOLIDEZ, ESTUPIDEZ.

e) O sufixo ICE forma nomes a partir de adjetivos, quase sempre com qualidades ruins: Maluco = MALUQUICE

Esquisito = ESQUISITICE

Burro = BURRICE.

Se um verbo da 3ª conjugação (como partir, abrir, subir) estiver no imperfeito do subjuntivo, terá o mesmo som dos substantivos acima, mas será grafado com /ss/: partisse, abrisse, subisse.

Lemle, ainda, aponta algumas falhas que ocorrem no processo de alfabetização. Falhas de primeira ordem seriam aquelas que apresentam as seguintes características: repetições de letras: ppai (pai), meeu (meu); troca da ordem das letras: parto (prato), sadia (saída); omissões de letras: pota (porta); incapacidade de identificar traços distintivos dos sons: sabo (sapo); pita (fita). As falhas de segunda ordem seriam a escrita como transcrição fonética: matu (mato) bodi (bode); como vemos a vogal postônica tende a ficar uma semivogal fraca (w, y), um glide. No caso das palavras oxítonas não há problemas: caju, abacaxi. Segundo a autora, ao final desse estágio completa-se a alfabetização. Tem-se, ainda, como falhas de terceira ordem a troca entre letras concorrentes, com o mesmo som: açado (assado); acim (assim); jigante (gigante); xinelo (chinelo); chingou (xingou); asso/aço; nesse último par tem-se valor semântico para os dois vocábulos.

Vamos delineando um quadro em que as possíveis causas fonético--fonológicas para os problemas de escrita na língua encontram-se, justamente, no que concerne ao apoio da oralidade, ou seja, há uma tendência de se escrever como se fala, como também de se reproduzir o oral a partir dos vários contextos linguísticos dos falantes.

O ensino da língua portuguesa, por sua vez, não poderá ser reduzido a questões de nomenclatura e de classificações, pois a língua não é só gramática; esta se constitui, apenas, de um instrumental para normatizar uma das variedades, a padrão. Tal ensino deverá observar os processos históricos que levam os aprendizes a romperem com a norma culta ao escrever ou falar. No intuito de explicitar melhor esses processos passaremos a refletir, agora, sobre alguns fenômenos de relação entre o oral e o escrito.

"ERROS" DE ESCRITA QUE TÊM INFLUÊNCIA DA ORALIDADE

Segundo Cidrim et al. (2007), encontramos esses pretensos "erros" agrupados em categorias e são observados na própria história da língua e na fala hodierna de uma das variedades linguísticas. O fenômeno da *monotongação* dos ditongos *ou* em *ô*, do ditongo *ei* em *ê* e do *eu* em *o*, encontramos frequentemente na fala e aparece como uma tendência de reprodução na escrita. Vejamos alguns exemplos: pouco (poco), louro (loro), louco (loco), peixe (pêxe), brasileiro (brasilêro), Eusébio (Osebio), Eustáquio (Ostaquio). Entre o português padrão (PP) e o não padrão (PNP), existem diferenças e não marcas de inferioridade.

O próximo evento faz alusão ao título desse nosso artigo: é, justamente, o caso do *rotacismo ou confusão das líquidas (laterais)*, como já anunciamos anteriormente, a troca do *r* pelo *l* e (ou) vice-versa. As crianças aprendem a falar valendo-se desse fenômeno, que é encontrado também entre os adultos não alfabetizados. Daí no caso do "casamento monogâmico" vermos na escrita desses muitos a reprodução *ipsis litteris* da fala. Nesse caso, o aprendiz precisa saber que não ocorre inabilidade articulatória para produção dos sons /l/ e /r/. Bagno (2001, p. 55), na sua obra *A língua de Eulália*, traz o exemplo de Camões nos *Lusíadas*: "Doenças, *f*r*echas, e trovões ardentes*" (X, 46) / Era este Ing*r*ês, e militara" (VI, 47) / Nas ilhas de Maldiva nasce a *p*r*anta*" (X, 136) / *P*r*uma no gorro, um pouco declinada*" (II, 98) / Onde o poeta profeta jaz, que a lei pub*r*ica" (VII, 34). Tal fenômeno, também, ocorre com as línguas orientais, como o Tailandês, conforme observação do amigo Dr. Wladimir Paulino Vilela da Silva, que *in loco* e, mais especificamente, nas cidades de Bangkok, Sukhothai e Ayutthaya, ouviu e internalizou esses alofones na língua da Tailândia.

O processo de *hiatização* é comum na escrita de crianças das séries iniciais. Ocorre com a omissão do "nh", como em minha (mia), cozinheira (cozieira), em uma proximidade da oralidade. Propõe-se uma correção sempre interativa com atividades de retextualização.

A *(des)palatização* em determinadas palavras cujo som de /l/ poderá ser substituído por /lh/, podendo acontecer, também, o contrário, como em: óleo (olho); ervilha (ervilia); família (familha).

Há, ainda na fala, uma tendência de *eliminar as marcas de plurais redundantes*, como já ocorre na língua inglesa, por exemplo: the houses are yellow / as casas são amarelas. Vejamos que no português, para sermos fiéis à norma padrão, tem-se a necessidade de flexionar todos os elementos; já o inglês apenas o substantivo e o verbo, e também está correto. Nosso povo das zonas rurais tendem a fazer o mesmo, por exemplo, ao dizerem: "Nós *vai* à Missa aos domingos". Entende-se plenamente que mais de uma pessoa vai para a Missa.

Observamos, com muita frequência, a *desnasalização* da vogal postônica. Trabalhar este tipo de "erro" através da consciência fonológica, ou seja, da relação entre o grafema e o fonema, levará os aprendizes a se conscientizarem de que a omissão de determinadas letras poderá modificar até mesmo o sentido dos textos, como vemos em: passaram (passaro); ontem (onte); viajaram (viajaro); homem (home); vagem (vage).

Passemos, agora, à consideração de fenômenos muito antigos, vestígios de outros tempos os quais chamamos de arcaísmos, os *metaplasmos*. Eles ocorrem quando há mudanças fonéticas no início, meio ou final do vocábulo. Vejamos um texto de Chico Bento, personagem criado pelo cartunista Maurício de Sousa: "*Oceis ficaro tudo doido, é? O que aqui assucedeu?*". Temos aqui o metaplasmo de perda no início da palavra, a aférese, e um de ganho no meio do vocábulo, a epêntese (oceis), a desnasalização da vogal postônica (ficaro), como também uma prótese com ganho de fonema no início do vocábulo (assucedeu). Nas práticas pedagógicas deve-se apresentar o fenômeno aos alunos e mostrar como ocorre na atual ortografia, e, ao mesmo tempo, eles devem ser informados de que as modificações fonéticas são incorporadas de acordo com o grupo sociolinguístico em que o indivíduo está inserido.

O *consonantismo* apresenta-se com as trocas de letras nos vocábulos, por isso a diferenciação articulatória deve ser trabalhada através de consultas em livros que trazem o registro conforme a norma padrão. Por exemplo, mostrando os pares opostos: varrer (barrer); sorvete (sorbete); vasculante (basculante).

A *assimilação fonológica*, como já vimos anteriormente, refere-se há um dos casos de pronúncia da Lady Kate: "Tô *pagano*". Ocorre, sempre, com o verbo no gerúndio. Pode-se trabalhar a correta finalização deste tempo verbal (*do*) em outras ocorrências, como: beben*do*, falan*do*, partin*do*..., sempre em comparação com a forma mais popular.

Outro arcaísmo seria a tendência da língua em eliminar a vogal postônica das palavras proparoxítonas que têm uma tendência em se transformar paroxítonas. Esse mesmo fenômeno é observado quando o latim torna-se língua portuguesa, por exemplo: músculo (musclo); fósforo (fosfro); óculos (oclus); víbora (vibra); córrego (corgo); tíquete (tique); sábado (sabo). No caso do latim para a língua portuguesa, temos: quadragessima (quaresma); regula (regra); digitu (dedo).

É comum no gênero textual das tirinhas, encontrarmos os metaplasmos, sobretudo nos personagens de Maurício de Sousa – Cebolinha e Chico Bento. Vejamos alguns vocábulos do autor citado na voz de seus personagens: a prótese (*avoa*) e a aférese (*niversário, oceis*). No vocábulo *pranejamo* tem-se, mais uma vez, o rotacismo e uma eliminação de plural redundante; e, ainda, a desnasalização da vogal postônica em *acharo* e o fenômeno da despalatização no vocábulo "mio", em vez de milho, e o metaplasmo de síncope em "*tamém*".

Há o fenômeno do rotacismo em: agola (agora); univelso (universo); zelo (zero); esquelda (esquerda); quadlinho (quadrinho); semple (sempre).

Nas falas de Chico Bento, vemos o rotacismo e um metaplasmo de apócope em *recramá*, e em *ingreis* temos, além da confusão das laterais, um metaplasmo de epêntese. Em *ocê* aparece um metaplasmo de aférese e, ainda, a abreviação do verbo estar no presente do indicativo, *tô*, seguindo a lei fonética do menor esforço.

Concluímos, portanto, que os dois personagens falam com marcas da oralidade de seu grupo sociolinguístico e o cartunista as reproduz na escrita, assim como nossos alunos que estão em processo de alfabetização. Tal fenômeno, Jaime Zorzi (2003) chama de apoio na oralidade.

Conclui-se, a partir desse estudo, que as características fonético-fonológicas de determinado grupo social são resultados da transmissão de gerações que incorporam propriedades específicas de seus falantes e que os fatos históricos da língua relacionam-se com a variação linguística nos falares do Brasil, enquanto interferem no ato de escrever a norma padrão. Inserir nossos alunos nessa norma da língua portuguesa é uma tarefa complexa que exige conhecimentos por parte dos professores, que vão para além da ortografia, envolvendo questões linguísticas, históricas e sociais. Os discentes, por sua vez, deverão ser bem formados, capazes de entender às variações fonéticas e fonológicas, suas variadas manifestações na fala no momento de produção dos grafemas. A respeito dessas variações, Silva (2008, p. 117) assim se expressa:

> Os segmentos consonantais e vocálicos organizam-se em estruturas silábicas formando palavras possíveis em uma determinada língua. Línguas variam quanto aos seus inventários fonéticos (ou seja, quanto aos sons que ocorrem naquela língua) e quanto à organização da estrutura silábica (ou seja, sequências sonoras possíveis em uma língua podem ser excluídas em outra). Outro aspecto importante na organização da cadeia sonora da fala é a maneira como segmentos consonantais e vocálicos afetam segmentos adjacentes (que os precedem ou que os seguem). Sendo a fala um contínuo, observamos que um segmento pode ser alterado por um segmento que o precede ou o segue. A alteração de um segmento a partir de segmentos adjacentes se dá pelo fato de os segmentos em questão compartilharem de certas propriedades fonéticas. Um exemplo do português é a palatização de consoantes velares – [k,g] – quando elas são seguidas da vogal *i*: "quilo" e "guia". A propriedade de ser anterior da vogal *i* é compartilhada pela consoante precedente [k,g].

Nota-se, portanto, que a relação entre língua escrita e língua falada é fonético-fonológica em uns poucos casos e arbitrária em outros.

Vejamos alguns exemplos de textos do cotidiano fotografados de cartazes, que reproduziram textos de placas encontradas em feiras livres, os quais foram confeccionados por duas professoras e uma estagiária do SESC – Santo Amaro (PE): Dulce Santana de Souza, Aryane Teixeira B. de Melo e Vera Lúcia de Vasconcelos Costa. Observemos nas imagens abaixo como a língua escrita, em um primeiro momento, busca apoio na oralidade. Eis, portanto, textos atuais que circulam em nossos contextos sociais:

FONÉTICA E FONOLOGIA: QUESTÕES METODOLÓGICAS RELATIVAS AO ENSINO-APRENDIZAGEM DA LÍNGUA PORTUGUESA

Sabe-se que uma língua se constitui de cinco aspectos esenciais que lhe dão autonomia em sua realização. São eles: o *morfológico*, que se preocupa com a forma, ou seja, as classes de palavras presentes na sua estrutura (com aquelas que flexionam ou não). A escolha do léxico contribui sobremaneira com a mensagem que desejamos transmitir. Já a *sintaxe* trabalha com a combinação dos vocábulos para que possamos produzir textos coerentes e com significado. Assim, enquanto a morfologia trabalha a palavra isolada, a sintaxe se preocupa com suas relações. A *semântica* é de fundamental importância para o estudo de uma língua, pois está diretamente ligada aos significados desejados no momento de produção dos segmentos orais ou escritos. Ligada a esse aspecto temos a *pragmática*, que vislumbra os contextos sociais e linguísticos da produção de fala e da escrita, ou seja, os significados mudam conforme a região, o grupo social, o contexto do segmento da língua; e finalmente, o aspecto *fonético-fonológico*, que, como a etimologia do nome já indica, se refere aos sons da língua e é o motivo pelo qual abrimos esta seção.

O elemento fonético-fonológico, é claro, está intimamente relacionado com as nossas produções orais. Esta foi a primeira forma de comunicação verbal e suas sequências sonoras possuem valores semânticos. Qual seria, portanto, a postura do professor diante do ensino desse aspecto da língua?

Antes de tentarmos responder a esta indagação, faz-se necessário estabelecermos a diferenciação entre a fonética e a fonologia, visto que estão sempre juntas, mas divergem nos seus campos de investigação. Para tanto vamos nos valer da conceituação de Lima (2009, pp. 166-167):

> A fonética e a fonologia, sendo disciplinas diferentes, operam com seus próprios métodos, porém elas possuem muitos pontos em comum, uma vez que ambas estudam os sons da fala, relacionando-os. Há, porém, diferenças que devem ser consideradas. Enquanto a Fonética estuda a natureza física da produção e da percepção dos sons da fala (chamados de fones), a Fonologia preocupa-se com a maneira como eles se organizam dentro de uma língua, classificando-os em unidades capazes de distinguir significados, chamadas fonemas. Os estudos da linguagem, na sua origem, identificaram dois elementos que a compõem: língua e fala. Dessa forma, estabeleceu-se a Fonética como a ciência dos sons da fala e a Fonologia como a ciência dos sons da língua.

O antigo paradigma da escola tradicional, com base apenas na descrição e classificação dos sons, não deu conta totalmente da função social da fonética-fonologia, pois, nas práticas pedagógicas, não havia preocupação com a lógica do sistema sonoro. O modelo que despontou no final do século XX, e continua a ser aprofundado no início deste, provém da escola sociointeracionista em que estudiosos como Piaget, Vygostsky, Wallon foram os expoentes. Esse modelo coloca o aluno como sujeito do processo de ensino-aprendizagem e os conteúdos deverão ser ressignificados para uma aplicação efetiva na realidade dos discentes. O acento, portanto, do ensino da fonética-fonologia centrou-se mais na logicidade e no entendimento do aparelho fonador para se chegar ao pleno conhecimento do local e do modo de articulação; da fonética acústica e auditiva; das sequências sonoras e suas variações dialetais, cabendo aqui o estudo do arquifonema e dos alofones.

Diante dessa nova concepção, cabe ao professor partir do conhecimento fonético que os alunos já trazem ou mesmo de seus próprios idioletos (SILVA, 2008), que se constituem da *performance* e desempenho do indivíduo ao fazer uso oral da língua. Tornar os alunos conscientes, ao longo do processo de ensino-aprendizagem, de que os vários dialetos e idioletos não são errados, mas apenas maneiras diferentes de usos em um mesmo código linguístico, é uma tarefa complexa para os educadores, mas necessária para o respeito às individualidades dos outros. Para o aluno que vem dos meios sociais mais populares (menos escolarizados), a sonoridade da língua poderá se tornar um verdadeiro quebra-cabeça. Daí ser importante o professor aceitar, verdadeiramente, os verdadeiros falares, já que todas as variedades, do ponto de vista estrutural-linguístico, são perfeitas e completas entre si e, por isso mesmo, utilizadas pelos seus usuários: um carioca falará como um carioca, um pernambucano como um pernambucano, um cearense como um cearense e assim por diante.

Cagliari (1997) propõe para o ensino da alfabetização a montagem de um quadro de famílias fonêmicas e silábicas, o qual o aluno poderá colecionar em seu caderno recortes dos jornais e revistas; munidos desse material poderiam formar novas palavras e sintagmas. Paulo Freire, como se sabe, trata das palavras que tenham significância e são geradoras de conhecimento e de textos maiores. Cagliari (op. cit.) indica, ainda, que mesmo em turmas de alfabetização deve-se deixar os alunos falarem, reproduzindo textos orais à vontade (espontâneos), sem temas preestabelecidos, nem preocupação excessiva com a ortografia, pois sem essa postura poder-se-á gerar um bloqueio na capacidade criativa deles. O professor poderá transcrever, no quadro, já com algumas correções, as histórias dos alunos, para que vejam como se grafam os sons conforme a norma padrão. Em seguida, perguntar se eles concordam com as modificações textuais. Essas histórias poderão ser transcritas e colocadas no caderno, com gravuras, a fim de que se tornem textos de leitura.

O trabalho com a oralidade deverá ser constante, pois é aí que os fonemas se realizam, ou seja, toda a diversidade fonológica que ocorre quando se fala. A respeito disso, Lira (2008, p. 43) diz:

> A palavra oral, bem entoada e interpretada, tem grande poder de persuasão. Os discursos medievais levavam as assembleias a delírios; nos próprios evangelhos Jesus Cristo apresentou toda a sua doutrina fazendo uso do oral, e somente uma única vez, durante o perdão que deu à pecadora pública, apareceu escrevendo na areia algo que o próprio autor canônico não decodifica. Seu grande trabalho missionário, como

também os seus primeiros seguidores, foi feito na oralidade, porque dessa maneira atingia as grandes massas. Antes dos recursos modernos de ampliação do som, os sermões e discursos públicos eram ditos dos púlpitos e dos altos palanques. O oral chega muito mais rápido ao nosso intelecto, seja pela própria interlocução face a face, ou mesmo pelos meios de comunicação, como telefone, rádio e a televisão.

As nossas escolhas lexicais para produção do oral, os suprassegmentos, até mesmo o rompimento com a ortografia, darão os sentidos que desejamos: de alegria, de tristeza, de dor, de humor, como é o caso da Lady Kate ao romper com a norma padrão na sua fala.

Ainda sobre os aspectos metodológicos, propõe-se que se trabalhe o reconhecimento das variações linguísticas nas histórias em quadrinhos de Maurício de Sousa: Cebolinha, Chico Bento, como já apresentamos, anteriormente, neste artigo. Pode-se, ainda, utilizar cópias de escrita onde o "erro" a ser trabalhado será visualizado. Uma maneira interessante de se fixar a ortografia com relação ao fenômeno do rotacismo seria listar palavras conforme a norma padrão: planta, flor, bicicleta, chiclete, flauta, pluma, aplicar, réplica, suplício, pleno, Plínio, planeta, plantação, blusa, glória, Clara, fluminense, clube, glacê. Com o uso dessa lista, ainda, poder-se-ia fazer uma sugestão para produção textual. É, portanto, necessário trabalhar essas interferências do oral na escrita a partir da consciência fonológica, fazendo com que os alunos vejam que uma simples omissão de determinada letra poderá modificar semanticamente os textos.

A IMPORTÂNCIA DOS ESTUDOS DA FONÉTICA E DA FONOLOGIA NA FORMAÇÃO DO PROFESSOR DE LÍNGUAS

O professor será sempre um mediador no processo de construção do conhecimento. Por isso, da qualidade de sua formação dependerá o seu ensino. Tal formação deverá ser continuada, pois seu trabalho docente é desenvolvido numa situação sócio-histórica, nas relações interpessoais. Esse profissional buscará a interdisciplinaridade, pois os saberes acumulados ao longo da história se interpenetram e um depende do outro para acontecer. Fará, também, constantes avaliações de sua prática e de seus alunos através de vários instrumentos. Cabe, portanto, à universidade oferecer a devida formação geral e, nesse caso, a competente formação fonético-fonológica para eles. Tal aspecto é relevante, sobretudo, na formação de alfabetizadores e professores de língua materna, pois, se o profissional do ensino não estiver seguro dos conteúdos que ministra, não vai fazer que os alunos realmente aprendam para aplicá-los. Essa formação levará o professor a refletir sobre as dificuldades ortográficas de seus alunos, as quais estão profundamente relacionadas com a oralidade e, desse modo, estará contribuindo para uma descrição mais científica das hipóteses linguísticas elaboradas por eles. O professor deverá, portanto, conhecer muito bem os fenômenos linguísticos da oralidade para entender os supostos "erros" dos alunos.

Segundo os Parâmetros Curriculares Nacionais (PCNs), é necessário que os professores tenham boa formação linguística para compreender e intervir melhor no processo de ensino-aprendizagem dos aspectos fonético-fonológicos da língua, pois essa formação sólida fará com que vejam nas produções orais e escritas dos discentes, que divergem da norma, não uma inabilidade para os usos da língua. Aqueles que têm segurança nos fenômenos relativos aos sons possuem maior capacidade para ouvir as formas de expressão oral dos seus alunos e entendê-las cientificamente. Rejeitará, assim, um tipo de correção meramente indicativa ou(e) resolutiva e optará pela interativa, em que, através de pequenos bilhetes, mostra o "erro" e pede que o próprio aprendiz faça a correção e refaça o seu texto tantas vezes quantas forem necessárias, a fim de que fique coeso e, consequentemente, coerente.

Com essa boa formação, os educadores terão consciência das diversas fases fonológicas de seus alunos para a aquisição da ortografia, como também de suas hipóteses para a construção da escrita. Sabe-se que essas hipóteses são tentativas de busca das regularidades linguísticas e que muitas vezes os supostos "erros" provêm do desconhecimento da existência de um fonema para mais de um grafema. Os suportes fonético-fonológicos instrumentalizam o alfabetizador e o professor de línguas, possibilitando a criação de modelos de análise na abordagem científica dos fenômenos ortográficos. É necessário os professores terem consciência de que cada aluno tem o seu tempo e suas estratégias de aprendizagem, pois são provenientes de comunidades linguísticas diferentes.

O VALOR ESTÉTICO DOS FONEMAS

A estilística fônica ou fonética expressiva implica a utilização de traços fonêmicos e grupos fônicos como: acento vocabular, altura, métrica, rima, assonâncias, coliterações, alongamento, intensidade dos sons. Esses aspectos expressivos podem ser observados na fala usual e na função poética da linguagem, pois apresentam fatos fonológicos sistemáticos.

Sob o ponto de vista acústico, pode-se observar que as vogais e consoantes impressionam diversamente o nosso ouvido. Os antigos gramáticos denominavam-nas de sibilantes, chiantes, vibrantes e líquidas. As soantes (vogais), que têm seu ponto de articulação na parte anterior do palato, são claras (e, ê); as mais fechadas (i, u) são próprias para exprimir ruídos agudos; as vogais (o, u) são sombrias e as encontramos em muitos vocábulos com esse teor semântico: *túmulo*, *sepultura*, *escuro*, *sombra*, *penumbra*; (a, e) são mais brilhantes: *água*, *aquário*, *algodão*, *preciosa*, *pérola*, *cintilante*; (i) lembra mais a estridência: *grito*, *apito*, *buzina*, *sirene*, *sino*, *cigarra*; a líquida (l) dá ideia de *fluidez*, *limpidez*. A vibrante (r), como um rolamento, mais ou menos nítido e forte, seguida de vogal clara assemelha-se a um ranger de dentes; seguida de vogal grave (média – o), exprime um *ronco*, *estrondo*. Vejamos o poema "Regime", de Millôr Fernandes:

Parlamentar,
Pra lamentar,
Pra ralentar
Pra elementar
Pra amamentar,
Pra arrebentar,
Ou pra militar?[1]

Vejamos o valor estético dos fonemas do poema acima. O texto compõe-se de uma única estrofe de sete versos; os seis primeiros são tetrassílabos e o último, pentassílabo. No quinto e no sexto verso ocorre a crase (fusão de dois sons idênticos formando uma única sílaba). Portanto:

---

[1] Revista *Veja* de 27.05.1981.

1. Par / la / men / tar
   1   2   3   4
2. Pra / la / men / tar
3. Pra / ra / len / tar
4. Prae / le / men / tar
5. Praa / ma / men / tar
6. Praa / rre / bem / tar
7. Ou / pra / mi / li / tar?

Nos cinco primeiros versos há uma correspondência sonora desde a vogal nasal da penúltima sílaba, e acentuação apenas na última sílaba, com exceção do último, o pentassílabo ou redondilha menor, que apresenta acentuação na primeira e na quinta sílaba. A presença do / p / no início da primeira sílaba dos seis primeiros versos e do / t /, no início da última sílaba – que se repetem sucessivamente, fazem com que a sequência sonora evoque um ruído de metralhadora. A primeira consoante vem sempre seguida de / r /, o que lhe acrescenta o traço de continuidade:

[pr]... [t]
[pr]... [t]
  -    -
  -    -
  -    -
[pr]... [t]

Nas sílabas mediais aparecem as consoantes sonoras líquidas / l / e / r / e a nasal / m /. Somente no penúltimo verso, na penúltima sílaba, ocorre um / b / (ex)plosivo que possui em comum com a nasal um traço de labialidade, e com todas as outras um traço de sonoridade. Se compararmos a penúltima sílaba dos seis primeiros versos, teremos: m; n / m; n / l; n / m; n / m; n / b; n. Pode-se ver aqui a presença de rimas internas. Vale ressaltar, ainda, que cada verso termina em / r /, podendo sugerir o ruído de uma gargalhada, com efeitos cômicos ou de ironia. Isso se observa, com frequência, na fala de Lady Kate. A composição fônica de um vocábulo faz realçar muitas vezes seu sentido, favorecendo um efeito desejado. Sons são sempre expressivos, sobretudo, quando trabalhados com intencionalidade. O valor estético dos fonemas, portanto, ligam-se à função expressiva, emotiva, da linguagem.

A estilística fônica pode ser esquematizada da seguinte maneira: *duração* – que tem valor significativo ao referir-se à quantidade – breve/longa; *intensidade* – relacionando-se com a acentuação das palavras, possuindo grande valor expressivo e constitui-se de um elemento basilar para o estudo da prosódia; *timbre* – podendo ser aberto ou fechado, liga-se ao efeito acústico decorrente da ressonância ao se pronunciar as soantes; *altura* – favorecendo a ênfase como, por exemplo, orações interrogativas e exclamativas. Duração, intensidade e altura, em função da expressividade, aglutinam-se, combinam-se e misturam-se a fim de evidenciar determinada palavra dentro de um contexto específico, fazendo com que ela se localize numa redoma de emoção e afeto. É o chamado acento emocional ou de insistência e poderá ser um prolongamento da própria sílaba tônica. Vejamos o exemplo retirado da gramática de Evanildo Bechara: "Se pudéssemos, nós, que temos experiência de vida, abrir os olhos dessas mariposinhas tontas... Mas é inútil. Encasqueta-se-lhes na cabeça o amor, o am*o*or, o am*ooo*r é tudo na vida, e adeus".

Ainda quanto ao aspecto da prosódia, vale a pena escutar as palavras de Callou e Leite (2005, p. 32):

> Outra característica dos elementos suprassegmentais é sua relatividade: diz-se que um som é longo em relação a outro menos longo, que um tom alto na fala masculina é sempre mais baixo do que o da fala feminina por ser a tessitura da voz dos homens mais baixa do que a das mulheres. Além disso, as diferentes vogais têm qualidades prosódicas que lhes são inerentes e que as caracterizam: as vogais de articulação mais alta são sempre menos longas do que as vogais baixas, as vogais silábicas mais longas do que as assilábicas, maior quantidade essa que também se verifica quando a vogal é seguida de uma consoante sonora. Esse conjunto de fenômenos dos quais se derivam tipos de acento, padrões entoacionais, ritmos e velocidades de fala são estudados sob o rótulo de prosódia. Para os falantes de português é bem conhecido o *acento de intensidade*, que tem um papel distintivo em palavras como "sábia", "sabia", "sabiá". As variações de tom têm uma função distintiva em português no nível da frase, distinguindo, por seus padrões entoacionais, as frases declarativas das frases interrogativas. A quantidade,

em português, acompanha, em geral, o acento de intensidade com o qual coocorre uma sílaba longa. A quantidade pode, porém, ter uma função expressiva, tal como no alongamento da sílaba ma de "maravilhoso", ou o reforço da quantidade em "gol", dito por locutores de futebol no momento em que um tento é marcado.

O aproveitamento das características espontâneas dos fonemas é capaz de estabelecer analogias com algumas ideias ou sentimentos, como em: o carro roda; o vento varre; a chuva encharca. E, ainda, no poema "Os sinos", de Manuel Bandeira: "Sino de Belém bate bem-bem-bem/ ... / sino de Paixão bate bão, bão, bão". Guimarães Rosa usou os efeitos vocálicos das soantes criando o verbo AEIOUAR, por exemplo: "O mato, vozinha mansa, aeiouava". No exemplo a seguir de Cruz e Souza, veremos a coliteração, ou seja, a incidência das consoantes repetidas várias vezes no começo, meio e fim dos versos: "Vozes veladas, veludosas vozes,/ volúpias dos violões, vozes veladas,/ vagam nos velhos vórtices velozes/ dos ventos, vivas, vãs, vulcanizadas".

Todos esses fenômenos estéticos que se realizam a partir das escolhas fonológicas estão presentes no poema "Trem de Alagoas", de Ascenso Ferreira, inclusive com vários traços de prosódia, sobretudo se declamado:

O sino bate,
O condutor apita o apito,
Solta o trem de ferro um grito,
Põe-se logo a caminhar...
Vou danado pra Catende
Vou danado pra Catende,
Vou danado pra Catende
Com vontade de chegar...
[...]
Cana-caiana
Cana-roxa
Cana-fita
Cada qual a mais bonita,
Todas boas de chupar...

Vemos aqui a assonância das vogais, as coaliterações, as rimas internas e externas. O refrão em itálico, dependendo da entoação, até parece mesmo um trem andando no trilho.

Assim como a seleção sonora influencia na produção de sentidos dos textos e que estratégias da oralidade podem tornar as falas irônicas, humorísticas, tristes, alegres, também as escolhas do vocabulário, na produção textual oral ou escrita, podem mudar sobremaneira os seus significados. É disso que trataremos na parte seguinte.

A SELEÇÃO VOCABULAR NA PRODUÇÃO DOS TEXTOS: SIGNIFICADO E SENTIDO

A escolha certa do vocabulário, como também o tipo e gênero de texto que desejamos produzir, podem facilitar o entendimento daquilo que queremos dizer; tais escolhas são feitas a partir do princípio da relevância. Em determinados textos, como, por exemplo, os de humor, a seleção é importante para que tenha o efeito do engraçado, que ocasiona o riso. É o caso de Lady Kate, ao trocar sons e palavras ou acrescentar pronomes oblíquos em sua fala.

A propaganda, por sua vez, deseja vender uma imagem e, por isso, faz uso da linguagem conativa, aquela que deseja convencer. Já os textos científicos ou informativos deverão ser claros e evitar as ambiguidades, a fim de que não fique dúvida da "verdade" a ser transmitida.

Quatro elementos são fundamentais para o entendimento dos sentidos e significados dos textos. São eles: o *conhecimento linguístico*, que faz com que reconheçamos as estruturas fonético-fonológicas, morfológicas e sintáticas dos textos, ou seja, aquilo que foi dito ou escrito, o próprio enunciado; o *conhecimento de mundo*, como sendo as experiências vividas dos leitores as quais vão influenciar, diretamente, na interpretação; o *conhecimento da textualidade*, através daqueles sete elementos do texto preconizados por Beaugrande e Dressler: coesão, coerência, informatividade, situacionalidade, intertextualidade, intencionalidade do autor, e aqui não se pode esquecer a arqueologia do discurso, ou seja, o que rodeava tal autor no momento de sua produção, o que chamamos de enunciação, e a aceitabilidade da parte dos leitores que dialogam com os textos. O *conhecimento pragmático-contextual* também é de suma importância, pois, entendendo os contextos de produção e de recepção dos textos, somos levados ao entendimento pleno daquilo que suas linhas querem dizer. Por exemplo, se um gaúcho lê em um *outdoor* no estado de Pernambuco a seguinte frase: "O Carnaval de Olinda e Recife é maravilhoso, começa com galo e acaba com batata", ele não entenderia totalmente, isso porque lhe faltaria um conhecimento de mundo para inferir que o Carnaval começa com o bloco Galo da Madrugada no Recife e acaba com outro chamado de Bacalhau do Batata em Olinda. Outro exemplo: "Passa Gelol que passa". Por conhecermos o produto é que podemos concluir que passa a dor. E, ainda: "Tomate, sempre foi aclamado pelas massas". Aqui denotamos que seria o extrato de tomate nas macarronadas. E, desse modo, o conhecimento de mundo e os contextos sociais vão contribuindo na produção de sentido dos textos.

Podem ajudar na construção de sentidos: a seleção de vocábulos que pertencem ao mesmo campo semântico: mar, oceano, ilha, península, arquipélago... A coesão feita através de sinônimos, antônimos, hiperônimos, partonímias, ou mesmo pela substituição catafórica ou anafórica dos referentes. Vejamos, portanto, o exemplo:

Aquele padre havia sido nomeado recentemente para a paróquia. Instalou-se na casa paroquial que lhe estava destinada e, imediatamente, a velha governanta veio se queixar dos problemas que a casa tinha. "*Seu* teto está com goteiras, padre. *Seu* fogão está velhíssimo e *sua* geladeira não funciona. *Sua* televisão está sem som... e por aí afora."

"*Minha* filha", respondeu o padre, "esta casa não é só *minha*, é sua também, na verdade é de todos os nossos paroquianos"... Por que você não diz '*nosso teto*', '*nossa televisão*'?" Passaram-se algumas semanas, e um dia o bispo veio visitar o padre. Estavam os dois conversando muito sossegados, quando a governanta entra de repente na sala e declara: "Padre, tem um rato no *nosso* quarto, debaixo da nossa cama"[2] (grifo nosso).

No texto anterior, os pronomes possessivos funcionaram como marcadores linguístico-gramaticais, fazendo com que aparecesse o duplo

---

[2] Revista *Seleções*, julho de 1989.

sentido. Descobrindo os recursos linguísticos chegamos às intenções expressivo-comunicativas. É, portanto, o emprego constante dos possessivos que costura o texto da piada. Tendo faltado, ainda, o contexto de fala anterior para que o bispo entendesse, sem ambiguidades, a intervenção da governanta.

Vejamos outro texto de humor:

Dois amigos se encontraram numa cidade do Oriente Médio. Um deles está cabisbaixo. O primeiro pergunta:
– O que aconteceu?
– Minha mãe morreu. Fiquei muito triste.
– Que pena! Meus pêsames. Mas o que ela tinha?
– Muito pouco, infelizmente: um apartamento, dois terrenos, um dinheirinho no banco...

Como se vê, cada vocábulo selecionado tem a sua função e um objetivo dentro do tecido textual, levando-nos, assim, ao sentido ou aos vários sentidos dos textos.

A produção de sentidos se dá através de análise de qualquer segmento que deverá ser feita, sempre em função dos significados, da compreensão, da coerência e da interpretação. Por isso, no *plano discursivo* deve-se considerar: o tipo e o gênero; as funções sociais do texto e seus portadores; o tema central, o objetivo ou a pretensão do autor; as representações, as visões de mundo, as crenças, os valores que o texto deixa passar explícita ou implicitamente; o grau de envolvimento afetivo e pessoal do autor; o nível de maior ou menor formalidade da língua (adequação linguística); local onde vai circular o texto. No *plano textual*, deve merecer atenção: as regularidades dos vários gêneros; a manutenção do tema e sua progressão; os recursos léxico-gramaticais da coesão; as associações semânticas entre os vocábulos; os sequenciadores (primeiro, em seguida, posteriormente, finalmente ou para concluir...); atenção especial para os efeitos de sentido pretendidos: grau de novidade da informação, presença da intertextualidade, ironia, refutação, humor e, ainda, os recursos sintático-semânticos para atingir os efeitos pretendidos: repetição, substituição, inversão, presença da linguagem figurada, deslocamento dos termos. No *plano linguístico* poderemos vislumbrar dois momentos: um no *âmbito da semântica* e outro no *plano da morfossintaxe*. O primeiro se refere às ambiguidades ou imprecisões de ordem lexical, informações implícitas, pressupostos ou subtendidos.

Quando tenta descrever a questão da significação na linguagem verbal, Ducrot (1997) isola dois grandes conjuntos de conhecimentos: o componente linguístico, que tem como função descrever as significações dos enunciados, sendo elas independentes de seu contexto de ocorrência, e o componente retórico, que se ocupa da descrição dos sentidos veiculados pelos enunciados a partir de seu enquadramento em um contexto específico da interação verbal; os subtendidos e implícitos localizam-se nesse nível. Assim, podemos dizer que os vocábulos já possuem sentidos preestabelecidos pela língua, e pertencem ao componente linguístico. Logo, tanto os significados literais quanto os não literais que têm os valores inscritos no próprio léxico pertencem também a esse componente. Assim, grande parte das palavras existentes em nossa língua é carregada de significações implícitas, independentemente das condições em que forem empregadas. Essas significações são chamadas de pressupostos, porque se distinguem da significação literal, ou seja, daquilo que está posto. Vejamos os seguintes enunciados:

1. Lady Kate, agora, falou conforme a norma padrão. Observamos que o verbo falar veicula uma informação pressuposta, pois se agora falou conforme a língua culta é porque antes não falava assim.

2. Os alunos foram encorajados a estudar elementos semânticos da língua. O pressuposto é que antes os alunos não tinham coragem para tal estudo.

3. Os bancários pararam a greve no tempo certo. Pressupõe-se que havia uma greve anterior a este momento.

4. Tratei-me em um hospital público e mesmo assim fiquei recuperado. Pressupõe-se que os hospitais públicos não inspiram confiança.

Segundo Coutinho (2008), o componente retórico recebe o nome de subentendidos, pois são insinuações escondidas, ou seja, marcadas linguisticamente, contidas em uma frase ou conjunto de frases. Elas são percebidas pela reflexão ou interpretação do leitor/ouvinte. Essa autora ainda nos informa:

Além da ausência de marcas linguísticas, o subentendido difere-se dos pressupostos em outros aspectos: o pressuposto é um dado posto que não aceita contestação por parte do locutor e muito menos do ouvinte; o subentendido é de responsabilidade do ouvinte, pois o locutor nega a sua autoria escondendo-se por trás do sentido literal das palavras. Assim, o subentendido protege o locutor das consequências de proferir uma informação que pode comprometê-lo. Pois ele poderá transmiti-la sem que recaia sobre si qualquer responsabilidade (COUTINHO, p. 46).

Como vemos, o que difere entre o pressuposto e o subtendido é que eles não se originam no mesmo momento da interpretação, pois a pressuposição está inclusa no sentido dos enunciados, enquanto os subentendidos correspondem ao modo pelo qual esse sentido deverá ser entendido pelo locutor. Os subentendidos, portanto, têm por base o *conhecimento de mundo* dos interlocutores, podendo estar ausentes no enunciado e só aparecer quando o ouvinte consegue decifrar o seu sentido.

O discurso humorístico, e também o irônico, estão cheios de subentendidos, pois seus locutores, para não se comprometerem de forma direta com o que dizem, utilizam desse recurso através de insinuações e metáforas. A responsabilidade das conclusões é dos próprios interlocutores: ouvintes ou leitores.

Coutinho (op. cit.), estudando a capa da revista *Veja* de 9 de junho de 2006, que traz um casal andando de bicicleta, cujas rodas formam o numeral 50, com a frase do lado: *A vida começa aos... (50)*, diz que o verbo *começar* indica uma mudança de estado e, no presente, faz-nos *pressupor* que a vida praticamente não existe antes dessa faixa etária; ao mesmo tempo pode-se *subentender* que aos cinquenta anos as pessoas estão mais maduras, adquiriram muitas experiências, o que lhes permite viver de modo mais intenso.

No *plano da morfossintaxe* é importante observar: a presença do discurso direto e indireto, a correspondência entre as formas pronominais e as pessoas do discurso, a coerência e a relevância dos textos que deverão sempre levar em conta os interlocutores.

Antes de encerrar esse bloco vejamos, ainda, um fragmento de texto do "Causo do Geraldinho":[3]

> Aí, segunda-feira eu tinha que i po siviço. Eu levantei cedim, mas, aí, eu já tinha refrescado aquela giriza: "Ah, vô leva ela comigo, eu dô uma esfrega boa nela é no caminho". Aí, a rua lá na porta era descambada ansim, rapai. Aí eu tirei ela pra fora, pensei: Ah, vô começa o jogo é aqui memo. Tranquei o chifrim dela, sô, quand'eu, joguei a perna no pêlo dela, ela já aluiu, aí eu saí ca'quele trem uma ora d'uma banda, ora d'ota, pelejano pa apanha aquele prumo e ela foi azedano. Quando ela gaxô, memo, que vento tava zuano, aí eu aprumei. Eu aprumei, mas num sabia administra ela no rumo que precisava, não. Eu só equilibrei em riba, e ela, no rumo, que ela apontasse, era aí memo.

Podemos de cara nos perguntar: de que o texto está tratando? É claro que a partir de suas linhas e entrelinhas podermos chegar a várias inferências.

As marcas da oralidade estão bem presentes tanto na verbalização dos vocábulos como na repetição constante do dêitico – *aí*. Vemos, também, o processo de assimilação fonológica do gerúndio: *pelejano* em vez de pelejando; *zuano* em vez de zuando. O uso do vocábulo *trem* faz pensar que o Geraldinho é mineiro, pois é próprio dos falantes desse estado brasileiro tomar essa palavra como um substantivo de vários sentidos.

Mas do que trata o texto? É justamente do Geraldinho indo de *bicicleta* para o serviço. A partir desse dado poderemos inferir a escolha de vocábulos como: "tranquei no chifrim dela... aí eu saí com aquele trem uma ora d'uma banda, ora d'ota, pelejano pa apanha o prumo... Eu só equilibrei em riba...".

Imaginem se todos escrevessem como se fala! Ficaríamos sem identidade linguística. Decorre daqui a importância de aquisição da modalidade escrita da língua.

O processo de alfabetização faz-se, portanto, necessário para garantir a unidade do sistema e se apresenta, na história pedagógica, através

---

[3] Tirado do CD *Trova, prosa e viola*, de Geraldinho, André e Andrade, Hamilton Carneiro. Mimeo.

de dois métodos: o fônico sintético e o global analítico. O primeiro parte dos sons e das sílabas para os segmentos maiores da frase, oração, períodos e parágrafos. O outro faz o inverso: do texto, ou seja, da unidade de sentido, chega-se aos sons. Isso porque, no dia a dia, produzimos textos e não sentenças desconexas e descontextualizadas. Os dois modos são válidos, o importante é que, como diz Cagliari (2007), o professor tenha uma competência linguística para lidar com seu objeto de investigação, que é a linguagem oral e escrita. O mesmo autor diz ainda na p. 70:

> O Brasil precisa mesmo é de alfabetizadores competentes, conhecedores dos problemas linguísticos relacionados com a própria atividade em sala de aula. O importante não é a questão da escolha de um método ou de outro, ou a atitude de quem acha que não precisa de nenhum dos métodos tradicionais ou oficiais. Na prática nenhuma ação de ensinar e aprender se realiza sem a presença concomitante de algum método. Existe sempre um modo de fazer as coisas. No caso da alfabetização (ou em qualquer outra questão de ensino-aprendizagem escolar), qual é o melhor método, ou o menos ruim, se não houver um método ideal? A resposta a essa pergunta deve começar dizendo que o melhor método é aquele que produz um resultado bom. Como diz a Bíblia, conhece-se a árvore pelos frutos. Vamos saber observando como o aprendiz progride em sua habilidade de ler e escrever, no desenvolvimento de sua competência como leitor e como uma pessoa que sabe escrever.

Defende, portanto, todos os métodos de alfabetização. O melhor, portanto, é aquele que for mais adequado aos perfis dos alunos, a fim de que ocorra a real aprendizagem da leitura e escritura.

NECESSÁRIO, AINDA, ESCLARECER

Para finalizar é bom que se diga algo sobre nossa perspectiva de investigação. Tentamos dissertar sobre uma concepção de linguagem na interação e em seus usos sociológicos, já que a língua realiza-se na inter-relação entre seus falantes, não podendo, assim, ser determinada. O importante é a sua adequação aos vários contextos, ou seja, numa situação formal e de escrita deve-se levar em conta a gramática normativa, pois é um instrumental que garante a sua uniformidade. Em situações de oralidade e informalidade deverá adaptar-se aos momentos de produção da fala ou do gênero textual em tela. O importante é adequar-se aos momentos de usos linguísticos. Por exemplo, não se torna um perigo o aluno aprender e redigir valendo-se do "internetês".[4] O que se deve ensinar é que tal tipo de escrita é próprio dos gêneros textuais digitais e que esta forma de linguagem será utilizada no lugar e na hora certos, ou seja, nos gêneros adequados como: e-mail, blogs, chats..., nunca em situações formais ou acadêmicas. Portanto, o "internetês" é mais uma *proficiência linguística* que os usuários de uma língua adquirem.

Como percebemos, a escrita padrão *é para ser ensinada e aprendida na escola*, tendo em vista os contextos sociais onde ela precisa ser empregada. "Quando é inevitável memorizar algo, certos artifícios são preciosos. Dois deles são as rimas e o verso metrificado. Assim, aquelas regrinhas gramaticais que às vezes nos escapam e nos fazem escorregar nos labirintos da 'última flor do Lácio' inculta e bela".[5] Tais regras é necessário aprender e internalizar, sobretudo para o uso da escrita.

Por sua vez, a escola e todas as pessoas deverão ter um profundo respeito para com as variedades linguísticas, não as tendo como "erro", mas como maneira contextualizada e diferente de se falar. Se não há esse respeito teremos, em consequência, alunos MUDOS, PARALISADOS, AMENDRONTADOS, DESANIMADOS, e a evasão escolar.

Para concluir, eis a pergunta: como veremos e escutaremos, a partir de agora, as expressões: "pobrema", "pagano", "familha", "tô", "opaió"; "só me falta-me o gramur"; "Graube", "Creiton"...???

REFERÊNCIAS BIBLIOGRÁFICAS

BAGNO, Marcos. *A língua de Eulália*: novela sociolinguística. 11. ed. São Paulo: Contexto, 2001.

CAGLIARI, Luiz C. Alfabetização: o duelo dos métodos. In: SILVA, Ezequiel T. (org.). *Alfabetização no Brasil*: questões e provocações da atualidade. Campinas (SP): Autores Associados, 2007.

---

[4] Escrita abreviada utilizada pelos internautas.
[5] Maria Alice Amorim, na quarta capa da obra: DANTAS, Janduhi. *Lições de gramática em versos de cordel*. 2. ed. Petrópolis: Vozes, 2010.

CAGLIARI, Luiz C. *Alfabetização e linguística*. 10. ed. São Paulo: Scipione, 1997.

CALLOU, Dinah; LEITE, Yonne. *Iniciação à fonética e à fonologia*. 10. ed. Rio de Janeiro: Jorge Zahar Editor, 2005.

CIDRIM, Luciana; AGUIAR, Marígia; MADEIRO, Francisco. *Escrevendo como se fala*: compreendendo a influência da oralidade sobre a escrita para se escrever melhor. São José dos Campos (SP): Pulso, 2007.

COUTINHO, Maria da Soledade V. L. *Os implícitos presentes nas manchetes das capas da revista* Veja. Nazaré da Mata (PE): Universidade de Pernambuco (UPE), 2008. Monografia de especialização.

DUCROT, Oswald. *Princípio da semântica linguística*: dizer e não dizer. 5. ed. São Paulo: Cultrix, 1997.

LEMLE, Míriam. *Guia teórico do alfabetizador*. São Paulo: Ática, 1991.

LIMA, Jane Cleide do N. Espanhol: aprendendo e falando uma segunda língua. In: MATOS, Junot; SILVA, Shalimar (org.). *Linguagem e educação*: diálogos de fronteira. Recife: Fundação Antônio dos Santos Abranches – FASA, 2009. pp. 159-184.

LIRA, Pe. Bruno C. *Linguagens e a palavra*. São Paulo: Paulinas, 2008.

SILVA, Thaïs C. *Fonética e fonologia do português*: roteiro de estudos e guia de exercícios. 9. ed. São Paulo: Contexto, 2008.

ZORZI, Jaime. *Aprendizagem e distúrbios da linguagem escrita*. São Paulo: Artmed, 2003.

CAPÍTULO 2

A audição como meio de descoberta e desenvolvimento da linguagem oral

ANDRÉA CARLA LIMA COELHO[*]

Ampliar o conhecimento na área de aquisição da linguagem, de como os efeitos de uma perda auditiva interferem no desenvolvimento de padrões de produção de fala em crianças, é a principal razão da escolha do tema deste artigo.

Atualmente existe um grande número de crianças que apresentam perda de audição por algum motivo e a detecção tardia deste problema provoca atraso em relação às providências necessárias para atenuar as consequências advindas deste déficit.

Estatisticamente, a cada mil crianças nascidas, três apresentam algum tipo de perda auditiva, sendo que 50% dos casos não mostram fatores de risco para esta alteração. No Brasil, a maioria dos casos encontrados tem origem não genética, sendo causados por fatores pré-natais (rubéola da mãe durante a gestação), perinatais (falta de oxigênio durante o parto) ou pós-natais (caxumba, sarampo, meningite, otites médias);

---

[*] Possui graduação em Fonoaudiologia pela Universidade Católica de Pernambuco (1986) – UNICAP/PE; especialização em Audiologia Clínica pelo Centro de Estudos em Fonoaudiologia (1998) – CEFAC; especialização em Sociopsicomotricidade Ramain Thiers pelo Centro de Estudos Simone Ramain (2001) e mestrado em Ciências da Linguagem pela Universidade Católica de Pernambuco (2004). Atualmente é fonoaudióloga responsável técnica do Grupo Especializado em Reabilitação Fonoaudiológica e professora titular da Fundação de Ensino Superior de Olinda e da Faculdade Guararapes. Tem experiência na área de Fonoaudiologia, com ênfase em Fonoaudióloga, atuando principalmente nos seguintes temas: fonoaudióloga, audição, instituição educacional, linguagem e creche.

a maior parte destes problemas podem ser evitados por meio de vacinas e tratamentos medicamentosos.

Também as infecções de orelha média é uma das razões mais comum de consultas médicas em crianças pequenas. De acordo com Kós et al. (1997), as otites médias representam um terço do atendimento pediátrico entre crianças na faixa etária entre um e cinco anos de idade.

Para Ruben e Schwatz (1999), crianças que, em seu primeiro ano de vida, são acometidas por perdas condutivas secundárias à otite média, apresentam, com o passar dos anos, capacidade menor de memória verbal do que crianças que não tiveram otites, além de dificuldade na percepção dos fonemas.

De acordo com Klein e Rapin (2002), a maioria dos pesquisadores concorda que a compreensão auditiva dos sons antecede a produção da fala durante o desenvolvimento normal da linguagem, porém o afluxo auditivo mínimo necessário para a produção da fala normal é desconhecido. Essa relação entre a audição, envolvendo não só a capacidade de detecção, mas também uma série de habilidades que permitem ao ser humano analisar o som em todas as suas dimensões, dando-lhe significado, e a produção de linguagem está, cada vez mais, sendo estudada, pois é necessário o estudo da percepção auditiva para a compreensão do desenvolvimento da linguagem oral, que depende diretamente da percepção dos seus sons.

Para Gama (1994), a percepção é a fonte de todo conhecimento humano adquirido através dos sentidos, que são a ponte entre a realidade (o real) e o percebido (o subjetivo). A linguagem é o meio de expressão desse conhecimento adquirido pela percepção, e também da expressão de todas as sensações internas e subjetivas, podendo assumir duas formas de expressão: a não verbal, contida em qualquer forma de expressão que não utilize a fala como meio, e a verbal, usada nas conversações através da linguagem oral.

A percepção e a produção da linguagem caminham de forma paralela, mas como dois mecanismos independentes cuja integração, de acordo com Lier De-Vitto (1998), só é garantida devido ao surgimento dentro de uma estrutura comunicativa comum. Para Lindblom (1985), a percepção não está no percepto, pois as pistas acústicas são portadoras de várias informações fonéticas, podendo, portanto, tomar o fonema em mais de um sentido. E de acordo com Scarpa (1988), a percepção também não estaria no sujeito, ou seja, em seus órgãos fonoarticulatórios, uma vez que a recepção não é clara, com correspondência perfeita entre o físico e o auditivo. Para ela, o linguístico estruturado é que guia a percepção.

O mundo é cercado dos mais variados sons, que diferem em frequência e intensidade. Todos esses sons são captados e percebidos através da orelha, que é o órgão sensorial auditivo.

Estudiosos como Northern e Downs (1989), Caldas Neto e Sih (1999), Lichtig (1997), Russo e Santos (1993) e Ramos (1999), são unânimes em afirmar que, para a aquisição e o desenvolvimento da linguagem oral, o funcionamento da audição deve estar íntegro, pois sempre que a criança apresentar alguma dificuldade para ouvir poderá ter dificuldades para falar, ressaltando que a audição é um dos principais elos entre as pessoas com o meio ambiente, pois antes da elaboração e expressão das ideias através da linguagem oral é necessário, inicialmente, ouvir e compreender.

Para Murdoch (1997), Gama e Gutiérrez (1999), a audição é pré--requisito para o desenvolvimento da linguagem, pois desempenha um papel preponderante e decisivo para a aquisição da fala, que irá depender da integridade e das inter-relações do sistema auditivo, neurológico e motor, regulado através do sistema nervoso central. Assim sendo, crianças, quando acometidas de qualquer grau de perda auditiva, sendo ela reversível ou não, poderão sofrer limitações no seu processo de aquisição e desenvolvimento da linguagem oral, como também em sua aprendizagem, devido à perda de informações.

Para Chiari et al. (1995), é através do *feedback* auditivo que a criança adquire as referências auditivas que, acrescidas dos símbolos linguísticos, auxiliam na formação de conceitos que servem de matéria-prima para a construção da linguagem.

Para interagir com o mundo, a criança utiliza-se de todos os seus sentidos, dependendo principalmente da audição para a aquisição e o desenvolvimento da linguagem oral. É através dela que o indivíduo recebe as informações sonoras durante toda a vida, realizando as trocas de informações com o meio ambiente. Para que ocorra a maturação das vias auditivas do tronco encefálico, é necessário que ocorra a estimulação sonora, pois, segundo Ruben (1985), se a criança não tiver experiência sensorial adequada durante os dois primeiros anos de vida, não desenvolverá a linguagem oral com sucesso. Além de que, alguns cientistas, em suas pesquisas, afirmam que a maturação e o desenvolvimento cerebral irão depender de estímulos externos e que, neste período crítico, tais estímulos são indispensáveis para o desenvolvimento das estruturas cerebrais; e caso isso não ocorra dentro do seu curso normal devido à privação sensorial, os danos podem ser irreversíveis, dependendo do caso (RODRIGUES, 1993).

Para Albernaz et al. (1997), o período crítico de desenvolvimento auditivo ocorre nos primeiros anos de vida, coincidindo com a faixa etária mais atingida por otite média. Durante este tempo, ocorre o desenvolvimento das habilidades auditivas e, consequentemente, o desenvolvimento espontâneo da fala e da linguagem. Para Northern e Downs (1989), quanto mais a criança for privada da estimulação auditiva, menos eficiente será a habilidade para a linguagem.

A audição, de acordo com Caldas Neto e Sih (1999), é um dos principais sistemas sensoriais do nosso organismo, estando completamente formado e funcionando normalmente no final do sexto mês de gestação. Isto acontece, provavelmente, porque a audição e o equilíbrio são fundamentais para o desenvolvimento neuropsicomotor da criança.

Cada sistema sensorial é formado por duas partes: a primeira, pelo órgão sensitivo, no qual os estímulos físicos vindos do ambiente são convertidos em estimulação nervosa, e a segunda parte, por um conjunto de estruturas cerebrais especialmente desenvolvidas para interpretar os estímulos nervosos. No sistema auditivo, o órgão sensitivo é formado pela orelha e suas divisões, pelas estruturas cerebrais, pelas vias auditivas e os centros de processamento auditivo.

Para Russo (1999), a orelha é um exteroceptor, possuindo um isolamento acústico especial. Anatomicamente, está, em sua maior parte, contida no osso temporal e tem como funções principais o equilíbrio e a audição. O sistema auditivo divide-se em três partes: orelha externa, média e interna. Cada parte destas tem uma série de acidentes e órgãos com funções bem definidas.

Os sons da fala são captados pela orelha externa e levados ao conduto auditivo externo que tem um trajeto sinuoso, determinando reflexão das ondas sonoras em suas paredes. A onda sonora que percorre o conduto auditivo externo coloca em vibração a membrana timpânica que movimenta a cadeia ossicular, transformando a onda sonora em onda mecânica, que, por sua vez, mobilizará um dos ossículos que constituem a cadeia ossicular da orelha média, o estribo, para dentro e para fora da janela oval, atingindo a perilinfa e transformando a onda mecânica em onda líquida. Esta onda líquida faz vibrar as células ciliadas do órgão de Corti, para então seguir em impulsos nervosos atingindo as vias do sistema nervoso central e serem decodificadas, transmitindo a mensagem auditiva.

O sistema auditivo deve estar íntegro para que a criança possa perceber de maneira apropriada os sons ao seu redor. Qualquer alteração nas etapas de captação destes sons pode causar uma perda auditiva, que talvez não seja facilmente percebida, permanecendo sem tratamento durante um longo período de tempo. Consequentemente, estas crianças são tidas como desatentas, demoram a aprender e, frequentemente, apresentam problemas de fala (RUSSO e SANTOS, 1993).

O termo *perda auditiva* diz respeito à diminuição da capacidade de escutar os sons, que pode ser determinada por problemas em alguma parte do sistema auditivo.

Hungria (2000) classifica as deficiências auditivas em: *leve*, quando o indivíduo apresenta incapacidade de ouvir normalmente (além de 3 metros), encontrando certa dificuldade de ouvir, por exemplo, em teatro e cinema; perda *moderada*, quando existe uma dificuldade em ouvir a conversação normal à pequena distância (além de 1 metro); surdez *severa*, quando o indivíduo não pode ouvir conversação a não ser em voz forte ou com o uso de prótese auditiva, em que ocorre a amplificação do som; e deficiência auditiva *profunda*, quando ocorre a incapacidade de discriminar a voz falada, mesmo com amplificação máxima.

A perda auditiva é classificada também de acordo com o local da lesão, podendo ser *condutiva*, *sensório-neural* ou *mista*, e, de acordo com a lateralidade das orelhas acometidas com perda auditiva, pode ser *unilateral* ou *bilateral*. Observa-se, ainda, o distúrbio do processamento auditivo central, localizado no sistema auditivo central, podendo a sensibilidade auditiva estar dentro dos padrões da normalidade, ocorrendo dificuldades na compreensão.

A língua é a forma mais completa de comunicação entre as pessoas. A criança desde cedo é imersa no mundo simbólico do adulto e para adquiri-la necessita de bases orgânicas íntegras, psiquismo saudável, ambiente social estimulador e inúmeros fatores cognitivo-linguísticos.

Para Lowe (1996), o ser humano é dotado de um trato vocal que o capacita para a realização de vários tipos de sons. Entre eles, encontra-se um pequeno grupo que é utilizado na produção da fala, sons que são linguisticamente relevantes, os fonemas, utilizados na formação de sílabas, palavras e frases produzidas através da fala. Esse autor considera, ainda, a produção da fala como resultado de uma série de interações, incluindo não somente os *inputs* linguísticos, como também os *inputs* cognitivos e ambientais. Estes têm uma influência sobre o conhecimento fonológico e também sobre a produção linguística do falante, que são os atos motores e fisiológicos que dominam a articulação física da fala (*output*).

A forma sistemática como cada falante de uma determinada língua organiza e realiza os sons é objeto de estudo da *Fonologia* e da *Fonética*. Estas ciências estão relacionadas, porém apresentam campos de estudos com objetivos diferentes.

Hernandorena (2001) considera a Fonética como a ciência ligada à fisiologia humana, verificando como os sons são produzidos pelo aparelho fonador do ponto de vista articulatório; analisa as propriedades físicas e acústicas do som e como estes são captados por meio da audição, enquanto a Fonologia é uma ciência linguística e dedica-se ao estudo dos sistemas de sons, sua descrição, estrutura e funcionamento. Descreve as formas pelas quais a substância sonora é sistematizada na língua.

A fim de iniciar as variedades de oposições fonológicas encontradas no discurso do adulto, as crianças, para pronunciar estes segmentos, precisam aprender a eliminar processos que não fazem parte da Fonologia, ou limitar e ordenar processos que se aplicam a contextos específicos. Elas implementam substituições, apagamentos, mudanças na estrutura etc., que não são ocasionais, e, sim, regulares.

A ocorrência dos processos fonológicos na criança não é um fato simplesmente. Durante a aquisição da língua, esta caminharia pelos mesmos processos de evolução do latim para o português, passando por fenômenos idênticos, precisando revisar, suprimir e reduzir a aplicação do sistema universal de processos em modos particulares à sua língua e percorrendo, dessa forma, o mesmo caminho da evolução da língua, suas transformações através do espaço e do tempo. Para Coutinho (1978), estas transformações não se deram por acaso, nem foram produzidas por capricho ou moda, mas obedeceram a hábitos fonéticos espontâneos, modificados pelas pessoas ao longo do tempo. Essas modificações das palavras devem-se à incapacidade de se reproduzir fielmente os sons ouvidos.

Para Santos (1996), 90% das aquisições de uma criança pequena são decorrentes de sua exposição acidental em situações de conversação realizadas ao seu redor, podendo ser dificultada por uma perda auditiva mesmo sendo de grau leve.

A linguagem oral desenvolve-se ao mesmo tempo que ocorre a maturação da função auditiva. Estudos demonstraram que bebês participam do ritmo de estruturas repetidas da fala muito antes de usá-las na comunicação (NORTHERN e DOWNS, 1989). Este primeiro uso de sons repetitivos pelos bebês indica o período em que o ciclo do *feedback* auditivo tornou-se efetivo, demonstrando que para haver desenvolvimento da linguagem verbal dependemos do nosso órgão sensorial auditivo, sendo a audição a principal fonte de informações em crianças para a aquisição de linguagem oral.

Albano (1990) defende que a linguagem se constrói a partir das condutas sensório-motoras neurofisiologicamente mais plásticas, com maior capacidade de se interligar a outras condutas, como, por exemplo: a vocalização/audição e, na surdez, a gesticulação/visão. A criança explora combinações de conhecimentos concretos sobre o mundo dos sons e gestos e sobre o mundo das práticas significativas. Nessa atividade lúdica, descobrem-se, pouco a pouco, as abstrações que constituem a linguagem. A autora reconhece o desenvolvimento linguístico da criança como um produto autônomo da interação de várias habilidades que se integram nos três semestres iniciais de sua vida, em que ela brinca com a voz e reproduz a sonoridade da fala, descobrindo que pode usá-las para se referir às coisas do mundo que a rodeia.

Discutindo elementos de uma teoria biolinguística, Locke (1997) afirma que os bebês aprendem rapidamente a reconhecer a voz da mãe, sendo capazes de notar uma série de descontinuidades na corrente da fala, e muitas das quais correspondem a categorias fonéticas utilizadas. Em torno dos sete meses, os bebês começam a balbuciar, facilitando, direta ou indiretamente, o desenvolvimento da linguagem oral; e aqueles que não tiveram a oportunidade de balbuciar de forma audível parecem ter vocalizações menos complexas do que o esperado (LOCKE, op. cit.). Além do que, quando o balbucio tem início, os responsáveis produzem sons incentivando comportamentos semelhantes a palavras para se alcançar novas palavras, denominados por estes estudiosos de resposta vocal contingente. Nesta relação, o balbucio é visto como uma forma de jogo que é prejudicado por doenças ou qualquer forma de privação.

A criança, em média, alcança a competência linguística básica, em sua língua nativa, com a idade aproximada de três anos e meio; se ela for acometida por uma perda auditiva durante o período pré-lingual, antes da aquisição da fala, os efeitos na aquisição da linguagem oral serão mais graves, e para vários autores um dos requisitos básicos para que se alcance a fala é uma audição normal.

Ruben e Schwatz (1999) afirmam que crianças privadas dessa experiência sensorial, durante os dois primeiros anos de vida, não irão desenvolver a linguagem oral com sucesso, sendo esta uma das maneiras que as pessoas utilizam para se comunicar. Tal processo, de acordo com Gama (1994), ocorre em duas vias: a via perceptual, que encaminha as informações periféricas através da orelha até o córtex cerebral, e a via expressiva, que transforma a mensagem mental da fala em ato motor.

Um artigo publicado por Skinner no *Otolaryngology Clinics of North American*, citado por Santos (1996), informa várias dificuldades que podem ser apresentadas na criança portadora de perda auditiva de grau leve em fase de aprendizado da linguagem. Dentre elas pode-se observar: *perda da constância das pistas auditivas*, pois a audição flutua, impossibilitando a escuta dos sons da mesma forma, o que torna difícil a definição acústica para cada som que a criança recebe e a *confusão dos parâmetros acústicos na fala rápida*. Por ser a fala um processo que encadeia os fonemas, esse encadeamento faz com que cada som sofra a influência do fonema que o precede e que o sucede; desse jeito, é modificado não só o movimento articulatório, mas também o efeito acústico na fala com ritmo acelerado. Estas pistas acústicas são ainda mais indefinidas, dificultando a análise dos sons da fala pela criança acometida por surdez, acarretando erros no momento de empregar este ou aquele fonema.

É preciso que a criança que esteja em fase de aquisição da linguagem ouça todos os detalhes da fala adulta para que consiga armazenar as informações de cada segmento fonêmico. A perda do sinal auditivo pode atrasar a aquisição das estruturas das unidades perceptuais da fala e, ao que parece, a unidade mais suscetível aos efeitos desta perda são os fonemas fricativos, os finais transitórios e intervalos das palavras, pois, de acordo com Santos (1996), são todos muito rápidos e/ou fracos para serem armazenados na memória.

Gama (1994) refere quatro estágios de percepção auditiva de fala: no primeiro, ocorreria a detecção seguida por níveis mais complexos; no segundo, a discriminação entre os estímulos; num terceiro estágio, o reconhecimento na identificação das características da fala; e, por último, a compreensão, ou seja, o entendimento.

Assim, para que o processo perceptual auditivo da fala aconteça pela criança, é necessário que ela detecte e sinta o fenômeno físico-som; assim, irá desenvolver e emitir os sons da fala, pois essa faculdade inclui eventos como: separar a ideia principal, colocá-la em simbologia verbal adequada, em forma gramatical e cadência vocal apropriadas, mentalizar a imagem sinestésica e, finalmente, acionar, adequadamente os órgãos fonoarticulatórios a fim de produzir os sons desejados. Quando não há a integridade do sistema auditivo, essas três fases apresentam-se comprometidas e defasadas.

REFERÊNCIAS BIBLIOGRÁFICAS

ALBANO, E. *Da fala à linguagem*: tocando de ouvido. São Paulo: Martins Fontes, 1991.

ALBERNAZ, P. L. M. et al. *Otorrinolaringologia para o clínico geral*. São Paulo: Fundo Editorial BYK, 1997.

CALDAS NETO, S.; SIH, T. Anatomofisiologia da orelha humana. In: CALDAS, N.; CALDAS NETO, S.; SIH, T. *Otologia e audiologia em pediatria*. Rio de Janeiro: Revinter, 1999. p. 8-16.

CHIARI, B. M. et al. Prevenção da instalação de problemas de linguagem decorrentes de perdas auditivas derivadas dos quadros de otites médias crônicas e de repetição. *Revista Brasileira de Medicina*, São Paulo: Moreira Júnior, v. 2, n. 2, p. 89-99, 1995.

COELHO, A. C. L. *Alterações nos processos fonológicos em crianças com otite média*. 88 f. Dissertação (Mestrado em ciências da linguagem) – Universidade Católica de Pernambuco, Recife, 2004.

COUTINHO, I. L. *Pontos de gramática histórica*. 7. ed. Rio de Janeiro: Acadêmica, 1978. p. 13-149.

GAMA, M. R. *Percepção da fala*: uma proposta de avaliação qualitativa. São Paulo: Pancast, 1994.

_____; GUTIÉRREZ, C. Detecção tardia de deficiência auditiva e crianças com alterações de linguagem. *Acta Awho*. São Paulo: Lemos, v. 19, 1999.

HERNANDORENA, C. L. M. Introdução à teoria fonológica. In: BISOL, L. (org.). *Introdução a estudos de fonologia do português brasileiro*. 3. ed. Porto Alegre: EDIPUCRS, 2001. cap. 1, p. 11-13.

HUNGRIA, H. *Otorrinolaringologia*. 8. ed. Rio de Janeiro: Guanabara Koogan, 2000.

KLEIN, K.; RAPIN, I. Perda intermitente da audição de condução e desenvolvimento da linguagem. In: BISHOP, D.; MOGFORD, K. *Desenvolvimento da linguagem em circunstâncias excepcionais*. Rio de Janeiro: Revinter, 2002. p. 123-143.

KÓS, A. O. A. et al. Estudo de prevalência e fatores de risco de otite média secretora em pré-escolares assintomáticos. *Jornal Brasileiro de Medicina*, p. 82-92, 1997.

LIER DE-VITTO, M. F. *Os monólogos da criança*: delírios da língua. São Paulo: Educ – PUC, 1998.

LICHTIG, I. Considerações sobre a deficiência auditiva no Brasil. In: LICHTIG, I.; CARVALHO, R. M. M. (org.). *Audição*: abordagens atuais. Carapicuíba: Pró-Fono, 1997. p. 3-22.

LINDBLOM, B. Phonetic universals in vowel systems. In: OHALA, J.; JAEGER, J. J. *Experimental phonology*. Academic Press, 1985.

LOCKE, J. L. Desenvolvimento da capacidade para linguagem falada. In: FLETCHER, P.; MACWHINNY, B. *Compêndio da linguagem da criança*. Porto Alegre: Artes Médicas, 1997. p. 233-250.

LOWE, R. J. *Fonologia, avaliação e intervenção*: aplicações na patologia da fala. Porto Alegre: Artes Médicas, 1996. p. 3-117.

MURDOCH, B. E. *Desenvolvimento da fala e distúrbios da linguagem*: uma abordagem neuroanatômica e neurofisiológica. Rio de Janeiro: Revinter, 1997.

NORTHERN, J. L.; DOWNS, M. *Audição em crianças*. 3. ed. São Paulo: Manole, 1989.

RAMOS, B. D. Importância da audição no desenvolvimento da linguagem. In: CALDAS, N.; CALDAS NETO, S.; SIH, T. *Otologia e audiologia em pediatria*. Rio de Janeiro: Revinter, 1999. p. 168-171.

RODRIGUES, N. Organização neural da linguagem. In: MOURA, M. C. et al. *Língua de sinais e educação de surdos*. São Paulo: Tec Art., 1993. (Série Neuropsicologia, v. 3).

RUBEN, R. J.; SCHWATZ, R. Necessidade *versus* suficiência: o papel do estímulo à aquisição da linguagem. In: CHINSKI, A.; SIH, T. *II Manual de Otorrinolaringologia Pediátrica da IAPO*. São Paulo: Ateliê Editorial, 1999.

_____. et al. Otitis media: impact and sequelae. *Annals of Otology, Rhinology and Otolaryngology*, suppl 16, p. 31-32, 1985.

RUSSO, I. C. P. *Achados impedanciométricos em crianças de 4 a 6 anos de idade*. 111 f. Dissertação (Mestrado em Ciências) – PUC/SP, São Paulo, 1981.

_____. *Acústica e psicoacústica aplicada à fonoaudiologia*. 2. ed. São Paulo: Lovise, 1999. cap. 12, p. 143-202.

RUSSO, I. C. P.; BEHLAU, M. *Percepção da fala*: análise acústica do português brasileiro. São Paulo: Lovise, 1993.

_____; SANTOS, T. M. M. *A prática da audiologia clínica*. São Paulo: Cortez, 1993.

SANTOS, T. M. M. Otite média: implicações para o desenvolvimento da linguagem. In: SCHOCHAT, E. (org.). *Processamento auditivo*. São Paulo: Lovise, 1996. p. 107-124.

SCARPA, E. M. Desenvolvimento da entonação e a organização da fala inicial. *Cadernos de estudos linguísticos*, Campinas, 14, 1988.

CAPÍTULO 3

Aprender a aprender: desafio para professores e alunos

Junot Cornélio Matos*
Sônia Sena da Silva**

INTRODUÇÃO

Levando-se em consideração a polissemia do termo educação, que não é simplesmente uma fase na vida dos indivíduos, mas "também o conjunto do fenômeno da transmissão cultural, envolvendo professor e aluno, ensino e pesquisa e uma série de outros aspectos desse fenômeno" (CASTANHO e CASTANHO, 2002, p. 34), observa-se, frequentemente, que o aluno em geral não reconhece o poder facilitador de adquirir conhecimento através da realização do trabalho de pesquisa.

A falta de noções básicas a respeito desse valioso instrumento pedagógico é flagrante quando os alunos apresentam simplesmente recortes, colagens e cópias sem referência alguma, e muito menos créditos às fontes consultadas. Isso quando o trabalho não é feito em sua totalidade e diretamente por terceiros, familiares ou não, contratados ou convencidos a fazê-lo supostamente em benefício do educando.

Talvez esse desvirtuamento em relação ao trabalho de pesquisa deva-se a uma didática falha ou incompleta por parte do professor, apesar de suas prováveis boas intenções. Afinal, parece que é considerado

---

* Professor adjunto do Departamento de Fundamentos Sociofilosóficos da Educação, do Centro de Educação da Universidade Federal de Pernambuco.
** Professora da Rede Estadual do Estado de Pernambuco e mestranda no Programa de Pós-Graduação em Ciências da Linguagem da Universidade Católica de Pernambuco.

ponto pacífico entre os educadores que o trabalho com pesquisa quebra a monotonia das aulas expositivas, pois requer a participação ativa dos alunos na sua própria aquisição de conhecimento, além de proporcionar momentos de maior interação dentro e fora da sala de aula.

Nunca é demais salientar que essa atividade pedagógica exige que o professor se envolva efetivamente, disponibilizando as orientações necessárias para que ela se desenvolva e se adéque às situações cotidianas de sala de aula, pois só com a familiarização do uso frequente é que todo o seu potencial pode ser aproveitado. Porém, infelizmente, o que se observa é que a maioria dos docentes se esquece de praticar essa atitude tão importante para que a confecção do trabalho de pesquisa se traduza em resultados reais e permanentes na vida acadêmica dos alunos.

O professor, como um verdadeiro facilitador, tem papel fundamental nesse processo. Antes de tudo, é necessário que ensine a fazer o trabalho, pois é ele quem deve orientar, ajudar e sugerir formas de organização que possam auxiliar o aluno a desenvolver a sua pesquisa baseada num projeto elaborado a partir de informações que já possua e domine.

Com a quantidade massiva de informações que chegam constantemente através dos variados meios de comunicação com que se convive todos os dias, em todos os lugares, não importando que se esteja só ou em companhia de outros, ou mesmo que esses outros estejam apenas virtualmente presentes, é praticamente impossível que o aluno não consiga realizar a tarefa proposta, se for bem orientado.

Criticar negativamente a eficiência dos processos utilizados nas escolas pelos professores do Ensino Fundamental, a fim de preparar e construir as competências necessárias para a produção e apresentação dos vários tipos de pesquisa exigidos nos níveis posteriores da formação escolar, seria o caminho mais fácil a percorrer em busca de possíveis culpados para a ignorância manifestada pelos estudantes universitários nos cursos regulares, de extensão ou de pesquisa. Ao longo dos anos de prática docente, observa-se que a maioria desses alunos apresenta uma grande e angustiante dificuldade em elaborar e produzir um texto em linguagem escrita; imagine-se quando esse texto exige a aplicação de normas técnicas e padrões estabelecido por lei, principalmente se o referido texto implicar a famigerada nota e uma almejada progressão no curso ou na profissão!

Os problemas concentrados nesse tipo de redação sugerem que se deva intensificar as observações e investigar mais profunda e adequadamente o que poderia se fazer para chegar a uma hipótese que ajude a explicar as prováveis causas para que o aluno universitário chegue às salas de aula do Ensino Superior tão carente dos conhecimentos e competências necessários para a realização e apresentação de trabalhos que envolvam pesquisas sérias e promotoras de mais conhecimento.

Por que os alunos universitários apresentam um grau tão elevado de dificuldade na produção e apresentação de trabalhos de pesquisa, mais especificamente nas que exijam coesão, coerência, a modalidade padrão escrita, além de atenderem às normas técnicas estabelecidas?

Vamos organizar nossa reflexão, no presente artigo, discorrendo, inicialmente, acerca do próprio professor em seu esforço de constituir-se como pesquisador, para, em seguida, tratar de questões concernentes ao intento de exercitar uma prática docente que ajude a formar no estudante uma consciência de pesquisa.

1. "o professor precisa saber teorizar suas práticas [...]. Partir dela, além de representar um ponto de partida absolutamente próximo e familiar, permite perceber melhor o efeito inovador e direcionar melhor a teoria para a prática..." (DEMO, 1998, p. 17).

Quando nos referimos ao professor com este ou aquele adjetivo, não nos move unicamente o desejo de sinalizar para esta ou aquela opção intrínseca e inevitavelmente presente em sua prática pedagógica. Mas, sobretudo, interessa-nos colocá-lo como uma pessoa concreta realizadora de uma atividade concreta.

Demo também observa que "o professor precisa saber teorizar suas práticas [...]. Partir dela, além de representar um ponto de partida absolutamente próximo e familiar, permite perceber melhor o efeito inovador e direcionar melhor a teoria para a prática...".

Compreende-se a educação como um fazer humano situado e datado. Disso resulta a convicção de que a educação é uma prática de pessoas concretas com e para pessoas concretas. Quer dizer, é uma ação efetiva cujo escopo volta-se primariamente para necessidades inerentes à própria natureza da pessoa humana em suas múltiplas e contextualizadas relações.

Tal empreendimento "prático" realiza-se mediante a interação de diferentes pessoas e efetivos desafios advindos da realidade; é, por isso, uma práxis social, visto que alinha o escopo de transformar a realidade àquele de transformar a pessoa humana concreta; os conteúdos da intervenção laboriosa ao aprendizado e à sistematização das concepções de homem e mundo contidas na ação realizada. Segundo o pensamento gramsciano, "a identificação entre teoria e prática é um ato crítico pelo qual a prática aparece como racional e necessária, ou a teoria como realista e racional".[1] Pode-se, então, inferir que o processo educativo revela-se na totalidade da vida humana, o que pressupõe a presença atuante de protagonistas que, no ato do seu agir interativo, produzem e sistematizam conhecimentos ao mesmo tempo em que realizam efetiva intervenção na realidade social. Conforme o dizer de Demo (op. cit., p. 16), a "educação necessita de conhecimentos, para poder tornar-se fator de inovação, e conhecimento precisa de educação, para tornar-se intervenção ética". Ora, se é verdade que os conhecimentos resultam de uma incessante produção da engenhosa curiosidade do animal homem/mulher, e se considerarmos que o trabalho que transforma a natureza bruta, tornando-a natureza *com-sentido* (ORGANIZADA), transforma igualmente a natureza deste animal pensante, tornando-a natureza humana, então, é pertinente advogar a intermediação do trabalho educativo para a intervenção ética e a produção da cultura.

Nossa perspectiva é a de conceber o processo educativo como produtor de determinado tipo de homem e mulher. Neste cenário, deve-se reconhecer o lugar da agência escolar como uma instância de ação educativa cuja finalidade última será a apropriação do conhecimento e a mediação de uma prática social global. Por isso, são legítimas as indagações: Que tipo de homem e mulher estamos ajudando a formar com nossa prática pedagógica? Que ideias de pessoa humana e mundo são veiculadas na prática docente através de conteúdos, métodos e relacionamentos? Para que, quem e por que pôr-se a serviço do trabalho na educação?

---

[1] GRAMSCI, Antônio. *Il Materialismo storico e la filosofia de Benedetto Croce*. Turim: Einaudi, 1984. p. 16.

É imprescindível que o educador assuma como primeira tarefa a reflexão sobre sua própria prática docente. Muitas vezes em cursos de pós-graduação somos levados a realizar pesquisa sobre os temas mais exóticos possíveis, alguns sem nenhuma serventia para nosso trabalho concreto. Não conseguimos ainda atinar que nossa prática é a coisa primeira a ser pesquisada. O professor não "ensina" o que não "sabe". Por outro lado, não "sabe" o que não pesquisa. Como pudemos durante tantos e tantos anos contentarmo-nos com as tais "fichinhas" amareladas ou com os conteúdos previamente determinados em total discrepância com as necessidades efetivas dos nossos educandos? Precisamos superar a dicotomia ensino/pesquisa. Pois o professor deve ser antes de mais nada um pesquisador. Mas o que pesquisar? Advogamos que, primeiramente, a própria prática.

Aliar a experiência concreta como trabalhador da educação à discussão mais ampla acerca da realidade e dos desafios do contexto em que tal experiência se dá, bem como às necessidades emergentes no processo e à realidade individual de cada estudante, parece extremamente motivador, uma vez que, ao mesmo tempo que se tem a prática como referência imediata da pesquisa, busca-se igualmente torná-la mais comprometida com o projeto de inserção militante pela superação de estruturas e práticas excludentes, procurando participar cooperativa e ativamente de um processo de reflexão e articulação para a intervenção efetiva e eficaz na realidade social. Neste horizonte, a prática inspira a empresa de construir novos conhecimentos ao mesmo tempo que dialoga com aqueles já elaborados, superando a si mesma e aos mesmos conhecimentos com os quais se defronta. Esse diálogo frequente e interativo entre teoria x prática x teoria, realizado em contextos e filosofias definidos, é eminentemente salutar à medida que confere dinâmica e faz surgir uma ciência inconclusa que se instaura a partir e no movimento de sua construção.

A pesquisa deve ser, então, compreendida como instrumento de construção do conhecimento. O professor pesquisador não concebe o conhecimento como algo definitivo, pronto, acabado. Mas é aquele que o concebe como algo dinâmico, possível de construções e reconstruções. Por isso, ele mesmo, professor, constrói-se como um ser reflexivo, capaz de pensar criticamente a sua prática e encaminhá-la dentro de uma perspectiva dinâmica onde o processo tem um lugar de destaque. E, embora os "resultados" sejam perseguidos com todo empenho possível, sua prática obedece ao ritmo e interesses de seu alunado. Naturalmente, haverá de considerar que cada pessoa é diferente e que é neste diferente que elas realizam-se, interagem, e contribuem para o enriquecimento mútuo e construção da história. Por isso, longe dele está o desejo de aplainar as diferenças individuais dos seus alunos pela imposição de um modelo único de ser, pensar e existir.

2. "Acostumar a criança a pesquisar desde o Ensino Básico é atitude louvável, que deve ser incentivada como técnica didática moderna. Se o uso dessa técnica for bem orientado, ela ajudará a preparar a criança para o futuro, possibilitando, desde logo, que ela se familiarize com a pesquisa" (Jorge Santos Martins).

De acordo com Houaiss et al. (2004), Ferreira (1998) e Michaelis (2000), pesquisar é investigar, averiguar, procurar com cuidado. Dessa forma, pode-se dizer que a pesquisa é um instrumento pedagógico de redescoberta, proporcionando um novo saber que é adquirido partindo-se de projetos baseados nos "conhecimentos prévios que abrangem tanto conhecimentos e informações sobre o próprio conteúdo, como conhecimentos que, de maneira direta ou indireta, estão relacionados ou podem relacionar-se com ele" (COLL, 2003, p. 61). Incluem-se aí os que são partilhados.

É fato notório que são as perguntas que movimentam os saberes, proporcionando as descobertas, permitindo reflexões e aprendizagem significativa. Sobre isso, Paulo Freire (1992) instrui: "A pedagogia da pergunta deve substituir a pedagogia das certezas, dos saberes pré-pensados, das verdades definitivas". Começar cedo, ainda no Ensino Fundamental, certamente fará com que os conhecimentos adquiridos abranjam conceitos, procedimentos e atitudes, afetando o comportamento individual e social dos alunos.

Outra referência abalizada sobre o assunto é a de Pedro Demo, quando ele diz textualmente que "A base da educação é a pesquisa", e ressalta: "Onde não aparece o questionamento reconstrutivo, não emerge a propriedade educativa escolar" (DEMO, 1998, p. 27). Já Martins (2003, p. 39) afirma categoricamente que o tripé *curiosidade, investigação e descoberta* é que sustenta uma metodologia que equilibre o pensamento científico e o desenvolvimento humano, essenciais para a constante evolução do homem.

Ora, sabendo-se que o cérebro jovem normalmente absorve conhecimento e informação com uma facilidade extraordinária, seria interessante para todos os que lidam com a educação que as bases reais do conhecimento fossem sedimentadas no Ensino Fundamental, incluindo-se aí aquelas referentes à Metodologia da Pesquisa.

3. "O mundo só se revela ao leitor por meio do texto se ele estiver inserido no contexto, porque toda significação particular está articulada como numa teia às significações historicamente acumuladas na cultura, acervo coletivo de sentidos" (Antonio Joaquim Severino).

Nas escolas de Ensino Fundamental, as chamadas "Feira de Ciências", "Mostra Cultural", ou seja, qual for a nomenclatura empregada, são um exemplo clássico de inserção equivocada do texto no contexto em relação ao trabalho com pesquisa e divulgação de resultados nas escolas de Ensino Básico.

Os trabalhos de pesquisa pedidos pelos professores aos alunos são, muitas vezes, apenas recortes de trabalhos feitos anteriormente por outros autores, chegando ao ponto de se ver, não raras vezes, os pais ou outros adultos se lamentando pelo tempo que "gastaram" fazendo o trabalho, ou se gabando de tê-lo feito para o filho. Essa exibição de egos elimina criminosamente o que deveria ser o objetivo maior da pesquisa: a construção de novos conhecimentos pelo jovem aluno. Não é de se admirar, então, que tantos desses jovens cheguem à universidade ignorando o que seja realmente um trabalho dessa natureza.

A educação nas universidades fundamenta sua atuação na leitura e na escrita, porque "É por meio delas que o estudante poderá mergulhar no universo do conhecimento acumulado que lhe é posto à disposição" (SEVERINO, in CASTANHO, 2002 p. 77). Ora, como pode o aluno ler e escrever no nível que se exige nas universidades, se a construção dessas competências através do exercício da produção própria lhe foi tirado?

Pior é constatar que isso acontece com a conivência de professores, coordenadores pedagógicos, diretores e de outros responsáveis pelo ensino e pela aprendizagem nas escolas.

Sobre essa atitude generalizada de *laissez faire*, a educadora Telma Weisz alerta: "Não informar nem corrigir significa abandonar o aluno à própria sorte" (WEISZ, 2003, p. 62). E esse é um erro que precisa ser evitado, pois acarretará, fatalmente, os problemas que eclodem no ensino universitário, no qual se veem alunos completamente perdidos em relação à pesquisa e à apresentação desta ao professor ou a quem de direito.

Tornar a aprendizagem escolar possível é uma "aventura coletiva" (COLL, 2003, p. 121), e isso só se torna possível porque a sociedade exige capacidades de seus partícipes, porque a cultura pressupõe uma questão de identidade para o sujeito e para o seu grupo social; e porque contar com o concurso de professores conscientes para a construção do conhecimento é o terceiro e vital item para o sucesso da referida aventura.

Ter consciência de que é parte importante nesse processo coletivo talvez seja o primeiro passo para formar mais solidamente os pesquisadores do futuro, seja qual for o contexto em que estejam inseridos, dentro das universidades ou em qualquer outro grupo social.

4. "O entendimento que se tem de um professor hoje é o de alguém com condições de ser sujeito de sua ação profissional" (Telma Weisz).

Há algum tempo circulou pelas escolas um texto cujo título era "O professor está sempre errado". Nele, o professor era caracterizado como um Judas que só recebe agressões e desprezo, por mais que se esforce para fazer a coisa certa. Apenas a última linha do texto trazia algo reconfortante, pois, ironicamente, dizia: "É, mas se você leu este texto até aqui, agradeça a um professor".

Esse exemplo é bem típico de como se sente esse profissional, que, diferentemente dos técnicos e de outros trabalhadores da área de educação, tem contato com o aluno de forma mais direta e constante. Talvez seja essa a causa de tantos dedos em riste apontados em sua direção no momento de eleger culpados pelas mazelas da escola.

Ora, se atentarmos para o fato inconteste de que a formação desse docente passa necessariamente pela universidade, e que esta recebe nas licenciaturas e em seus cursos de Pedagogia muitos indivíduos que obtiveram notas muito baixas no vestibular, e pouquíssimos com boas notas, fatalmente tiraremos alguma conclusão razoavelmente lógica disso. Essa situação absurda chega ao ponto de alguns alunos concluintes do Ensino Médio declararem que farão vestibular para esses cursos "por ser mais fácil passar".

Outro aspecto a ser observado é a qualidade dos cursos oferecidos. A esse respeito, a antropóloga Eunice Durham, em entrevista à revista *Veja* de 26/11/2008, declara que "os cursos de pedagogia são incapazes de formar bons professores", e completa o raciocínio indicando como primeira causa para essa deficiência "a mentalidade da universidade, que supervaloriza a teoria e menospreza a prática".

A universidade tem por obrigação fazer o aluno "mergulhar no universo do conhecimento acumulado" (SEVERINO, 2000) e é responsável pela formação do professor. Sobre esta formação, Matos (2005, p. 4) declara que "... é necessário compreendê-la, inserida no atual momento político, social e econômico", o que parece não acontecer quando é facilmente perceptível a desorientação de grande parte dos professores recém-formados. Infelizmente, para alguns essa desorientação insiste em resistir à passagem do tempo.

5. "Mas é perfeitamente possível que um público a si mesmo se esclareça. Mais ainda, é quase inevitável, se para tal lhe for dada liberdade" (Immanuel Kant).

O aluno do Ensino Fundamental não tem ainda condições intelectuais de absorver conceitos como a questão dos pressupostos ontológicos, por exemplo, como recomenda Richardson (1999, p. 32): "É absolutamente necessário que possam ser identificados os pressupostos do pesquisador em relação ao homem, à sociedade e ao mundo em geral".

Porém, a inexperiência do jovem aluno não significa dizer que sua mente seja uma tábula rasa à espera do conhecimento que lhe será passado pelo professor. Pelo contrário, ele possui uma gama de saberes inimagináveis a um adulto desavisado. E é esse saber que lhe dará condições de partir para um próximo nível de aprendizagem. Coll (1990) explicita que, "quando o aluno enfrenta um novo conteúdo a ser aprendido, sempre o faz armado com uma série de conceitos, concepções, representações e conhecimentos adquiridos no decorrer de suas experiências anteriores, que utiliza como instrumentos de leitura e interpretação e que determinam em boa parte as informações que selecionará, como as organizará e que tipo de relações estabelecerá entre elas".

Para o aluno universitário, é vital que consiga estabelecer a associação essencial entre a epistemologia e a metodologia do trabalho científico para realizar a pesquisa. Para o aluno de Ensino Fundamental, basta que saiba que a teoria do conhecimento é que lhe indicará caminhos a serem trilhados no decorrer da sua pesquisa. O universitário precisará entender e se apropriar de conhecimentos sobre correntes associadas à pesquisa social como o positivismo, o estruturalismo ou o materialismo dialético. Já o adolescente do 6º ano poderá se informar, discutir e refletir a respeito do que são, por exemplo, leis naturais, estrutura social e o papel do homem como ser histórico e social.

É como bem o dizem Moura e Ferreira (2005, p. 24): "Para se preparar, um pesquisador precisa acompanhar o desenvolvimento do conhecimento". E isso não depende do nível acadêmico em que esteja, necessariamente.

Na década de 1970, Robinson já estipulava cinco passos que certamente aumentariam a eficiência no estudo: pesquisar, perguntar, ler, recitar e revisar. Acrescidos de discutir e refletir, como exige a sociedade atual, esses passos são importantes para todo e qualquer estudante responsável e participante ativo de sua aprendizagem.

Definir problemas, formular hipóteses sobre eles e apresentar algum tipo de solução para resolvê-los seria outra forma de iniciar a prática do trabalho científico no Ensino Fundamental. A redação do Enem, por exemplo, é uma produção de texto que exige cinco competências que deveriam ser adquiridas desde o Ensino Fundamental. São elas:

I – Demonstrar domínio da norma culta da língua escrita.
II – Compreender a proposta de redação e aplicar conceitos das várias áreas do conhecimento para desenvolver o tema, dentro dos limites estruturais do texto dissertativo-argumentativo.
III – Selecionar, relacionar, organizar e interpretar informações, fatos, opiniões e argumentos em defesa de um ponto de vista.
IV – Demonstrar conhecimento dos mecanismos linguísticos necessários para a construção da argumentação.

V – Elaborar proposta de intervenção para o problema abordado, demonstrando respeito aos direitos humanos.

Aulas de Metodologia da Pesquisa no Ensino Fundamental, no 6º ano, por exemplo, só reforçarão e incentivarão que o aluno trabalhe interdisciplinarmente, fazendo pontes entre as áreas de conhecimento e melhorando sensivelmente seu desempenho. Este nível está sendo especificamente citado por ter sido observado em ação em uma escola pública onde a maioria dos alunos das séries posteriores aplica em seus trabalhos as normas básicas para a pesquisa e para a apresentação de seus trabalhos.

Apesar de se resumir a apenas uma aula semanal, a estrutura do trabalho, a orientação para as pesquisas, a questão da autoria, entre outros pontos, são trabalhados teórica e praticamente, respeitando-se, obviamente, os vários aspectos envolvidos, como a faixa etária dos alunos e os grupos sociais a que pertencem.

Outro ponto a ser destacado é a formação profissional da professora que ministra essas aulas, uma pedagoga licenciada em Letras que resolveu agir para suprir uma lacuna muito maior do que talvez ela imaginasse que seria. A importância de se fazer estudos sobre Metodologia da Pesquisa nessa série apareceu por conta dos trabalhos apresentados pelos alunos do 6º ao 9º ano do Ensino Fundamental, assim como pelos das três séries do Ensino Médio, na ocasião da Mostra Cultural promovida pela escola. A exigência para que entregassem ao professor orientador o trabalho escrito e confeccionado de acordo com as normas básicas da ABNT fez com que se visse a extensão do problema, exposto através do fraco e equivocado desempenho, inclusive nas apresentações orais.

CONSIDERAÇÕES FINAIS

Nas escolas, que proporcionam a educação formal, aparecem inúmeras lacunas e deficiências no ensino e na aprendizagem. Observando-se mais acuradamente, percebe-se que muitos desses problemas poderiam ser resolvidos com uma boa dose de interesse associada a entusiasmo e a vontade de fazer a diferença. Alguns educadores, mesmo conhecendo formas de atuar com mais eficiência, acomodam-se a rotinas e a fazeres obsoletos, levados, talvez, pelo comodismo, pela falta de crença no próprio potencial ou pela falta de uma formação continuada mais adequada ao exercício da profissão.

Neste artigo, procurou-se defender a necessidade de mobilizar todos os envolvidos na educação formal escolar, inclusive o próprio aluno, em busca de mais conhecimento através da pesquisa corretamente orientada. Assim, identificar e esclarecer o que deve ser corrigido no Ensino Fundamental pode trazer inúmeros benefícios nos níveis posteriores da vida acadêmica do indivíduo.

Teoricamente, os alunos universitários, ou pelo menos a maioria deles, deveriam apresentar um desempenho competente em relação à produção de trabalhos científicos, já que ter chegado à universidade sugere que a formação básica foi concluída. Porém, com uma bagagem repleta de deficiências, habituados a apenas copiar desde cedo, o que se poderia esperar desses estudantes?

O mau desempenho deles em provas e trabalhos continuará a acontecer enquanto não forem estimulados, orientados e preparados desde o Ensino Fundamental para que a pesquisa e o investimento em seu próprio esforço lhes sejam apresentados como a grande opção para que se adquira mais conhecimento em bases permanentes.

Dessa forma, a implementação de aulas de Metodologia da Pesquisa nas séries intermediárias do Ensino Fundamental pode ser uma solução viável que talvez traga benefícios a curto, médio e longo prazo para todos os que esperam por uma evolução real nos processos de ensino e de aprendizagem nas nossas escolas.

Justifica-se a opção pelas séries intermediárias por ser fato comprovado que, apesar das mudanças na nomenclatura empregada, a passagem do 5º para o 6º ano, antes denominadas 4ª e 5ª série, e mais anteriormente ainda, 4ª série do Ensino Primário e 1º ano do Ginásio, essa fase da vida estudantil é caracterizada por mudanças em vários aspectos. As transformações físicas e psicológicas, associadas a um amadurecimento forçado, também, pelo contato com um maior número de professores e, consequentemente, de exigências, faz com que o momento se torne propício a maiores estímulos.

A Metodologia da Pesquisa, se introduzida nesse período, somará esforços consideráveis no intuito de favorecer a sedimentação ordenada da aquisição de mais conhecimento por parte do aprendiz, o que, certamente, só trará benefícios para todos os que se interessam e se envolvem com a educação. Sejam eles a família, a escola, grupos sociais ou a sociedade em geral, os louros dessa vitória caberão democraticamente a todos.

REFERÊNCIAS BIBLIOGRÁFICAS

CASTANHO, Sérgio; CASTANHO, Mª Eugênia (org.). *Temas e textos em metodologia do ensino superior.* Campinas, SP: Papirus, 2002.

COLL, César et al. *O construtivismo na sala de aula.* São Paulo: Ática, 2003.

DEMO, Pedro. *Educar pela pesquisa.* 3. ed. Campinas, SP: Autores Associados, 1998.

FERREIRA, Aurélio B. de Holanda. *Dicionário Aurélio básico da língua portuguesa.* Rio de Janeiro: Nova Fronteira, 1998.

FIORIN, José Luís; SAVIOLI, Francisco Platão. *Para entender o texto, leitura e redação.* São Paulo: Ática, 2002.

FREIRE, Paulo. *Pedagogia da esperança.* Rio de Janeiro: Paz e Terra, 1992.

GERALDI, João Wanderley (org.). *O texto na sala de aula.* São Paulo: Ática, 2003.

GRAMSCI, Antônio. *Il Materialismo storico e la filosofia de Benedetto Croce.* Turim: Einaudi, 1984.

HOUAISS, Antônio; VILLAR, M. de Salles; FRANCO, F. M. de Mello. *Minidicionário Houaiss da língua portuguesa.* Rio de Janeiro: Objetiva, 2004.

MARCUSCHI, Beth. Redação escolar: breves notas sobre um gênero textual. In: SANTOS, Carmi Ferraz; MENDONÇA, Márcia; CAVALCANTI, Marianne C. B. (org.). *Diversidade textual*: gêneros na sala de aula. Belo Horizonte: Autêntica, 2006.

MARTINS, Jorge Santos. *O trabalho com projetos de pesquisa*: do Ensino Fundamental ao Ensino Médio. Campinas, SP: Papirus, 2003.

MATOS, Junot Cornélio. *Em toda parte e em nenhum lugar*: a formação pedagógica do professor de filosofia. Recife: FASA, 2005.

MICHAELIS. *Moderno dicionário da língua portuguesa*. Rio de Janeiro: Reader's Digest; São Paulo: Melhoramentos, 2000.

MOURA, Maria Lúcia Seidl de; FERREIRA, Maria Cristina. *Projeto de pesquisa*: elaboração, redação e apresentação. Rio de Janeiro: EduERJ, 2005.

RICHARDSON, Roberto Jarry et al. *Pesquisa social*: métodos e técnicas. 3. ed. São Paulo: Atlas, 1999.

ROBSON, Francis P. *Effective Study*. 4th ed. New York: Harper & Row, 1970.

SEVERINO, Antonio Joaquim. *Metodologia do trabalho científico*. São Paulo: Cortez, 2000.

WEISZ, Telma. *O diálogo entre o ensino e a aprendizagem*. São Paulo: Ática, 2003.

CAPÍTULO 4

Intertextualidade, tipologia e os gêneros textuais no ensino de língua portuguesa

PATRÍCIA OLIVEIRA FONSECA[*]

UM OLHAR PARA O ENSINO-APRENDIZAGEM DA ATUALIDADE

Frequentemente, vários professores ouvem os seus alunos reclamarem da monotonia das suas aulas. Então se perguntam: de que maneira podem conseguir prender a atenção desse público tão desmotivado?

Geralmente, o aluno é considerado o único culpado pelo seu fracasso na escola, mas, na maioria das vezes, o corpo docente deixa de observar as condições nas quais ele estava inserido e que acabaram influenciando diretamente em seu rendimento escolar.

Sabemos que nas escolas públicas o índice de evasão e reprovação ainda é muito grande, e mesmo com a elaboração de medidas supostamente eficazes para a diminuição desses problemas, os nossos governantes ainda encontram dificuldades na criação de providências que façam uma educação pública com mais qualidade.

Uma das medidas adotadas para tentar resolver o problema da desmotivação dos alunos quando são reprovados estará, provavelmente, a

---

[*] Licenciada em Letras pela Fundação de Ensino Superior de Olinda (FUNESO). Atua como professora de língua portuguesa na Educação de Jovens e Adultos (EJA) do SESC de Santo Amaro e da Casa Amarela em Recife-PE, e ainda na Escola Estadual Caio Pereira, no Ensino Regular, na mesma cidade.

partir de 2011, vigorando em escolas da prefeitura do Recife. A ideia defende a extinção da reprovação do alunado do Ensino Fundamental I. A explicação para a implantação desse projeto é de que esse público, quando reprovado, fica sem estímulo e, com isso, ocorrem as repetições de ano seguidas, levando-o a desistir de dar continuidade aos estudos.

Os criadores de tal ideia imaginam que, estando resolvido o problema da autoestima desse aluno, isto fará com que ele fique mais motivado e dali para a frente estude com mais capacidade, determinação e conhecimento. Negativo. Mais um problema surge agora para a escola pública estadual, que vai dar continuidade à educação de pessoas que, na grande maioria, nem ao menos sabem ler. Um detalhe importantíssimo é que esses jovens já estarão no 6º ano do Ensino Fundamental II, antiga 5ª série.

Outro fator também observado é que ainda faltam nesses alunos outros valores imprescindíveis na vida de qualquer ser humano, como o respeito ao outro e aos mais velhos, pois parece que até então são desconhecidos por esse público, complicando ainda mais o trabalho do professor em sala de aula. Com a ausência desses valores, tal profissional da educação, além de, em suas aulas, trabalhar os conteúdos pertinentes à sua disciplina, tem que ensinar a educação doméstica que esse jovem deveria ter adquirido em casa. Impossível para essas famílias, não é mesmo? Já que elas, na maioria dos casos, são totalmente desestruturadas e incapazes de formar cidadãos dignos e responsáveis. Mas, nós, professores, como ficamos em meio a tamanha perplexidade da sociedade que vê, a cada dia que passa, jovens e adultos mais despreparados para a vida? Se compararmos o jovem alfabetizado da atualidade nas mesmas condições de outros que estudaram há mais de trinta anos, observamos que os de antigamente estavam muito mais bem preparados para encarar a luta pela sobrevivência.

Esse mundo está cada vez mais competitivo, e se não formos à busca dos nossos ideais não conquistaremos o nosso espaço. Mas como é difícil fazer com que os nossos escudeiros infiéis (em sua grande parte) compreendam isso? Será que, para descobrir o quanto é importante estudar, essas pessoas precisam, antes de mais nada, literalmente, sofrer para reconhecer o verdadeiro valor da educação? E os nossos governantes, quando vão aprender que a culpa não é apenas do professor, quando forma alunos incompetentes?

São perguntas difíceis de serem respondidas, porque as ações que devem ser colocadas em prática para a resolução desses problemas não dependem única e exclusivamente do professor, e sim de um grupo de pessoas (gestor, supervisor, funcionários da escola, secretário da educação, governador etc.), que juntas devem elaborar medidas eficazes para se alcançar a excelência na educação. E o que está faltando aos nossos alunos são atitudes essenciais a qualquer ser humano, e, a princípio, a família, a grande responsável por esses ensinamentos, falta com o seu compromisso.

Contudo, a partir do momento que o aluno conhece valores éticos e morais, está exercendo a sua cidadania, pois não há mais uma preocupação apenas com o Eu. O Outro também passa a ser importante. Ao ter essa consciência, o aluno vai respeitar os familiares, os amigos, os professores, ou seja, haverá uma melhor convivência em todos os ambientes.

Quando pensamos em todas essas prerrogativas, chegamos à conclusão de que para termos um melhor relacionamento em sala de aula com os nossos alunos e para que eles sejam verdadeiros cidadãos capazes de viver dignamente em sociedade, necessitamos também ter consciência do que é *identidade* e *alteridade*. Para isso, precisamos saber que *alteridade* é o antônimo de *identidade egocêntrica*, ou seja, o processo de alteridade se dá quando as pessoas passam a valorizar e prestar atenção ao outro.

O educador acaba assumindo vários outros papéis na escola por causa da decepcionante base da educação familiar desses jovens desnorteados diante da vida, principalmente quando se envolvem com o consumo e o tráfico de drogas. Se os pais não tiveram uma mínima educação tanto familiar quanto escolar, dificilmente vão ter filhos capazes de mudar as condições precárias em que eles e suas famílias vivem.

Ao encaminhar os seus alunos na busca do conhecimento, é importante para o professor a internalização do conceito de *alteridade*, pois todos precisam do olhar do outro para se sentirem valorizados e firmarem a sua identidade, que é definida pela relação entre o indivíduo e os outros indivíduos. Ela diz respeito ao reconhecimento. Cada indivíduo se relaciona com aqueles que estão a sua volta, firmando a sua identidade, pois o ser humano precisa do reconhecimento do outro para poder se identificar. O nosso Eu é construído na relação entre o Eu e o Outro. Em suma, alteridade é a capacidade de valorização das diferenças.

Para Sigmund Freud, o encontro do Eu com o outro é bastante angustiante:

> Em resultado disso, o seu próximo é, para eles, não apenas um ajudante em potencial ou um objeto sexual, mas também alguém que tenta satisfazer sobre ele sua agressividade, explorar sua capacidade de trabalho sem compensação, utilizá-lo sexualmente sem seu consentimento, apoderar-se de suas posses, humilhá-lo, causar-lhe sofrimento, torturá-lo e matá-lo. *Homo homini lupus.* "O mal-estar na civilização" (FREUD, 1930/1976, p. 133).

A visão freudiana serve para mostrar o pensamento daqueles que veem o outro como um servo apenas. Se eles tivessem bem claro um dos ensinamentos de Cristo: "Amai ao próximo como a ti mesmo", e se todos nós lembrássemos esse ensinamento, veríamos que a vida se tornaria mais branda, e que o ser humano, tendo esse mandamento internalizado, teria grande parte dos seus problemas resolvidos.

Ao professor cabe mais uma tarefa, que é a de aproximar-se do seu aluno e fazer com que ele chegue mais perto de sua família e amigos, sempre com a preocupação também de valorizar o outro para que a sua identidade seja bem construída.

Para construir o conhecimento o professor precisa dotar-se de todas essas interfaces e estar preparado para as agruras da profissão, sem ter medo do desafio de lidar com pessoas diversas, e, também, ser capaz de ajudá-las na busca desse conhecimento, superando o medo, melhorando a autoestima para enfrentar os grandes desafios da vida.

Tolerar a existência do outro,
E permitir que ele seja diferente,
Ainda é muito pouco.

Quando se tolera,
Apenas se concede,
E essa não é uma relação de igualdade,
Mas de superioridade de um sobre o outro.

Deveríamos criar uma relação entre as pessoas,
Da qual estivessem excluídas
A tolerância e a intolerância.
(José Saramago)

TRANSMITINDO SENTIDO AO TEXTO

No início da maioria dos trabalhos em sala de aula, aos professores é imprescindível o uso de textos, visto que os profissionais do ensino de língua materna têm maior responsabilidade no trato com a textualidade.

Para facilitar o nosso estudo, lembremos que toda forma de comunicação é considerada texto. E é por esse motivo que o estudo e a prática de ensino com textos são tão importantes para toda e qualquer área de ensino.

Entende-se por texto todo componente verbalmente enunciado de um ato de comunicação pertinente a um jogo de atuação comunicativa, caracterizado por uma orientação temática e cumprindo uma função comunicativa identificável, isto é, realizando um potencial elocutório determinado (SCHMIDT, 1978).

Se observarmos uma criança assim que começa a pronunciar as primeiras sílabas, veremos que ela já está iniciando o seu contato com o mundo através do texto e, mesmo antes disso, quando ainda nem falava nada, já compreendia o que o adulto dizia através de gestos. Depois ela tem o auxílio dos desenhos (linguagem não verbal), quando começa a produzi-los, até chegar à pronúncia de palavras (linguagem verbal).

Percebemos que desde cedo já nos familiarizamos com a textualidade para que, no futuro, com a aquisição da escrita, possamos escrever textos cada vez melhores. Mas, para que essa prática continue, precisamos instigar os nossos alunos a produzir mais e mais textos. O grande desafio é tornar, por exemplo, a aula com leitura e produção textual mais significativa; para isso, devemos nos apropriar de elementos e práticas de ensino que os incentivem a escrever sempre.

Em sentido amplo, a palavra texto designa um enunciado qualquer, oral ou escrito, longo ou breve, antigo ou moderno. Caracteriza-se, pois, numa cadeia sintagmática de extensão muito variável, podendo circunscrever tanto a um enunciado único ou a uma lexia quanto a um segmento de grandes proporções (GUIMARÃES, 1985).

O domínio da linguagem verbal acontece no processo de alfabetização e letramento, quando o estudante lê e produz um texto verbal. O uso da linguagem verbal combinado com imagens, por exemplo, é considerado texto. Até mesmo a utilização de imagens, apenas, é compreendida, em sentido amplo, como texto, pois forma uma unidade de sentido. Um exemplo disso é quando trabalhamos em sala de aula a análise de uma figura; trata-se de linguagem não verbal, portanto um texto iconográfico.

A produção textual verbal se dá com a junção de variados elementos de coesão que formam o sentido do texto através da coerência. Com o apoio de mecanismos lexicais e gramaticais que dão coesão ao texto, como artigos, pronomes, advérbios, preposições, conjunções etc., o leitor pode dar coerência ao que está lendo. Não há texto sem coesão. A coerência é construída pelo leitor através dos elementos coesivos. O texto traz elementos linguísticos que, inter-relacionados, constroem a coerência e o significado pelo leitor para textos relacionados a determinadas situações. Ex.: "Solange é bastante estudiosa. Essa menina vai ser aprovada".

Podemos observar que esse texto está coeso, pois traz elementos para isso, quando utiliza o pronome demonstrativo (essa), fazendo a coesão das duas frases, mas o sentido do texto realmente quem dá é o leitor. O texto apenas possui elementos gráficos; quem o compreende ou o interpreta é quem lê. Assim sendo, o texto bem compreendido está coerente.

É a coerência que faz com que uma sequência linguística qualquer seja vista como um texto, porque é a coerência, através de vários fatores, que permite estabelecer relações (sintático-gramaticais, semânticas e pragmáticas) entre os elementos da sequência (morfemas, palavras, expressões, frases, parágrafos, capítulos etc.), permitindo construí-la e percebê-la, na recepção, como constituindo uma unidade significativa global. Portanto, é a coerência que dá textura e textualidade à sequência linguística, entendendo-se por textura ou textualidade aquilo que converte uma sequência linguística em texto. Assim sendo, podemos dizer que a coerência dá início à textualidade (KOCH e TRAVAGLIA, 1995, p. 45).

Sabemos que toda manifestação de ideias se dá através do texto e que ele é uma das ferramentas mais significativas utilizadas principalmente pelo profissional do ensino de línguas. No entanto, o fato de o professor explorar sempre a leitura e a produção de diversos gêneros e tipos textuais em suas aulas, às vezes, torna-se uma tarefa repetitiva tanto para o educando como para o educador, pois existe a prática de se trabalhar os gêneros apenas com a leitura, compreensão e interpretação textual. Para facilitar o ensino-aprendizagem em sala de aula, é necessário que se trabalhe o tipo e o gênero textual nos seus diversos tipos, mostrando a diferença entre um e outro, as suas funções e utilidades, e a importância de se conhecer e produzir cada tipo e gênero, sendo auxiliado, muitas vezes, pela intertextualidade.

DIÁLOGO ENTRE TEXTOS

A intertextualidade acontece quando um texto é interposto sobre outro. O conhecimento de mundo é muito importante para se trabalhar com o intertexto, porque mostra o nível de compreensão do que está sendo lido pelo leitor. É ele que faz com que se perceba a conversa entre os textos.

O III Festival Internacional da Canção promovido pela Rede Globo, trouxe, em 1968, "Sabiá", letra escrita por Chico Buarque para Tom Jobim, que venceu o festival. Em plena Ditadura Militar, a música trazia uma crítica ao exílio num processo de intertextualidade com a "Canção do Exílio", de Gonçalves Dias.

Canção do Exílio (Gonçalves Dias)
Minha terra tem palmeiras,
Onde canta o Sabiá;
As aves, que aqui gorjeiam,
Não gorjeiam como lá.

Sabiá (Chico Buarque e Tom Jobim)

Vou voltar
Sei que ainda vou voltar

Nosso céu tem mais estrelas,
Nossas várzeas têm mais flores,
Nossos bosques têm mais vida,
Nossa vida mais amores.

Em cismar, sozinho, à noite,
Mais prazer eu encontro lá;
Minha terra tem palmeiras,
Onde canta o Sabiá.

Minha terra tem primores,
Que tais não encontro eu cá;
Em cismar – sozinho, à noite –
Mais prazer eu encontro lá;
Minha terra tem palmeiras,
Onde canta o Sabiá.

Não permita Deus que eu morra,
Sem que eu volte para lá;
Sem que desfrute os primores
Que não encontro por cá;
Sem qu'inda aviste as palmeiras,
Onde canta o Sabiá.

Para o meu lugar
Foi lá e é ainda lá
Que eu hei de ouvir cantar
Um sabiá

Vou voltar
Sei que ainda vou voltar
Vou deitar à sombra
De uma palmeira
Que já não há
Colher a flor

Podemos encontrar várias intertextualidades também na obra de Chico Buarque. Começando pelo que é mais presente em seus trabalhos: o autor Carlos Drummond de Andrade.

Quadrilha (Carlos Drummond de Andrade)
João amava Teresa que amava Raimundo
que amava Maria que amava Joaquim que amava Lili
que não amava ninguém.
João foi para os Estados Unidos, Teresa para o convento,
Raimundo morreu de desastre, Maria ficou para tia,
Joaquim suicidou-se e Lili casou com J. Pinto Fernandes
que não tinha entrado na história

Flor da idade (trecho) (Chico Buarque)

Carlos amava Dora que amava Lia que amava Léa que amava Paulo
Que amava Juca que amava Dora que amava Carlos que amava Dora
Que amava Rita que amava Dito que amava Rita que amava Dito
que amava Rita que amava
Carlos amava Dora que amava Pedro que amava tanto que amava
a filha que amava Carlos que amava Dora que amava toda a quadrilha.

Este trecho da música que fez parte da peça teatral intitulada "Gota d'água", criada em 1975 por Chico Buarque e Paulo Pontes, foi uma das músicas gravadas por Bibi Ferreira, trazendo claramente um diálogo com Drummond em um trecho.

Agora, Caetano Veloso mantém um diálogo explícito com a música de Vadico/Noel Rosa.

Pra que mentir?
Pra que mentir
Se tu ainda não tens
Esse dom de saber iludir?
Pra quê? Pra que mentir,
Se não há necessidade
De me trair?
Pra que mentir
Se tu ainda não tens
A malícia de toda mulher?
Pra que mentir, se eu sei
Que gostas de outro
Que te diz que não te quer?
Pra que mentir tanto assim
Se tu sabes que eu sei
Que tu não gostas de mim?
Se tu sabes que eu te quero
Apesar de ser traído
Pelo teu ódio sincero
Ou por teu amor fingido?
(Vadico e Noel Rosa, 1934)

Dom de iludir
Não me venha falar na malícia
de toda mulher
Cada um sabe a dor e a delícia
de ser o que é.
Não me olhe como se a polícia
andasse atrás de mim.
Cale a boca, e não cale na boca
notícia ruim.
Você sabe explicar
Você sabe entender, tudo bem.
Você está, você é, você faz.
Você quer, você tem.
Você diz a verdade, a verdade
é seu dom de iludir.
Como pode querer que a mulher
vá viver sem mentir.
(Caetano Veloso, 1982)

A INTERTEXTUALIDADE E OS GÊNEROS TEXTUAIS

A intertextualidade é trazida em vários gêneros, como: epígrafe, citação, referência, alusão, paráfrase, paródia, pastiche e tradução.

Epígrafe (do grego *epi* = em posição superior + *graphé* = escrita) constitui uma escrita introdutória de outra. A "Canção de Exílio", de Gonçalves Dias, apresenta versos introdutórios de Goethe, com a seguinte tradução: "Conheces o país onde florescem as laranjeiras? Ardem na escura fronde os frutos de ouro... Conhecê-lo? Para lá, para lá quisera eu ir!".

As *citações* são mencionadas no texto com a finalidade de esclarecer ou completar as ideias do autor, confirmando o assunto trabalhado. Ex.: "Democracia é quando eu mando em você, ditadura é quando você manda em mim" (Millôr Fernandes).

A *paráfrase* é a reprodução de um texto com as palavras do autor. Como disse Millôr Fernandes, "a democracia depende do lugar onde a pessoa esteja. Se ela estiver no comando, há democracia; se ela for comandada, então só existe a ditadura" (paráfrase da citação acima).

Referência e *alusão* têm a função de aludir. Palavra ou frase que evoca pessoa, coisa ou fato sem nomeá-lo diretamente. Vemos um exemplo disso retirado dos meios de comunicação: "Ativistas da Via Campesina promoveram nesta quarta-feira uma série de protestos no Rio Grande do Sul em alusão ao Dia Internacional da Mulher" (8 de março).

A *paródia* é uma forma de apropriação que rompe com o modelo retomado. Serve para fazer gritos de guerra numa gincana, fazer crítica. Ela usa algo clássico ou pelo menos bem conhecido para passar uma mensagem ou apenas fazer uma gozação.

O *pastiche* pode ser plágio, por isso tem sentido pejorativo. A estética clássica, por exemplo, promovia o pastiche. O livro *O Alquimista*, de Paulo Coelho, é muito parecido com um conto de José Luís Borges, intitulado "História Dos Dois Que Sonharam", que também é muito próximo de um conto de um dos mais famosos poetas da Pérsia do século XIII, chamado Jalaludin Runi.

Por fim, temos a *tradução* que é uma ferramenta de ensino e sempre esteve presente nas aulas de língua estrangeira, lado a lado com a cópia, a repetição, a leitura em voz alta e com trabalhos em pares. Os professores de língua estrangeira sabem que mesmo que se faça a tradução oral ou mímicas apenas daquelas palavras que o aluno não conseguiu entender através de suas explicações, eles conseguem fazer a tradução mental, sendo uma ocorrência involuntária por parte deles.

A tradução de um texto literário é uma recriação, por isso ela está no campo da intertextualidade. Veja um poema de Edgar A. Poe traduzido por dois escritores da língua portuguesa:

*Once upon a midnight dreary, while i pondered
weak and weary
Over many a quaint and curious volume of for-gottem lore, while i nodded, nearly napping, suddenly
there came a tapping,
As of some one gently rapping, rapping at may
chamber door
Only this and nothing more.*
(Edgar A. Poe)

Numa meia-noite agreste, quando eu lia, lento e triste,
Vagos curiosos tomos de ciências ancestrais,
E já quase adormecia, ouvi o que parecia
O som de alguém que batia levemente a meus umbrais
– Uma visita – eu me disse, – está batendo a meus umbrais
E só isto, e nada mais.
(Tradução de Fernando Pessoa)

Em certo dia, à hora, à hora
Da meia-noite que apavora,
Eu caindo de sono e exausto de fadiga,
Ao pé de muita lauda antiga,
De uma velha doutrina, agora morta
Ia pensando, quando ouvi à porta
Do meu quarto um soar devagarinho
E disse estas palavras tais:
– É alguém que me bate à porta de mansinho:
Há de ser isso e nada mais.
(Tradução de Machado de Assis)

Machado de Assis traduziu do francês para o português, enquanto Fernando Pessoa fez a tradução do inglês, por isso as traduções ficaram diferentes, mas podemos observar que o poema é o mesmo.

ENTENDENDO A METODOLOGIA DA MEDIAÇÃO DIALÉTICA

Muito vem se pensando hoje em dia no que fazer para que alunos produzam mais e mais textos de forma prazerosa. É observado sempre nas aulas de qualquer disciplina que esse público tem muito mais facilidade na oralidade, e quando tem que partir para colocar no papel determinada argumentação, é que se prova o quanto é difícil para ele se expressar através da escrita.

Ensinar não é apenas transmitir o conhecimento científico. O professor tem a obrigação de transformar esse conhecimento num conteúdo de fácil assimilação, preservando o saber científico. Esse processo de conversão do saber científico para o conteúdo de ensino é realizado através da "Metodologia da Mediação Dialética", que pode ser utilizada para o estudo de qualquer conteúdo em todas as disciplinas.

A *Metodologia da Mediação Dialética* (ARNONI, 2004) defende uma proposta capaz de estabelecer relações entre diferentes saberes e de propor aulas mais interessantes. Essa teoria se divide em etapas interligadas e interdependentes denominadas: *Resgatando/Registrando, Problematizando, Sistematizando e Produzindo*. A relação entre o conhecimento científico adquirido pelo aluno e o conteúdo de ensino trabalhado (*resgatando*) é o ponto de partida para esse estudo. Nesse caso, encontraríamos a contradição entre o resgate do saber imediato do aluno e o conteúdo de ensino; daí aparece a *situação-problema* (*problematizando*). A partir disso há um diálogo da situação-problema com a discussão do saber científico para termos, finalmente, o saber aprendido (*sistematizando*). Então, temos a expressão da síntese elaborada pelo aluno, que é a representação do mediato (*produzindo*).

Ao produzir, o aluno demonstra que adquiriu conhecimento. E podemos pensar dessa forma quando ele produz um texto, seja ele tipo ou gênero textual. É bem verdade que não se sabe ao certo, ainda, principalmente na escola, a diferença entre tipo e gênero textual. Segundo

Marcuschi (2002, p. 25), "em todos os gêneros também se está realizando tipos textuais, podendo ocorrer que o mesmo gênero realize dois ou mais tipos. Assim, um texto é em geral tipologicamente variado (heterogêneo)".

Mas, na realidade, existem diferenças, e Marcuschi (2002, p. 22) nos dá uma noção.

DIFERENÇAS ENTRE TIPOS E GÊNEROS TEXTUAIS

Cada tipo abriga certo número de gêneros textuais, ou seja, os gêneros são subcategorias dos tipos; por exemplo, o tipo de texto literário possui os chamados gêneros literários.

Tipos Textuais	Gêneros Textuais
1 – Constructos teóricos definidos por propriedades linguísticas intrínsecas.	1 – Realizações linguísticas concretas definidas por propriedades sociocomunicativas.
2 – Constituem sequências linguísticas ou sequências de enunciados no interior dos gêneros e não são textos empíricos.	2 – Constituem textos empiricamente realizados cumprindo funções em situações comunicativas.
3 – Sua nomeação abrange um conjunto limitado de categorias teóricas determinadas por aspectos lexicais, sintáticos, relações lógicas, tempo verbal.	3 – Sua nomeação abrange um conjunto aberto e praticamente ilimitado de designações concretas determinadas pelo canal, estilo, conteúdo, composição e função.
4 – Designações teóricas dos tipos: narração, argumentação, descrição, injunção e exposição.	4 – Exemplos de gêneros: telefonema, sermão, carta comercial, carta pessoal, aula expositiva, romance, reunião de condomínio, lista de compras, conversa espontânea, cardápio, receita culinária, inquérito policial etc.

Sabendo-se a diferença entre os tipos e gêneros textuais fica mais fácil trabalhar com a produção deles em sala de aula. Fazer essa diferença é importante para direcionar o trabalho do professor na leitura, compreensão e produção de textos.

TIPOLOGIA TEXTUAL NA SALA DE AULA

Um indivíduo, ao utilizar uma língua, o faz através de um tipo textual mesmo que não se aperceba disso. Quando usa um tipo de texto cognitivamente, torna-o uma ferramenta valiosa do seu processo de comunicação. Em outras palavras disseram: Bakthin (1997), Koch (1984), Silva (1995), Neves (1997).

Na verdade, a língua se realiza por meio de enunciados orais ou escritos que vão se organizando, levando as pessoas a utilizarem os diferentes tipos e gêneros textuais de acordo com os seus objetivos.

Tornar o aluno um bom produtor de textos é uma das principais funções de um professor. Desenvolver esse trabalho didaticamente para estabelecer a mediação dialética entre os diferentes saberes específicos é o grande desafio. Nessa perspectiva, o texto escrito expressa o saber interdisciplinar elaborado na relação entre os conteúdos disciplinares e tendo o conhecimento de mundo como um auxílio para motivar o aluno a escrever e empenhar-se em sua escrita. A comunicação é realizada sempre através de textos que devem ser utilizados em situações condizentes com cada tipo ou gênero.

Uma prática muito conhecida no meio escolar de produção textual, cuja designação é a *Redação*, encontra-se, hoje, saturada pelo alunado, porque acredita que, quando o professor solicita a escritura de textos dissertativos, é apenas para se "encher linguiça". Pensam também que essa produção é um castigo para a turma que, provavelmente, se comportou mal. É claro que se esses alunos chegaram a essas conclusões é porque alguns professores devem ter utilizado tais práticas, mas, agora, infelizmente, cabe aos outros profissionais reverterem essa situação mostrando o real valor do saber escrever, que depende muito do gostar de ler.

Para tornar essa escrita mais prazerosa é necessário modificar algumas atitudes que consistem, a princípio, na solicitação de produção textual escrita, única e exclusivamente, para um leitor que é o professor. Predeterminar sempre os temas dos textos a serem produzidos também não é uma boa ideia. Os nossos alunos gostam também de determinar esses temas que, muitas vezes, têm muito mais a ver com a realidade em que estão inseridos.

Quando se é solicitada uma produção textual em sala de aula é necessário que o aluno compreenda o tipo textual e o gênero solicitado, a sua finalidade e quais as suas características. É preciso haver o entendimento de que tudo o que se escreve ou se fala recebe o nome genérico de redação (ou composição). Mas paradigmas têm que ser quebrados para que essa construção de textos seja feita com prazer. Para isso a redação é produzida através do tipo ou gênero textual. É indispensável que, a princípio, o aluno saiba quais são e para que servem os 5 tipos textuais, começando pela:

Descrição que é o tipo de redação na qual se apontam as características que compõem um determinado objeto, pessoa, ambiente ou paisagem. A *narração* que é a modalidade de redação na qual contamos com fatos que ocorreram em determinado tempo e lugar, envolvendo personagens. E a *dissertação*, que é o tipo de composição na qual expomos ideias gerais, seguidas da apresentação de argumentos que as comprovem. A tipologia textual *Expositiva-explicativa* não tem a força dinâmica própria do texto argumentativo. A sua apresentação perece mais com o desenvolvimento descritivo, onde se expõem, definem, enumeram e explicam fatos e elementos. Já no tipo textual *Injuntivo-instrucional* cabem todos os discursos que, de alguma forma, procuram alterar o comportamento atual ou futuro dos seus destinatários, por meio de instruções ou sugestões. Pertencem a ele diversos gêneros: receitas; instruções de montagem; horóscopos; provérbios etc.

Observa-se que qualquer texto se define pela sua finalidade situacional. Todo o ato de linguagem tem uma intencionalidade e submete-se a condições particulares de produção, o que exige do falante da língua determinadas estratégias de construção textual. Em cada texto, portanto, podem combinar-se diferentes recursos (narrativos, descritivos, dissertativos etc.), em função do tipo de interação que se estabelece entre os interlocutores.

No dia a dia dificilmente vamos encontrar textos puros. Em um mesmo texto podemos perceber trechos narrativos, descritivos ou dissertativos. Um exemplo disso é esse texto:

Clara (Eu!)

Sabe, toda vez que me olho no espelho, ultimamente, vejo o quanto eu mudei por fora. Tudo cresceu: minha altura, meus cabelos lisos e pretos, meus seios. Meu corpo tomou novas formas: cintura, coxas, bumbum. Meus olhos (grandes e pretos) estão com um ar mais ousado. Um brilho diferente. Eu gosto dos meus olhos. São bonitos. Também gosto dos meus dentes, da minha franja... Meu grande problema são as orelhas.
Acho orelha uma coisa horrorosa, não sei por que (nunca vi ninguém com uma orelha bonitona, bem-feita). Ainda bem que cabelo cobre orelha!
Chego à conclusão de que tenho mais coisas que gosto do que desgosto em mim. Isso é bom, muito bom. Se a gente não gostar da gente, quem é que vai gostar? (Ouvi isso em algum lugar...) Pra eu me gostar assim, tenho que me esforçar um monte.
Tomo o maior cuidado com a pele, por causa das malditas espinhas (babo quando vejo um chocolate!) Não como gordura (é claro que maionese não falta no meu sanduíche com batata frita, mas tudo ligth...) nem tomo muito refri (celulite!!!). Procuro manter a forma. Às vezes sinto vontade de fazer tudo ao contrário: comer comer, comer... Sair da aula de ginástica, suando, e tomar três garrafas de refrigerante geladinho.
Pedir *cheese bacon* com um mundo de maionese. Engraçado isso. As pessoas exigem que a gente faça um tipo e o pior é que a gente acaba fazendo. Que droga! Será que o mundo feminino inteiro tem que ser igual? Parecer com a Gisele Bündchen... ou com a Xuxa ou sei lá com quem? Será que tem que ser assim mesmo?
Por que um monte de garotas que eu conheço vivem cheias de complexos? Umas porque são mais gordinhas. Outras porque os cabelos são crespos ou porque são um pouquinho nariguda.
Eu não sei como me sentiria se fosse gorda, ou magricela, ou nariguda, ou dentuça, ou tudo junto. Talvez sofresse, odiasse comprar roupas,

não fosse a festas... Não mesmo! Bobagem! Minha mãe sempre diz que beleza é "um conceito muito relativo". O que pode ser bonito para uns, pode não ser para outros. Ela também fala sempre que existem coisas muito mais importantes que tornam uma mulher atraente: inteligência e charme, por exemplo. Acho que minha mãe está coberta de razão! Pois bem, eu sou Clara. Com um pouco de tudo e muito de nada (Juciara Rodrigues).

Primeiro temos a descrição de Clara. Ela apresenta suas características físicas e psicológicas. Depois, temos uma pequena dissertação que começa com a pergunta: "Será que o mundo feminino inteiro tem que ser igual?". Observe que em um texto em que predomina a narração, temos ao menos um trecho descritivo e um dissertativo.

A MOTIVAÇÃO A PARTIR DOS GÊNEROS TEXTUAIS

Segundo Marcuschi (2002, p. 19), *os gêneros textuais*:

Contribuem para ordenar e estabilizar as atividades comunicativas do dia a dia. São entidades sociodiscursivas e formas de ação social incontornáveis em qualquer situação. No entanto, mesmo apresentando alto poder preditivo e interpretativo das ações humanas em qualquer contexto discursivo, os gêneros não são instrumentos estanques e enrijecedores da ação criativa. Caracterizam-se como eventos textuais altamente maleáveis, dinâmicos e plásticos. Surgem emparelhados a sociedades e atividades socioculturais, bem como na relação com inovações tecnológicas, o que é facilmente perceptível ao se considerar a quantidade de gêneros textuais hoje existentes em relação a sociedades anteriores à escrita.

Ao analisar as minhas experiências em sala de aula, chego à conclusão de que o trabalho com textos a partir apenas da abordagem do tipo textual não é muito favorável, pois tudo fica limitado. Noto que os alunos sentem um grande prazer e maior facilidade na aprendizagem, quando utilizamos mais o gênero textual que o tipo textual. Um grande exemplo disso foi quando houve a produção do livro intitulado *Contos*, escrito por meus alunos das 3ª e 4ª fases (Ensino Fundamental II), da Educação de Jovens e Adultos (EJA), do SESC de Santo Amaro – Recife-PE. A ideia surgiu da indagação de um aluno na sala de aula, quando eu estava na 3ª fase (5ª e 6ª séries), trabalhando o gênero fábula. A princípio, esse gênero estava sendo utilizado numa aula de leitura, compreensão e interpretação, mas a partir da curiosidade desse aluno, que lembrava já ter estudado no período da escola regular algumas características desse gênero, as quais estavam quase que totalmente esquecidas, resolvi dar uma atenção maior ao estudo e trabalhar com o gênero em si. Foi assim que percebi que continuar daquela forma estava contribuindo para a monotonia e a repetição das minhas atitudes ao longo de anos, e elas não eram muito diferentes das ações da maioria dos professores de Português. Partindo dessa reflexão comecei a trabalhar os gêneros textuais com conceitos, características, exemplos e relacionando-os aos tipos textuais que, até então, eram os únicos a ser estudados com mais detalhes.

"A comunicação verbal só é possível por algum gênero textual" (MARCUSCHI, 2002, p. 22).

Os gêneros textuais mostram a língua como atividade social, histórica e cognitiva. Atualmente, há uma lista imensurável deles, o que acarreta, muitas vezes, denominações diferentes e o desaparecimento ou o surgimento repentino de alguns.

O professor pode trabalhar nas aulas de leitura, compreensão e interpretação vários gêneros, como os jornalísticos: a notícia, o editorial, a crônica etc.; os literários: o lírico, o dramático e o épico; gêneros narrativos: a novela, o conto etc. Foi pensando nisso que tivemos a ideia de produzir com os alunos da Educação de Jovens e Adultos o livro de *Contos*. Resolvemos, eu e a professora também de língua portuguesa, Adelma Campelo, lançarmos o livro *Contos e Crônicas*, novamente escrito por alunos da Educação de Jovens e Adultos do SESC de Santo Amaro – Recife –PE, e prefaciado pelo supervisor pedagógico Pe. Bruno Carneiro Lira.

A princípio foram trabalhadas a leitura, compreensão e interpretação desses gêneros e, depois, o conceito e as características para poder partir para a produção e a reescritura dos textos, à medida que fosse conveniente para todos. Houve uma resistência em escrever principalmente a crônica, que é um texto de caráter reflexivo, interpretativo e subjetivo, mas, ainda assim, tivemos produções de textos ótimas. Veja um exemplo:

Angola ou Brasil: Quem é melhor?

A Angola é um país rico em pedras preciosas, petróleo e outros vários recursos naturais. Devido às suas riquezas o país foi explorado com guerras ficando como um dos piores do mundo devido à má administração e à péssima distribuição de renda, ocasionando problemas sociais importantes naquela localidade que é destaque em noticiários do mundo globalizado. Isso acontece por causa dos governantes desse país que não têm compromisso com o povo.

Angola é um país que tem tudo para crescer no setor da agricultura e da indústria, mas não investe na educação, não tem desenvolvimento. O país sempre foi explorado por outros afetando a vida social das pessoas.

Quando comparamos a Angola com o Brasil, não estamos nas margens dos países mais pobres, graças a Deus. No entanto, a história daqui é bem parecida com a da Angola em muitas famílias brasileiras, pois temos muitos recursos naturais, mas, mesmo assim, muitas pessoas vivem à margem da miséria com valores abaixo de um salário mínimo para sobreviver.

Sem teto, saúde e dignidade isto é uma vergonha para o Brasil tão rico e independente há tanto tempo (Rosilda P. dos Santos Silva).

LEMBRETE IMPORTANTE!

Chegamos à conclusão de que existem várias formas de se fazer um trabalho com textos em sala de aula de forma lúdica e interessante, para alunos de qualquer faixa etária, desde que produzam com prazer. Assim, fica mais fácil valorizar e perceber o outro contribuindo também para a formação da própria identidade e a boa convivência na sociedade. E que o saber não é privilégio apenas do professor, mas que deve ser partilhado na comunidade escolar, pois os alunos já detêm algum conhecimento, mas, muitas vezes, o que falta é apenas a organização das informações e uma orientação para que o saber se complete.

Também se faz necessário que seja observada com mais veemência a prática com textos por professores de qualquer área, principalmente o de línguas; é muito importante que esse profissional goste de ler, de escrever e que os pratique com frequência. Eu sou capaz de incentivar os meus alunos a gostarem de ler e escrever, se eu for praticante. O educador é tido como um exemplo para o educando, assim como os pais dos alunos ou seu irmão mais velho são para ele. O professor leitor pode e deve indicar livros atraentes para seu alunado, mesmo que seja, a princípio, para que eles tomem o gosto pela leitura e, depois, possam partir para livros mais específicos.

Segundo Lira (2010, p. 116):

O professor leitor deverá, portanto, trabalhar para formar outros leitores com vistas a não apenas conceder-lhes a capacidade de participar da produção cultural, da ciência, das novas tecnologias, da filosofia e das artes, mas também de inseri-los na atual sociedade de consumo, na qual o conhecimento é adquirido através das diversas leituras, sejam verbais ou não.

É bom lembrar que o trabalho com tipos e gêneros textuais não deve ser realizado com o intuito apenas de se fazer a leitura com compreensão e interpretação, mas que haja a preocupação de realmente aprender o que são e para que servem, as suas características, e que eles possam ser aplicados no dia a dia de acordo com a necessidade do aluno. E o que atrai mais ainda a sua atenção é quando aprende a escrever um bilhete, uma cartinha, já que são textos que utilizam no cotidiano.

A solicitação de produção de textos não é tarefa exclusiva do professor de língua portuguesa, no entanto, é de suma importância que ela seja praticada sempre de forma lúdica para um ensino-aprendizagem com mais sentido e que num futuro próximo possamos ter nossos alunos como brilhantes escritores.

REFERÊNCIAS BIBLIOGRÁFICAS

ARNONI, Maria Eliza Brefere. "Metodologia da Mediação dialética" e o ensino de conceitos científicos. CD-ROM XII ENDIPE – Conhecimento local e motivação para a aprendizagem do conhecimento universal. Curitiba, PR. 2004. ISBN: 85 7292-125-7. Disponível em: <http://www.ibilce.unesp.br/departamentos/edu/docentes/arnoni/

Artigos_Congressos/6_metodologiamediacaodialetica_endipe_curitiba_2004.pdf->. Acesso em: 20 ago. 2010.

BAKHTIN, M. Os gêneros do discurso. In: *Estética da criação verbal*. 2. ed. São Paulo: Martins Fontes, 1997.

BARCELLOS, Renata da Silva. *A intertextualidade e o ensino de língua portuguesa*. Disponível em: <http://www.filologia.org.br/viiicnlf/anais/caderno09-02.html->. Acesso em: 26 ago. 2010.

BARROS, Diana Luz Pessoa de; FIORIN, José Luiz (org.). *Dialogismo, polifonia, intertextualidade*. São Paulo: Edusp, 1994.

CÉSAR, Adelma; FONSECA, Patrícia; LIRA, Bruno (org.). *Contos e crônicas*. Recife: Gráfica & Editora Liceu Ltda., 2010.

_____. *Contos*. Recife: Gráfica & Editora Liceu Ltda., 2008.

GUIMARÃES, Elisa. *A articulação do texto*. São Paulo: Ática, 1985. (Série princípios).

JUNIOR, José Ferraz de Almeida. Caipira picando fumo. In: SOUSA, Maurício de. Chico *Bento tirando palha do milho*. Imagens. Disponível em: <http://claudiamaurmann.blogspot.com/->. Acesso em: 25 ago. 2010.

KOCH, I. G. V. *Argumentação e linguagem*. São Paulo: Cortez, 1984.

KOCH, I. V.; TRAVAGLIA, L. C. *A coerência textual*. São Paulo: Contexto, 1995.

LIRA, Bruno Carneiro. *Leitura e recontextualização*: o discurso multicultural. São Paulo: Paulinas, 2010.

MARCUSCHI, L. A. Gêneros textuais: definição e funcionalidade. In: DIONÍSIO, Â. et al. (org.). *Gêneros textuais e ensino*. Rio de Janeiro: Lucerna, 2002.

MARCUSCHI, Luiz Antônio. *Produção textual, análise de gêneros e compreensão*. São Paulo: Parábola, 2008.

NEVES, M. H. M. *A gramática funcional*. São Paulo: Martins Fontes, 1997.

PAULINO, Graça; WALTY, Ivete; CURY, Maria Zilda. *Intertextualidades*: teoria e prática. Belo Horizonte, MG: Editora Lê, 1995.

RODRIGUES, Juciara. Clara (Eu!). Disponível em: <http://www.cdb.br/prof/arquivos/75108_20070501031018.ppt#257,1,OTEXTOMISTO->. Acesso em: 28 ago. 2010.

SARAMAGO, José de Sousa. *Pensamento*. Disponível em: <http://genedegenio.blogspot.com/2010/06/curiosidades-e-citacoes-de-jose.html->. Acesso em: 15 ago. 2010.

SCHMIDT, S. J. *Linguística e teoria do texto*. São Paulo: Pioneira, 1978.

SIGMUND, Freud. *O futuro de uma ilusão*: o mal-estar na civilização e outros trabalhos. Rio de Janeiro: Imago: 2006. v. XXI – Brochura.

SILVA, V. L. P. *Forma e função nos gêneros de discurso*. 1995. Mimeo.

SILVA, Rosilda P. dos Santos. Angola ou Brasil: quem é melhor? In: CÉSAR, Adelma; FONSECA, Patrícia; LIRA, Bruno (org.). *Contos e crônicas*. Recife: Gráfica & Editora Liceu Ltda., 2010.

VIEIRA, Marco Antônio "Red Joker". *A intertextualidade da música com a literatura*. Blog. Disponível em: <http://www.meiapalavra.com.br/showthread.php?tid=2319->. Acesso em: 27 ago. 2010.

VINCI, Leonardo da. *A Monalisa* (pintura). Disponível em: <http://www.bicodocorvo.com.br/cultura/arte/monalisa->. Acesso em: 24 ago. 2010.

CAPÍTULO 5

A contribuição da dialogicidade ante a intervenção consciente da realidade

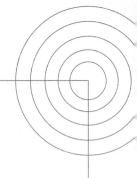

Shalimar M. Gonçalves da Silva[*]
Junot Cornélio Matos[**]

INTRODUÇÃO

Diante da abrangência conceitual da temática em estudo, *a dialogicidade da educação*, o encaminhamento discursivo deste levantará questões voltadas tanto aos conhecimentos no campo da Linguagem quanto da esfera Pedagógica. Entretanto, para instituirmos um diálogo entre Educação e Linguagem, faz-se necessário apresentar a convergência conceptual em ambas com vista ao entendimento da contribuição do diálogo na formação de um ser pensante e, ao mesmo tempo, construtor de sua história, *o ser humano*. Desse modo, a concepção de educação presente nesta discussão é

> [...] entendida como atividades culturais para o desenvolvimento da cultura, contribuindo para a promoção de suas positividades e superação de suas negatividades na busca da construção da humanidade de

---

[*] Mestra em Ciências da Linguagem/UNICAP; doutoranda em Ciências da Educação/FPCEUP da Universidade do Porto/Portugal; docente do curso de Pedagogia da Faculdade Frassinetti do Recife; e assessora pedagógica da Secretaria Municipal de Educação do Jaboatão dos Guararapes.
[**] Professor adjunto da Universidade Federal de Pernambuco, Centro de Educação – Departamento Sociofilosófico da Educação.

todos os seres humanos em todos os quadrantes da pós-modernidade/mundo (SOUZA, 2007, p. 15).

O que nos leva a compreender que a constituição do ser humano em humano não se faz por modelos educativos alienantes que impossibilitam o sujeito a intervir de forma consciente sobre sua realidade, mas por práticas educativas que viabilizam não apenas a compreensão da realidade, mas também a intervenção deste enquanto ser que age, porém dentro de uma ação reflexiva. Todavia, a ação reflexiva só se materializa por meio de uma prática educativa dialógica. Eis a convergência da concepção de educação que subjaz na discussão deste estudo com o diálogo. Mas procurando entender o diálogo dentro do campo que a conceitualiza, em que perspectiva podemos visualizar a convergência de uma concepção de Linguagem que nos permita o entendimento dialógico dentro de supracitada proposta educacional?

A concepção de Linguagem aqui apresentada, contudo, já não mais configura a linguagem como "representação de pensamento", tampouco como "instrumento de comunicação", mas no entendimento da linguagem que se *constitui* e *constitui a* ação entre os homens. Conceber a linguagem como forma de interação significa entendê-la como trabalho coletivo. A linguagem, nesse contexto, é o local das relações sociais em que falantes atuam como sujeitos. Desse modo, o diálogo é tomado como caracterizador da linguagem, razão da relevância de se discutir sobre a temática dialogicidade, também, à luz da Linguagem.

Mas antes de adentrarmos nos pressupostos da dialogicidade da educação no campo destas duas áreas, convém discutirmos um pouco sobre a definição[1] de diálogo para que possamos melhor compreender a possibilidade da dialogicidade da educação na ruptura dicotômica "pensar e agir". Tomando a definição em sua própria gênese, assistimos a que o diálogo é o caminho próprio da Filosofia, ou seja, a Filosofia nasce da prática dialógica. Vemos que Sócrates indagava a si mesmo por meio do diálogo, no discorrer contínuo sobre o desconhecimento da Sabedoria ou do reconhecimento da ignorância com relação à Sabedoria.

---

[1] Com base nos autores que discutem na mesma direção o fundamento e a prática dialógica, como: Paulo Freire e Mikhail Bakhtin. Paulo Freire, na perspectiva da Educação. Mikhail Bakhtin, no campo da Linguagem.

Organizado em perguntas e respostas, constituído em questionamentos, o diálogo sempre busca alcançar a coisa mesma que se encontra diante dos interlocutores. "Questionar é pôr-se diante de uma escolha e de uma decisão inadiável: abrir-se para o agir comum-pertencente e corresponsável ou manter-se iludido diante do jogo de forças no mundo e das relações humanas" (GALEFFI, 2008, p. 315).

O que nos leva a entender que o questionamento dialógico possibilita uma aprendizagem de escolhas e decisões em direção ao projeto ontológico humano no sentido do ser em seu sendo, uma vez que questionar é um ato de investigação que busca compreender problemas efetivos comuns, mas, também, no que diz respeito à autocompreensão do sujeito investigador, a sua consequente ação na vida prática e nas relações de pertença e condição existencial, pois no questionamento dialógico o primeiro a ser questionado é o próprio questionador. Nessa perspectiva, o diálogo encontra-se sempre propício ao conhecimento humano no aprender a ser, mas não no sentido do domínio do outro e/ou do mundo, mas na busca de alcançar a compreensão articuladora de uma vida com sentido, em que se aprenda a arte de aprender à medida que se aprende a aprender conjuntamente.

Assim, o caráter filosófico do diálogo funda-se na atitude investigativa que não se satisfaz com posições dadas e/ou com ideias determinadas das formas imperantes historicamente, mas rompe com a compreensão direta do sentido implicado, o que significa no alcance ao devir do sentido. Sentido esse que estará sempre presente na intencionalidade e situado no tensionamento ressoante da linguagem.

O diálogo requer a disposição de julgamentos do estado da consciência de quem dialoga, ou seja, os perceptos, os afetos, os juízos de valor, o modo de agir e os conceitos já formados. "Tudo o que se põe como certo é suspenso no movimento dialógico" (GALEFFI, 2008, p. 319). Assim, o pertinente no diálogo não está na resposta de uma pergunta, mas na forma interrogante do pensamento, extraindo deste uma compreensão renovada e articuladora de um permanente devir. O ato dialógico funda-se da tomada de consciência de si através do encontro-confronto com o outro. Neste encontro-confronto, porque não dizer relação, o diálogo se constitui na oportunidade de acolhida do inesperado. E, por sua vez, nesse inesperado, o diálogo se manifesta na ressonância do devir permanente, como ainda na retenção de uma pausa, de um repouso, ou seja, de um silenciar. Mas de um silenciar necessário, em que neste recolhimento se faz memória do encontro à projeção como aspiração para o constante devir ressoante. Desse modo, passamos a compreender que os alcances conceituais no diálogo são sempre provisórios. "O diálogo se faz caminho filosófico do pensamento apropriador: torna-se procura da sabedoria na espera do inesperado" (GALEFFI, 2008, p. 319). O apropriar-se, neste sentido, é tomar para si a responsabilidade de agir consciente da consciência e da inconsciência; é tomar para si a pertença ao ser-mundo e, ao mesmo tempo, tornar-se pertencente do ser-mundo. Assim, nasce o pensamento apropriador do acontecer da totalidade ser--mundo em sua existência vivente.

O DIÁLOGO NO ÂMBITO DA LINGUAGEM

Trazendo as contribuições no âmbito da Linguagem para entendermos a problemática aqui discutida, Bakhtin[2] (1988) compreende o diálogo como uma necessidade humana. Dialogando nos construímos pela relação/confronto com o outro. Dessa relação/confronto, podemos construir consensos, situações harmoniosas e/ou criativas-originais. Para Bakhtin, mesmo distantes, dois enunciados um do outro pode constituir--se um diálogo, desde que haja convergência de sentido, ou seja, algo significante no tocante ao tema ou no sistema de crença. O que nos leva a entender que o diálogo é, pois, uma relação de sentido, constituído por sujeitos reais. Um sentido/significado que atravessa as vozes, os discursos, as obras, os autores. Ao mesmo tempo, para Bakhtin (1988), o sentido não existe sozinho, mas se potencializa em uma relação dialógica e, igualmente, uma relação dialógica não existe sem sentido. O sentido unifica, universaliza, pois em todos os tempos as questões postas pelos

---

[2] Estudou Filosofia e Letras na Universidade de São Petersburgo, abordando em profundidade a formação em filosofia alemã. Influente na área de *teoria literária, crítica literária, sociolinguística, análise do discurso e semiótica*. Estimado como um filósofo da *linguagem*, sua linguística é considerada uma "translinguística", porque ela ultrapassa a visão de língua como sistema. Isso porque, para ele, não se pode entender a língua isoladamente, mas dentro dos fatores extralinguísticos, como: contexto de fala, a relação do falante com o ouvinte, momento histórico etc.

seres humanos para se construírem e construírem o mundo só são respondidas quando fazem sentido, quando ganham significado. Mas é importante salientar que, para este autor, o diálogo não significa fusão, mas o encontro que só se dá quando me diferencio do outro, mas, também, a partir do olhar do outro; no entanto, não sou o outro e vice-versa. Compreender dialogicamente, segundo Bakhtin (1988), é encontrar o novo, o desconhecido, é criação, pois quando encontro o outro eu o reconheço como outro, mas também levo minha história. Assim, o diálogo constitui-se na relação de sentidos, na construção do ser a partir do outro. Uma dialogia em que existem o eu e o outro sem que ambos sejam negados/ocultados/dominados, mas compreenda que o olhar do outro é que me faz mais pleno, pois os sentidos se tocam, superando formas de ser isoladas. Ao mesmo tempo que me diferencio do outro através do seu olhar, conscientizo-me, também, pelo outro, com seus valores, entonações e apreciações. Trata-se de um constante movimento inacabado, ambíguo, múltiplo e complexo, porque há sempre elementos que ficam ocultos, permitindo sempre outros/novos diálogos.

Destarte, entendemos que a prática dialógica possibilita transformações pertinentes no tocante às formas de relacionamento humano, viabilizando a construção de novas maneiras de pensar, conhecer e agir.

A CONTRIBUIÇÃO DO DIÁLOGO NO ÂMBITO DA EDUCAÇÃO

Compreendendo o papel que desempenha a sociedade na formação do educador e, ao mesmo tempo, entendendo a educação[3] escolar identificada com as condições de nossa realidade, "integrada ao nosso tempo e ao nosso espaço e levando o homem a refletir sobre sua ontológica vocação de ser sujeito" (FREIRE, 2006, p. 114), considera-se, igualmente importante, uma educação que se estabeleça na transitividade da consciência ingênua para a consciência crítica. Mas como realizar uma

---

[3] Inserida na perspectiva da consciência crítica, em que consiste a "representação das coisas e dos fatos como se dão na existência empírica. Nas suas correlações causais e circunstanciais [...] por isso é próprio da consciência crítica a sua integração da realidade" (FREIRE, 2006, p. 113).

educação que proporcione ao educando meios de superar sua atitude ingênua diante de sua realidade?

Para Freire (2006), a superação da consciência ingênua e a formação da consciência crítica ocorrem através do diálogo, definindo-o como "uma relação horizontal de A com B. Nasce de uma matriz crítica e gera criticidade. Nutre-se do amor, da humildade, da esperança, da fé, da confiança. Por isso, só o diálogo comunica" (2006, p. 115). Conforme se verifica no quadro abaixo

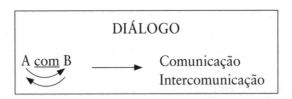

Relação de "simpatia" entre os polos, em busca de algo.

Matriz: amor, humildade, esperança, fé, confiança, criticidade.

Freire (2005) ressalta que, ao adentrar no diálogo como fenômeno humano e, se esse revelar algo, já se pode dizer a palavra. Mas ante esta temos que entendê-la não apenas como um meio para que ele se faça; e, por isso, faz-se necessário buscar junto a ela os seus elementos constitutivos. Nessa busca, há de se encontrar, na palavra, duas dimensões: *ação* e *reflexão*, de formas solidárias, em uma interação tão forte que, mesmo sacrificada uma das partes, a outra, imediatamente, fica ressentida. Tal fato leva a entender que "não há palavra verdadeira que não seja práxis" (FREIRE, 2005, p. 89).[4] Desse modo, dizer a palavra verdadeira é transformar o mundo.

Assim, dizer a palavra inautêntica pela qual não se pode transformar a realidade resulta da divisão dos seus elementos constituintes – ação e reflexão. Dito de outro modo, se a palavra esgotar-se na dimensão ação, sacrificando a reflexão, ela se transformará em palavreria, verbalismo, blá-blá-blá. Torna-se palavra oca, pois, quando não há denúncia verdadeira, não há compromisso de reflexão, de ação e de transformação.

---

[4] Palavra (ação) = Práxis (reflexão)

Sacrifício (da ação) = palavra, verbalismo, blá-blá-blá. (da reflexão) = ativismo

Do mesmo modo, se a palavra enfatiza exclusiva ação, sacrificando a reflexão, passa a se converter no ativismo, que é ação pela ação; minimizando a reflexão, nega também a práxis verdadeira, o diálogo. Qualquer uma das partes – ação e reflexão –, ao surgirem de formas inautênticas, passa a gerar, também, formas inautênticas de pensar, reforçando a matriz que as constitui. A existência humana não pode ser silente, calada, muito menos nutrir-se de falsas palavras, mas de palavras verdadeiras que autorizem a transformação, pois "existir, humanamente, é pronunciar o mundo, é modificá-lo. O mundo pronunciado, por sua vez, se volta problematizado aos sujeitos pronunciantes, a exigir deles novo pronunciar" (FREIRE, 2005, p. 90).

Entretanto, dizer a palavra autêntica, materializada pela práxis com vista à transformação do homem/mundo, não é privilégio de alguns, mas direito de todos os homens, uma vez que ninguém deve autorizar-se dizer a palavra verdadeira sozinha, tampouco dizê-la para os demais, como se as prescrevesse, como se as furtasse dos demais.

O diálogo se estabelece no encontro entre os homens, na relação eu-tu, que, mediatizados pelo mundo, pronuncia-o e transforma-o. No entanto, constituído na relação, não há diálogo entre os que querem pronunciar o mundo dos que não querem; entre os que negam o direito à palavra com os que se acham negados. Para os que se encontram afastados da palavra verdadeira, cabe-lhes a conquista do direito na proibição do assalto desumanizante. Assim sendo, o diálogo é uma exigência existencial que não apenas possibilita o encontro, mas a união da reflexão e ação dos sujeitos existentes no mundo a ser transformado e humanizado. Ele não pode reduzir-se a depósito de ideias de um sujeito a outro, nem a simples troca de ideias consumidas pelos permutantes, pois "é encontro de homens que pronunciam o mundo, não deve ser doação do pronunciar de uns a outros. É um ato de criação" (FREIRE, 2005, p. 91).

Freire (2005) destaca que o âmago do diálogo está no amor entre os seres humanos, uma vez que não é possível pronunciar o mundo, sendo um ato de criação e recriação, se não houver amor que infunda o compromisso entre os homens, pois, na subjacência da transformação, está o amor com vista à humanização. Desse modo, se o diálogo é o encontro dos seres humanos na busca do *ser mais*, ele não pode realizar-se na desesperança, pois, se os seres humanos nada esperam do seu que fazer, o encontro torna-se vazio, burocrático e fastidioso, ou seja, não há diálogo.

É no pensar crítico e verdadeiro que o diálogo se materializa, de maneira que não permite aos sujeitos a dicotomia mundo-homens, mas o reconhecimento de uma relação que se dá em uma inquebrantável solidariedade, que permite o reconhecimento da realidade não como algo estático, mas como um processo, um constante devenir, em que a ação humana, por meio do pensar crítico e verdadeiro, manifesto na dialogicidade, transforme-o.

Isso posto, convém opor-se ao modo ingênuo de pensar no que define o tempo histórico como uma estratificação das aquisições e experiências do passado, e de presente como algo normalizado e bem-comportado. Ante esse modo de pensar o tempo, é estabelecido um entendimento entre indivíduos como seres, também, estáticos, em que determinam sua adaptação ao mundo para eles revelado.

Entretanto, Freire (2007) ressalta que, para tornar o diálogo um ato de conhecimento, é necessário que os sujeitos cognoscentes tentem compreender a realidade cientificamente no sentido de descobrir nela a sua razão de ser, ou seja, o que a faz como está sendo. No entanto, convém esclarecer que conhecer não é relembrar de algo esquecido, tampouco "a 'doxa' pode ser superada pelo 'logos' fora da prática consciente dos seres humanos sobre a realidade" (FREIRE, 2007, p. 66). Mas no saber em que a investigação e a (re)invenção ocorra em uma busca inquieta, impaciente e permanente que se realiza com o mundo e com os outros.

Compreendendo a relevância da prática dialógica na constituição do sujeito que se realiza na práxis (ação-reflexão-ação), convém ressaltar sua significativa contribuição à educação escolar, ante a necessidade de ofertar uma formação que permita ao educando a superação das atitudes ingênuas com vista à formação da consciência crítica que lhe permita novas atitudes caracterizadas por situações existenciais. Uma prática dialógica que, fundada em uma concepção de educação como prática de liberdade, permita ao educador não apenas um encontro com o educando em situações pedagógicas, mas um entendimento da necessidade de constantes indagações sobre o que dialogar com o educando. Das indagações em torno do diálogo, residem as indagações em torno do conteúdo. E esses não se resumem a um conjunto de informes a ser depositado nos educandos, elaborados a partir das finalidades do educador,[5] decidindo o que lhe pareça melhor para seus educandos, mas na devolução organizada, sistematizada de conteúdos que lhes acrescentem elementos e permitam-lhes refletir sobre o que há por trás de muitas de suas atitudes em face da realidade cultural, de forma que a "informação seja sempre precedida e associada à problematização do objeto em torno de cujo conhecimento ele dá esta ou aquela informação" (FREIRE, 2007, p. 63). Alcança-se, assim, uma síntese entre o conhecimento do educador, mais sistematizado, e o conhecimento do educando, menos sistematizado – síntese essa que só é possível através diálogo.

Assim, com vista a compreender a prática da dialogicidade da educação, consiste este estudo em compreender a prática dialógica, desenvolvida na sala de aula, ressaltada na palavra configurada na ação e reflexão, tomando como aporte as seguintes categorias: problematização, conscientização e libertação.

Para melhor compreensão da funcionalidade, bem como aplicabilidade das categorias: problematização, conscientização e libertação, constituintes do conceito da dialogicidade da educação no desenvolvimento deste estudo, torna-se necessário esboçar sua compreensão ante a abordagem freireana.

Tomando a categoria da problematização, Freire (2005) destaca a educação problematizadora como uma das dinâmicas centrais da dialogicidade da educação, uma vez que se constitui contrária à educação bancária, sendo essa domesticadora e sempre a serviço da dominação; logo, produz uma falsa visão do homem e do mundo. Isso posto, a educação problematizadora promove não apenas a humanização, mas o pensar crítico do sujeito. No entanto, vale salientar que o termo "problematização", em Freire, não tem um sentido unívoco, pois à medida que se atrela a um método de conhecimento e, consequentemente, de aprendizagem, também se destaca como uma atitude inerente à "essência do ser da consciência" (2005, p. 67), como condição ontológica que possibilita a ação intencional do sujeito e o leva a posicionar, de maneira ativa, perante os objetos e os acontecimentos do mundo. E, diante disso, Freire (2005) atribui ao termo "problematização" dois sentidos: um

---

[5] Portador da consciência ingênua, em sua antidialogicidade, suas indagações não têm como propósito o conteúdo do diálogo.

de caráter epistemológico e outro de caráter antropológico. No sentido epistemológico, Freire (2005) ressalta uma forma de conceber o conhecimento por meio do sujeito *com* os objetos de conhecimento. Entretanto, os objetos de conhecimento não têm um fim instituído em si mesmos e o conhecimento que deles obtemos é apenas uma dimensão da mediação que se estabelece entre os sujeitos. Entendendo o desenvolvimento desta mediação:

> Como situação gnosiológica, em que o sujeito cognoscível, em lugar de ser o término do ato cognoscente de um sujeito, é mediatizador de sujeitos cognoscentes, educador, de um lado, educandos, de outro, a educação problematizadora coloca, desde logo, a existência da superação da contradição educador x educando. Sem esta, não é possível a relação dialógica, indispensável à cognoscibilidade dos sujeitos cognoscentes, em torno do mesmo objeto cognoscível (FREIRE, 2005, p. 68).

Ante essa afirmação, constata-se que, para Freire (2005), a atitude do sujeito do conhecimento diante do objeto deve ser sempre de questionamento, de dúvida, de não aceitação passiva do saber que existe sobre o objeto; e desse modo, surge a necessidade de que o conhecimento seja produzido dialogicamente. Assim, pode-se verificar o segundo sentido que Freire (2005) atribui ao termo "problematização", o de questionamentos, ou seja, no ato dialógico, como condição antropológica do ser humano, problematizar implica perguntar, mas a pergunta não é apenas um ato de conhecimento, e sim um ato que realiza a existência humana.

Diante da categoria conscientização, na perspectiva freireana, compreende-se como um conceito estruturante da concepção e da prática da educação libertadora. Freire (1979) ressalta que a profundidade de seu significado, atrelado ao sentido da educação como prática de liberdade, possibilita um ato de conhecimento, uma aproximação crítica da realidade. Desse modo, a conscientização, entendida como processo de criticização da relação homem/mundo, torna-se condição para a assunção do comprometimento humano diante do contexto histórico-social. Em outras palavras, o ato da conscientização, ante o processo de conhecimento, permite ao homem comprometer-se com a realidade, uma vez que ele está relacionado à práxis humana. É através da conscientização que os sujeitos assumem seu compromisso histórico no processo de fazer e refazer o mundo e, consequentemente, refazendo também a si mesmos.

Vale salientar que Freire (1987) destaca que a conscientização vai além da tomada de consciência, uma vez que "tomada de consciência não é ainda a conscientização, porque esta consiste no desenvolvimento crítico da tomada de consciência" (p. 26). Então, observa-se que a amplitude do conceito exige o engajamento da ação transformadora que "não para, estoicamente, no reconhecimento puro, de caráter subjetivo, da situação, mas, pelo contrário, prepara os homens, no plano da ação, para a luta contra os obstáculos à sua humanização" (p. 114). Ou seja, o comprometimento não se dá em um ato passivo de consciência da realidade, mas, sobretudo, no engajamento na luta para transformá-la.

Entretanto, convém ressaltar que, na perspectiva freireana, a educação, como processo de conscientização, não se esgota na *dimensão política*, mas vai além. Ela "é, simultaneamente, uma determinada teoria do conhecimento posta em prática, um ato político e um ato estético" (FREIRE, 1986, p. 146). Entendendo a dimensão estética, a intuição, a emoção, o prazer, a amorosidade, a alegria, entre outros saberes necessários à prática educativa (FREIRE, 1987).

Assim, a conscientização, através da criticidade, que, aliada à curiosidade epistemológica, potencializa a criatividade da ação transformadora ante as situações-limite. Criticidade, curiosidade e criatividade integram a complexidade das relações que situam a conscientização no campo das possibilidades.

Desse modo, convém indagar em que medida a metodologia docente, perante os conteúdos abordados, permite ao aluno não apenas a compreensão da realidade, mas, sobretudo, seu engajamento com vista a uma transformação social?

No que diz respeito à categoria da libertação, compreende-se essa como um conceito central ao pensamento freireano, a ele vinculadas a liberdade, a conscientização e a revolução. Para Freire (2007), uma das maiores tragédias do homem moderno está na condição de dominado "pelos mitos e comandado pela publicidade organizada ideológica ou não, e por isso vem renunciando cada vez, sem o saber, à sua capacidade de decidir. Vem sendo expulso da órbita das decisões" (p. 51). Sendo assim, descreve a libertação como uma práxis, em que se estabelece "a ação e a reflexão dos homens sobre o mundo para transformá-lo" (FREIRE, 1988, p. 79). Pois é a libertação que permitirá ao homem e à mulher "denunciar a ordem que o esmaga, transformando essa ordem na práxis. Só eles podem anunciar um novo mundo, um mundo que está constantemente sendo recriado e renovado" (FREIRE, 2005, p. 128). No entanto, esse "anúncio de um novo mundo" se dá à medida que "a libertação ocorre em sua práxis histórica quando implica uma consciência crítica da relação implícita entre consciência e mundo" (FREIRE, 1985, p. 140). Essa conscientização das pessoas no mundo tem que estar comprometida com a mudança estrutural da sociedade, que, em última análise, passa a ser a razão transformadora da consciência.

Segundo Freire, uma prática educativa que leve à libertação do homem e da mulher deve estar engajada numa "práxis social [...] ajudando a libertar os seres humanos da opressão que os sufocam em sua realidade objetiva" (1985, p. 125). O que nos faz entender que o libertar é dialógico, pois "a educação libertadora é um processo pelo qual o educador convida os educandos a reconhecerem e desvelarem a realidade criticamente [...] não há sujeitos que libertem e objetos que são libertados, já que não há dicotomia entre sujeito e objeto" (FREIRE, 2005, p. 102).

Assim, como no pensamento freireano, podemos visualizar, em Habermas (1997), o sentido de liberdade, no que tange à sua Teoria da Ação Comunicativa. Esta, ao "investigar a razão inscrita na própria prática comunicativa cotidiana e reconstruir, a partir da base de validez da fala, um conceito não reduzido da razão" (HABERMAS, 1997, p. 506), nota que o modelo ideal de ação comunicativa ressaltaria a interação dos indivíduos por meio da linguagem, que, organizando-se socialmente, buscam o consenso livre das coações externa e interna. Isso nos leva a alcançar que as ideias de verdade, liberdade e justiça, em Habermas, inscrevem-se quase que, transcendentalmente, na fala cotidiana.

Entende-se que os sujeitos constituem entre si, através do ato de fala, a manifestação de três mundos: o mundo objetivo das coisas, o mundo social das normas e instituições e o mundo subjetivo das vivências e sentimentos. A mediação desses se encontra presente nas interações sociais. No entanto, para Habermas (2002), o conhecimento se produz à luz de uma racionalidade comunicativa, de uma prática dialógica que possibilite a troca, a entrega ao outro, respeitando as diferenças, partilhando o mundo vivido na compreensão da realidade histórica dos contextos social, político e cultural. Pois "à medida que as interações não ficam coordenadas através do entendimento, a única alternativa é a violência que uns exercem contra os outros 'de forma mais ou menos sublinhada, de forma mais ou menos latente'" (HABERMAS, 1997, p. 459).

CONSIDERAÇÕES FINAIS

Desse modo, não há diálogo verdadeiro se o pensar dos sujeitos não ocorre de forma verdadeira. Um pensar verdadeiro requer que este se estabeleça de forma crítica sobre a realidade, que não aceite a dicotomia entre sujeito/mundo, pensamento/ação, mas que perceba a realidade como processo, em que se capta um constante devir e, sendo a realidade constituída em processo, logo o ser humano, também, se constitui em processo, ante sua natureza inconclusa que busca no outro sua conclusão. Através da práxis, que por sua vez é compreendida como a estreita relação que se estabelece entre um modo de interpretar a realidade e a vida, e a consequente prática que decorre dessa compreensão, levando a uma ação transformadora. A práxis resulta na síntese entre teoria-palavra e ação, ou seja, uma teoria de conjunto de ideias que interpreta um dado fenômeno ou um momento histórico, que possibilita um novo enunciado em que o sujeito diz sua palavra sobre o mundo e passa a agir para transformar essa mesma realidade. Entretanto, a práxis só se potencializa através da dialogicidade. O que nos leva a compreender que, sem o diálogo, não há comunicação, e sem esta se torna impossível uma educação que viabilize a relação do pensar e agir.

REFERÊNCIAS BIBLIOGRÁFICAS

BAKHTIN, M. *Marxismo e filosofia da linguagem*. São Paulo: Hucitec, 1988.

FREIRE, Paulo. *Educação como prática da liberdade*. Rio de Janeiro: Paz e Terra, 2007.

_____. *A importância do ato de ler*. São Paulo: Cortez, 2006.

FREIRE, Paulo. *Pedagogia do oprimido*. Rio de Janeiro: Paz e Terra, 2005.

_____. *Pedagogia da autonomia*: saberes necessários à prática educativa. São Paulo: Paz e Terra, 1988.

_____. *Conscientização*: teoria e prática da libertação. São Paulo: Cortez, 1979.

_____. *Extensão ou comunicação?* Rio de Janeiro: Paz e Terra, 1977.

_____; SHOR, Ira. *Medo e ousadia*. Rio de Janeiro: Paz e Terra, 1986.

GADOTTI, Moacir. *Perspectivas atuais da educação*. Porto Alegre: Artmed, 2000.

GALEFFI, Dante Augusto. O diálogo como experiência filosófica fundamental na Educação Básica. In: BORBA, Siomara; KOHAN, Walter (org.). *Filosofia, aprendizagem, experiência*. Belo Horizonte: Autêntica, 2008.

GOHN, Maria da Glória. *Movimentos sociais e educação*. São Paulo: Cortez, 1992.

HABERMAS, Jürgen. *Agir comunicativo e razão destranscendentalizada*. Rio de Janeiro: Tempo Brasileiro, 2002.

_____. *Teoría de la acción comunicativa*: complementos y estudios previos. Madrid: Cátedra, 1997.

PINTO, A. Vieira. *Sete lições sobre educação de adultos*. São Paulo: Cortez, 2007.

SHIROMA, Eneida Oto; MORAES, Maria Célia Marcondes de; EVANGELISTA, Olinda. *Política educacional*. 2. ed. Rio de Janeiro: DP&A, 2002.

SOUZA, J. Francisco de. *E a educação popular: quê??* Uma pedagogia para fundamentar a educação inclusive escolar, necessária ao povo brasileiro. Recife: Bagaço, 2007a.

_____. Prática pedagógica e formação de professores. In: BATISTA NETO, J.; SANTIAGO E. (org.). *Prática pedagógica e formação de professores*. Recife: Bagaço, 2007b.

CAPÍTULO 6

As distintas concepções de língua e texto subjacentes às práticas docentes nas condições escolares de produção textual

CHARLES GOMES MARTINS*
MARIA LÚCIA F. BARBOSA**

INTRODUÇÃO

Os Parâmetros Curriculares Nacionais, que têm como finalidade nortear as discussões pedagógicas do Ensino Fundamental, recomendam, em suas orientações para a área de língua portuguesa, que é papel da escola proporcionar aos seus educandos situações didáticas de produção textual em que ocorra o desenvolvimento de habilidades para o trabalho com textos orais e escritos.

A definição do trabalho escolar com a produção de texto é proposta nos PCNs (1997) como uma atividade a ser desenvolvida para formar educandos competentes na escrita de uma diversidade de textos, cujas condições de produção aproximem-se das práticas de escrita do mundo real. A esse propósito eis o que os PCNs afirmam:

---

* Mestre em Educação pela UFPE, especialista em Ensino de História das Artes e Religiões (UFRPE). Assessor Nacional de Educação da Visão Mundial. E-mail: cmartinsgomes@hotmail.com.
** Doutora em Linguística pela Universidade Federal de Pernambuco, professora adjunta do Departamento de Métodos e Técnicas do Centro de Educação, membro do Programa de Pós-Graduação em Educação da UFPE.

107

Formar escritores competentes supõe, portanto, uma prática continuada de produção de textos na sala de aula, situações de produção de uma grande variedade de textos de fato e uma aproximação das condições de produção às circunstâncias nas quais se produzem esses textos. Diferentes objetivos exigem diferentes gêneros e estes, por sua vez, têm suas formas características que precisam ser aprendidas (1997, p. 49).

Historicamente, a produção de texto na escola tem sido desenvolvida como uma das atividades complementares ao ensino de gramática. Possenti (2006, p. 56), ao refletir sobre a gramática, afirma que: "Mais do que ensinar uma língua, o que ela consegue é aprofundar a consciência da própria incompetência, por parte dos alunos".

Uma maior ênfase a críticas sobre o ensino da língua tem sido observada a partir da década de 1980, cujo fracasso escolar impedia aos educandos finalizarem a sua escolarização, em grande parte, por serem incapazes de produzir um texto minimamente coerente e de construírem sentido no processo da leitura.

Estas dificuldades tornaram-se objetos de investigações sobre o porquê de os alunos não conseguirem escrever textos com sentido, nem atribuírem significados ao que leem.

Mais recentemente, a mudança terminológica do termo "redação" para "produção de 'texto' é vista por Geraldi" (1997, p. 19) como um momento em que educadores, em particular, professores de língua portuguesa passaram a refletir sobre a sua prática pedagógica. Em que pesem as mudanças que vêm afetando o ensino de língua, ainda se constata que os alunos de uma parcela significativa das nossas escolas escrevem textos sem finalidade e sem destinatários, nos quais não há reflexão sobre o gênero do texto em questão, nem sobre as esferas de circulação, aspectos estes constitutivos das condições de produção de textos significativos para a vida dos educandos.

A propósito dessas condições, Leal (2006, p. 1) as define como "elementos constitutivos da produção textual".

Ao refletirmos sobre a relação entre as condições escolares de produção de texto e sua interface com as concepções de língua e de texto de professores do Ensino Fundamental, contribuímos em duas frentes: a da construção de conhecimentos sobre um tema de interesse de pesquisadores e de profissionais da área de educação e a da contribuição aos sujeitos históricos, professores e alunos daquele nível de ensino, a quem o nosso estudo pode ajudar quanto à materialização de relações de ensino e aprendizagem mais profícuas no âmbito do ensino de produção de texto.

CONCEPÇÕES DE LÍNGUA E O ENSINO DE PRODUÇÃO DE TEXTO

O professor, ao propor atividades de produção textual, recorre aos referenciais de que ele dispõe, ou seja, referenciais que foram construídos ao longo de sua história de vida, de sua formação ou de sua experiência pedagógica O diálogo entre essas experiências nos dá indícios das concepções subjacentes às práticas de ensino dos professores. No caso dos professores que trabalham na área de ensino de língua portuguesa, aquele diálogo pode nos mostrar as concepções de línguas dos docentes pesquisados.

Travaglia (1997, p. 21), ao pesquisar sobre os objetivos do ensino de língua materna, destaca o modo como a concepção do professor sobre a língua modifica a forma como o seu trabalho pedagógico é realizado.

Possenti (2006) está em consonância com Travaglia (1997) sobre a relação existente entre a concepção de língua do docente e o ensino de produção de texto.

Aquele autor reconhece que mudanças na concepção de língua de professores da área de língua portuguesa implicam mudança na forma de eles ensinarem a língua materna, conforme podemos observar no excerto a seguir:

> Para que o ensino mude, não basta remendar alguns aspectos. No caso específico do ensino de português, nada será resolvido se não mudar a concepção de língua e de ensino de língua na escola (o que já acontece em muitos lugares, embora às vezes haja palavras novas numa prática antiga) (POSSENTI, 2006, p. 32).

Geraldi (1997), ao analisar o ensino de português na escola, identifica três concepções de língua que se destacam. São elas: "a linguagem como expressão do pensamento, como instrumento de comunicação e como interação". Dentre as concepções presentes na prática de professores, a língua como instrumento de comunicação ainda pode ser vista amplamente. Sobre essa questão Geraldi afirma que:

> Essa concepção está ligada à teoria da comunicação e vê a língua como código (conjunto de signos que se combinam segundo regras) capaz de transmitir ao receptor certa mensagem. Em livros didáticos, é a concepção confessada nas instruções ao professor, nas introduções, nos títulos, embora em geral seja abandonada nos exercícios gramaticais" (GERALDI, 1997, p. 41).

Marcuschi (2008) e Koch (2009) se referem a estas mesmas concepções ao citarem as concepções de língua vigentes. Marcuschi (2008), por exemplo, define quatro concepções de língua. Para este autor a língua pode ser vista como "forma ou estrutura; como instrumento; como atividade cognitiva e como atividade sociointerativa situada".

A desvinculação da língua de seus aspectos cognitivo e social, segundo Marcuschi (op. cit.), pode ser verificada também no conteúdo dos livros didáticos, que em muitas escolas ainda são um dos principais instrumentos pedagógicos de trabalho. Para que haja a intersecção da língua com os aspectos cognitivo e social, precisamos compreender que a base da língua está alicerçada na prática social interativa, cognitiva e histórica. Vemos, assim, que ao encaminharmos atividades de acordo com a prática social em que os educandos estão inseridos, estabelecemos a relação da língua com o seu contexto de uso. "Tomo a língua como um sistema de práticas cognitivas abertas, flexíveis, criativas e indeterminadas quanto à informação ou estrutura" (MARCUSCHI, op. cit., p. 61).

Ainda para fundamentar sua posição sobre a língua, o autor faz a seguinte afirmação:

> A língua é um sistema de práticas com o qual os falantes/ouvintes (escritores/leitores) agem e expressam suas intenções com ações adequadas aos objetivos em cada circunstância, mas não construindo tudo como se fosse uma pressão externa pura e simples (MARCUSCHI, op. cit., p. 61).

A adequação do uso da língua aos objetivos e circunstâncias em que estamos inseridos é afetada pela representação de língua dos interlocutores.

Com uma perspectiva semelhante à de Marcuschi (1998), Koch (2009, pp. 13-15) afirma que a língua pode ser classificada como "representação do pensamento, como estrutura e como lugar de interação". Ao explanar sobre a concepção de língua como instrumento de comunicação, Koch (2009) considera que:

> Nesta concepção de língua como código, o sujeito é visto como (pré) determinado pelo sistema, "o texto é visto como simples produto da codificação de um emissor a ser decodificado pelo leitor/ouvinte, bastando a este, para tanto, o conhecimento do código, já que o texto, uma vez codificado, é totalmente explícito. Também nesta concepção o papel do 'decodificador' é essencialmente passivo" (p. 16).

Koch (op. cit.) chama a atenção para o fato de que esta concepção de língua como código pressupõe o papel do sujeito – decodificador. Contribui, assim, para que o discente seja conduzido a adotar uma postura de assujeitamento. Não havendo, consequentemente, a construção de um espaço na sala de aula de conhecimento.

Travaglia (1997) é outro autor que discute sobre a relação entre concepções de língua e o ensino de língua portuguesa ao resgatar as três concepções de língua, associando-as as suas bases históricas.

Concordamos com Travaglia (1997), Marcuschi (2008), Koch (2009) e Geraldi (1997) sobre o fato de que a concepção de língua como interação é a mais apropriada para proporcionar o desenvolvimento linguístico dos educandos. Para que isso seja possível há que se adotar uma postura distinta daquela que encontramos em algumas escolas públicas.

Entendemos que a concepção de língua como interação proporciona a interlocução entre professores e alunos. Quando há esta interação pode-se garantir que o espaço escolar, além de dar voz aos alunos, permite que eles tenham condições de aprendizagem que possibilitam condições escolares de produção favoráveis à manifestação do discurso dos aprendizes.

Quando a escola oferece momentos de interação aos alunos, entende que o seu papel é o de contribuir para a relação da língua ensinada na escola com os usos, cujos alunos farão em diferentes situações sociais. Nessa perspectiva, entendemos a língua como um processo inacabado, um processo de construção. Sobre o papel da escola, Geraldi comenta o seguinte:

> A escola se quisesse ser bem-sucedida numa direção diferente daquela em que ela hoje já é bem-sucedida, poderia proporcionar a maior diversidade possível de interações: é delas que a criança extrairá diferentes regras de uso da linguagem, porque diferentes são as instâncias (GERALDI, 2006, p. 41).

Ao discorrer sobre a interação verbal, encontramos em Geraldi (2006) uma inquietação sobre as ações que se fazem com a linguagem. Este autor menciona duas formas de interação verbal em que os atores estão envolvidos, a saber: interação em instâncias públicas e em instâncias privadas. Estas instâncias podem ser percebidas como "espaços sociais dentro dos quais se dá o trabalho linguístico" (GERALDI, idem, p. 42).

O processo interlocutivo, para Geraldi (2006), deve ser primordial na sala de aula e perpassa a interseção das duas instâncias mencionadas anteriormente. Ao tratar sobre a concepção de linguagem e sua interface com os processos de ensino/aprendizagem, considera que ao utilizarmos a língua nos apropriamos dela.

CONCEPÇÕES DE TEXTO E AS CONDIÇÕES ESCOLARES DE PRODUÇÃO TEXTUAL

Santos, Albuquerque e Mendonça (2005, p. 120) relacionam a produção de texto com a prática de letramento no exercício da escola, cuja efetivação depende de articulação entre as atividades de leitura e as atividades de produção textual. Nesse encaminhamento pelo educador, alguns elementos são indispensáveis ao conhecimento do aluno antes que se inicie a produção de texto propriamente dita: a finalidade dos textos, os interlocutores e o gênero do texto a ser escrito.

O trabalho com texto requer indiscutivelmente que mesmo antes de os professores realizarem os comandos para a produção considere as condições em que os textos serão produzidos.

Quando estas condições escolares são oportunizadas, os alunos podem escrever textos com sentido, a partir do papel de sujeitos do seu discurso. Por conseguinte, poderão compreender com clareza os elementos constitutivos do texto em si e da situação de interação em que ele se insere.

Para Koch (2009), o fato de não haver a interação entre os atores na construção do texto inviabiliza o sentido deste e ocasiona a inadequação de seu uso em sala de aula.

Marcuschi, com base em estudos sobre essa inadequação do uso do texto, afirma que "O problema do ensino é o tratamento inadequado, para não dizer desastroso, que o texto vem recebendo, não obstante as muitas alternativas e experimentações que estão sendo hoje tentadas" (MARCUSCHI, 2008, p. 52).

Para este autor, existe uma inadequação para o uso do texto em sala de aula que se materializa na ausência de elementos textuais que poderiam ser trabalhados com os alunos. Os professores em muitos momentos não partem de critérios pertinentes para a escolha dos textos que serão trabalhados em sala de aula, de forma intencional e pedagógica, com vistas à percepção dos educandos quanto às questões que lhes possibilita a apropriação dos elementos constitutivos do texto. Não sendo estes conduzidos de acordo com as condições adequadas para sua utilização.

A desvinculação do ensino proposto pela escola da vida contextual dos educandos resulta na ausência do resgate dos conhecimentos prévios daqueles sujeitos. Sem esta contribuição dos aspectos contextuais, deixa-se de valorizar a participação dos educandos, fato este que resulta nas dificuldades com o trabalho pedagógico na esfera do ensino de produção textual. Por conseguinte, esta "não é uma atividade unilateral, envolve decisões conjuntas que caracterizam uma atividade sociointerativa" (MARCUSCHI, 2008, p. 77).

A não realização da atividade de produção textual em uma visão sociointerativa acarreta a indefinição em relação a quem se destina o texto do aluno. Sendo assim, perpetua-se a prática de o aluno construir o seu texto para um mesmo interlocutor, o seu professor.

Koch (2009) reconhece também que deve haver uma relação de interlocução na construção dos sentidos do texto. O sentido do texto é construído na interação texto-sujeitos (ou texto-coenunciadores) e não como algo que preexista a essa interação.

De acordo com os PCN, precisamos oferecer condições para que os alunos possam produzir textos que tenham sentido para o seu escritor e que comuniquem ao seu destinatário informações que atendam à prática social de ambos. A finalidade dos PCN é orientar a prática pedagógica dos professores em sala de aula. Conduzi-los à compreensão de que não devem centrar o ensino de produção textual na "codificação de sons em letras", mas sim que seus alunos precisam saber para quem estão escrevendo. Saber para quem escreve é condição indispensável para que o escrito tenha sentido.

A ESCOLA COMO INTERLOCUTORA DO TEXTO DO ALUNO

O ambiente escolar, mesmo com as suas dificuldades, tem sido para muitas crianças o único espaço em que há o acesso à leitura e à produção de textos. O papel da escola como interlocutora na produção de texto dos alunos é fundamental para que as crianças possam desenvolver habilidades de leitura e escrita que atendam ao seu contexto e à sua prática social.

Britto (1997, p. 118-119), ao analisar a escola como grande interlocutora no processo de ensino-aprendizagem dos alunos, diz que:

> O interlocutor "pode ser real ou imaginário", individual ou coletivo, pode estar mais ou menos próximo, muda em cada situação concreta. O interlocutor ativo da oralidade, fisicamente materializado e que pode a qualquer momento intervir no discurso do locutor (invertendo papéis como este, inclusive) está distante na escrita e, num primeiro nível de análise, interferindo e interpelando indiretamente o locutor.

A caracterização do interlocutor ativo na produção textual nos remete ao fato de que, em muitas escolas, a maioria das redações apresenta uma ausência de interlocução, sentido ou finalidade. Britto (idem, p. 119) afirma ainda que:

> É curioso, nesse sentido, que a maioria dos trabalhos sobre redação escolar ou não toquem na questão da interlocução ou falem na ausência de interlocutores, identificando aí uma das dificuldades maiores do estudante: falar para ninguém ou, mais exatamente, não saber a quem se fala.

Entendemos que o aluno precisa saber o destinatário de seu texto para estabelecer uma relação de interlocução, a fim de que o texto reflita a sua autoria e mostre uma visão de mundo.

Sobre a criação de espaços interlocutivos, Geraldi afirma que (2007, p. 21): "Ensinar é criar espaços para fazer valerem estes saberes silenciados para confrontá-los com os 'conhecimentos' sistemáticos, mas nem sempre capazes de explicar os fatos".

A garantia desse espaço de conhecimento e saber é vista por Geraldi como necessária. Sobre esse aspecto ele afirma que:

> Centrar o ensino na produção de textos é tomar a palavra do aluno como indicador dos caminhos que necessariamente deverão ser trilhados no aprofundamento quer da compreensão dos próprios fatos sobre os quais se fala quer dos modos (estratégias) pelos quais se fala (GERALDI, 1997, p. 165).

Calkins, Hartman e White (2008), ao analisarem em suas pesquisas "Crianças produtoras de texto e a arte de interagir em sala", descrevem que a habilidade do professor em interagir com os alunos em sala de aula no processo de produção textual é determinante para que o educando possa desenvolver-se como produtor de texto. Sobre isto as autoras enfatizam:

> De acordo com estas autoras, o professor para trabalhar a produção textual em sala de aula precisa revisitar a sua prática pedagógica, aprender a interagir com os alunos e a estar aberto para possibilitar

este momento de descobertas. Segundo elas, "Interagir é sempre um desafio, e os professores de produção textual são sábios para não desprezar suas habilidades de fazê-lo" (CALKINS, HARTMAN E WHITE, 2008, p. 14).

Envolver-se no conteúdo da escrita como autor do texto é fundamental para que ele seja produzido com autenticidade e sentido. O aluno precisa interagir com o seu escrito e ser motivado a fazê-lo. O aprendiz, ao descrever informações de sua vida, de seus familiares e de sua comunidade, por exemplo, é "movido pela vontade de descobrir um passado que atinge cada um dos alunos em particular" (GERALDI, 1997, p. 162).

Quando o aluno compreende a realidade em que está inserido, bem como a necessidade de comunicar-se através dos textos, a produção textual se torna uma atividade significativa e prazerosa. Para que essa análise da realidade seja efetiva, o educando precisa conhecer o seu contexto de produção textual, conforme veremos no tópico a seguir.

O CONTEXTO DE PRODUÇÃO TEXTUAL

Bronckart (1999) estabelece a relação das condições escolares com o contexto de produção textual e as influências deste sobre a forma como um texto é organizado. O educando, ao escrever o seu texto, pode sofrer essas influências que, se não forem por ele reconhecidas, podem em muitos momentos distanciá-lo da aprendizagem no âmbito da produção textual.

E Bronckart inicia a sua descrição das condições escolares de produção ao definir a "situação de ação de linguagem", que designa as propriedades dos mundos formais (físico, social e subjetivo), as quais podem exercer influência sobre a produção textual. Esta situação de ação de linguagem pode ser subdivida em externa e interna. Ao produzir um texto, o autor precisa fazer uso da ação de linguagem externa (características dos mundos formais), que são as representações sociais vigentes; e da situação de linguagem interna, na qual busca em si as representações que foram de fato internalizadas por ele.

Nesse sentido, "é necessário admitir que é essa situação de ação interiorizada que influi realmente sobre a produção de um texto empírico" (BRONCKART, idem, p. 92).

Sobre os elementos do contexto de produção, o autor acrescenta o seguinte:

> O lugar de produção: o lugar físico em que o texto é produzido; o momento de produção: a extensão do tempo durante a qual o texto é produzido; o emissor (ou produtor, ou locutor): a pessoa (ou a máquina) que produz fisicamente o texto, podendo essa produção ser efetuada na modalidade oral ou escrita; o receptor: a (ou as) pessoa(s) que pode(m) perceber (ou receber) concretamente o texto (BRONCKART, 1999, p. 93).

Diante do debate sobre a questão da produção textual, a prática docente dos professores do Ensino Fundamental tem impulsionado vários estudos que buscam compreender a ação pedagógica dos docentes, a fim de ajudá-los no processo de ensino e aprendizagem da produção textual, como veremos a seguir.

A PRÁTICA DOCENTE E A SUA RELAÇÃO COM AS CONDIÇÕES ESCOLARES DE PRODUÇÃO TEXTUAL

Ao pensarmos sobre a prática docente e a sua relação com as condições escolares de produção, podemos refletir sobre o fato de que os professores, em sua formação pedagógica, constroem referenciais que irão nortear a sua prática em sala de aula. Por sua condição de educador, o professor do Ensino Fundamental precisa desenvolver em suas aulas uma rotina de atividades cujo planejamento expresse intencionalidade pedagógica para o ato de ensinar. Ao planejar suas atividades, o docente precisa refletir inclusive sobre ações aparentemente corriqueiras, como, por exemplo, os comandos necessários que precedem a escrita de um texto. Tais comandos são parte também das ações que instituem as condições escolares de produção textual.

O ambiente escolar, a sua infraestrutura e o acervo de materiais didáticos são elementos que podem proporcionar também aos alunos e professores melhores condições de ensino e aprendizagem. Porém, estas condições estruturais não garantem um ensino de qualidade, nem a aprendizagem dos alunos, porquanto o processo de ensino e aprendizagem é dependente também da relação do saber docente com o saber dos alunos.

Tardif (2002, p. 13), ao analisar a relação do saber docente com o saber dos alunos, tece o seguinte comentário:

> Portanto, o saber não é uma substância ou um conteúdo fechado em si mesmo; ele se manifesta através das relações complexas entre o professor e seus alunos. Por conseguinte, é preciso inscrever no próprio cerne do saber dos professores a relação com o outro, e, principalmente, com esse outro coletivo representado por uma turma de alunos.

É esta inclusão do outro, representado pelo aluno, que ainda não vemos, de modo efetivo, na rotina escolar do professor, quando este desenvolve as suas aulas, planeja os conteúdos do ensino e avalia os resultados alcançados pelos alunos. A inclusão do outro no texto do aluno requer mudança de atitude, a qual é possível quando o docente, além de relacionar-se com o seu próprio saber, é capaz também de oferecer oportunidade para que o educando se desenvolva coletivamente e de forma participativa.

Tardif (2002) alerta para o fato de que precisa existir relação entre o professor e seus alunos. Nesta relação, o saber do professor tem de ser um saber que se aproxima dos alunos. Essa é uma questão implicada na prática pedagógica dos professores, que reflete, de certo modo, a formação a que eles foram submetidos.

Sabemos que a sociedade cria as representações sociais sobre indivíduos, grupos sociais, instituições etc. Em nosso país vemos os professores do Ensino Fundamental a partir da sua realidade como indivíduos que assumem papéis diferentes – provedores da família, profissionais da educação que convivem com a precarização das condições de trabalho e com os baixos salários, assim como profissionais cuja formação é deficitária. Consequentemente, nossos professores não poderiam ainda alcançar, de modo pleno, o *status* do professor ideal no sentido atribuído por Tardif:

> O professor ideal é alguém que deve conhecer sua matéria, sua disciplina e seu programa, além de possuir certos conhecimentos relativos

às ciências da educação e à pedagogia e desenvolver um saber prático baseado em sua experiência cotidiana com os alunos (TARDIF, 2002, p. 39).

O professor do Ensino Fundamental precisa ser dotado dos conhecimentos que o ajudem a trabalhar com os conteúdos disciplinares desta modalidade de ensino. Em virtude da existência de fatores que limitam o exercício pleno dos professores do Ensino Fundamental, em cujo grupo se incluem os professores de língua portuguesa, reconhecemos a importância de discutirmos sobre a relação dos docentes com o seu saber.

A relação dos professores com o seu saber

A relação dos professores com o seu saber é determinante para a efetivação das condições escolares de produção no âmbito de qualquer disciplina. No caso dos professores de língua portuguesa, essa relação se faz mister para que haja condições adequadas de produção textual em suas aulas, com vistas à construção de saber coletivo e participativo.

Para Demo (1995, p. 155), as condições de aprendizagem que os professores devem oferecer aos educandos pressupõem o seguinte: "Em primeiro lugar, todo docente precisa saber avaliar as condições de aprendizagem dos alunos, no todo e caso a caso, utilizando para isto todos os expedientes possíveis, quantitativos e qualitativos".

O autor discute a competência reconstrutiva do professor e propõe uma mudança de concepção pedagógica sobre o ensino, momento em que o docente deixa de ser um transmissor de conhecimentos e passa a ser um reconstrutor de conhecimentos juntamente com seus alunos. O excerto, a seguir, é representativo do que Demo (idem, p. 17) chama de competência reconstrutiva: "O professor que não sabe nada dá aula. Quem sabe, trabalha junto com os alunos e os faz trabalhar ativamente".

Ao retornarmos a Tardif (2002, p. 40), vemos que ele descreve as relações cujos professores mantêm com o seu próprio saber do seguinte modo:

A relação que os professores mantêm com os saberes é a de "transmissores" ou de "objetos de saber", mas não de produtores de um saber ou de saberes que poderiam impor como instância de legitimação social de sua função e como espaço de verdade de sua prática.

Existe transmissão de saberes, na escola, em detrimento da produção de saberes, segundo Tardif (2002). A transmissão de saberes constitui uma relação de alienação do docente com os seus saberes. Esta alienação se materializa nas escolhas do conteúdo do ensino e da metodologia a ser aplicada. A alienação em relação aos saberes concorre para a formação de um sujeito passivo, assujeitado, sem poder de tomar decisões.

Uma das ações pontuais que podem contribuir para a formação de sujeitos autônomos e propositivos é o planejamento pedagógico enquanto artefato que precisa estar presente na rotina do professor, o qual pressupõe conhecimento sobre o que se pretende ensinar. Além de organizar os conteúdos e os materiais selecionados para o trabalho em sala de aula, o próprio planejamento pode orientar os alunos sobre a sua rotina em uma dada disciplina, bem como ajudá-los a se engajarem nos objetivos do ensino da disciplina em questão.

Para que os docentes proporcionem situações de escrita de forma intencional, precisam desenvolver "a capacidade de organização e planejamento de suas próprias ações" (LEAL e ALBUQUERQUE, 2005, p. 69).

Melo e Silva (2006), a partir do que pensam sobre o significado do planejamento em sala de aula, afirmam que para ensinar a produção de textos precisamos planejar.

Estes autores esclarecem que, para que o professor planeje as suas situações didáticas, precisa definir os objetivos que pretende alcançar. Sem esta intenção pedagógica não poderá conduzir os seus alunos à produção textual de forma consciente. Esta aproximação das situações de escrita na escola daquelas que ocorrem fora deste espaço precisa ser compreendida pelos docentes.

Ao refletirmos sobre o papel de docente, a sua formação e demais características deste trabalho pedagógico, não poderíamos deixar de dialogar com alguns teóricos que afirmam que a sala de aula deve ser um lugar de interação verbal, de diálogo e de construção coletiva.

A sala de aula como lugar de interação verbal

Geraldi (1997), ao tratar da sala de aula como lugar de interação, afirma que precisamos mudar a nossa concepção de ensino a fim de propiciarmos um espaço em que nossos alunos interajam. Se não mudarmos, nesse sentido, torna-se inviável transformarmos a nossa prática pedagógica. Concordamos com este autor sobre o fato de que, para que a sala de aula se torne um lugar de interação, necessitamos, de fato, interagir, dialogar, estarmos abertos para ouvirmos os nossos alunos em suas críticas ou comentários.

É nessa perspectiva que Geraldi (1977, p. 21) concebe a sala de aula como lugar de interação verbal e, por conseguinte, "de diálogo entre sujeitos, ambos portadores de diferentes saberes". Ao criarmos esse espaço de interação escolar, oferecemos aos nossos alunos oportunidade para que eles se tornem sujeitos de seus discursos.

Melo e Silva (2006) consideram que a escola, ao proporcionar momentos de atividades de produção textual em que todos os atores possam se tornar participantes desta construção coletiva, necessita diversificar essas atividades e apresentá-las aos discentes.

O professor, ao diversificar as atividades de produção textual e proporcionar a interlocução entre os discentes durante esta produção, cria condições de aprendizagem e possibilidade de o texto escrito ser construído num processo de revisão.

Brandão (2006, p. 119) acredita que é na revisão do texto que pode haver a melhoria de seu conteúdo, "sendo este processo de revisão um dos elementos constitutivos da atividade de escrita".

Para que ocorra o processo de revisão da escrita o docente precisa intervir no texto do aluno de forma compartilhada. Sobre esta intervenção Brandão (op. cit., p. 133-134) comenta que:

> O papel assumido pelo professor que, ao intervir nos textos dos alunos, compartilha com eles a atividade de revisão como um elemento-chave para a formação de produtores de textos competentes, ou seja, produtores que, nas diversas situações de interação mediadas por textos escritos, podem elaborar e refletir sobre diferentes possibilidades da

linguagem que se usa ao escrever e analisar seus efeitos sobre o interlocutor, tomando decisões sobre o que dizer e como melhor dizê-lo.

O dizer do aluno em sala de aula

A propósito do saber em sala de aula, é corrente a ideia de que a escola atual ainda não oferece, plenamente, espaço para que os alunos possam dialogar. O não reconhecimento, por parte dos professores, de que o diálogo é fundamental para o desenvolvimento dos educandos reflete indícios de uma educação bancária herdada ao longo dos anos.

Freire (1987), que se notabilizou pelo incentivo à transformação dos indivíduos através do diálogo, demonstrou que o fundamento para o exercício da liberdade se constitui quando os homens se reconhecem como humanos através da relação dialógica. Para o autor, "Não há diálogo, porém, se não há um profundo amor ao mundo e aos homens" (FREIRE, op. cit., p. 79).

Durante a história da educação brasileira, o sistema de ensino foi idealizado para que o aluno fosse um sujeito passivo, obediente às regras sociais vigentes. Não se admitia que houvesse a interferência ou intervenção deste educando. De acordo com as mudanças de concepção quanto ao papel do educando, houve a necessidade de repensar a educação com vistas ao alcance de objetivos sociointeracionistas.

No que se refere às implicações desses objetivos, para o ensino de língua portuguesa, Geraldi (1997) vislumbra no locutor a categoria central para a produção de texto. O locutor é "sujeito que diz o que diz para quem diz". Assumir o papel de sujeito, para aquele autor, é condição indispensável para que de fato tenhamos um texto. É ao assumir o papel de sujeito do seu dizer que o educando aprende não apenas a "jogar o jogo" da escola, mas, sobretudo, a se constituir como autor do seu texto. Do contrário, o aprendiz permanece silenciado pelo sistema escolar, enquanto o professor autentica esta postura para garantir disciplina e respeito em sala de aula.

Koch (2009, p. 13), ao analisar o papel dos sujeitos produtores de linguagem/discurso, afirma que "a concepção de sujeito da linguagem varia de acordo com a concepção de língua que se adote". Relaciona, assim, as concepções de língua correntes como determinantes para que o educador, ao adotar essas concepções, compreenda o sujeito a quem educa.

O sujeito ativo em sua produção social, que interage com o seu meio e com os demais sujeitos presentes neste, assume o papel de sujeito em suas representações.

Com base nessas representações identifica quais os gêneros que são necessários em suas demandas cotidianas. Ao escrever um bilhete, uma carta, redigir um e-mail, participar de um bate-papo, dentre uma diversidade de outras ações de linguagem mediadas por gêneros textuais, torna-se um sujeito do seu dizer.

GÊNEROS TEXTUAIS
E A PRODUÇÃO DE TEXTOS ESCOLARES

O uso dos gêneros textuais em sala de aula tem sido concebido como um instrumento para ensinar a escrever textos significativos na escola.

Marcuschi (2007, p. 19) define os gêneros textuais como "Fenômenos históricos, profundamente vinculados à vida cultural e social. Fruto do trabalho coletivo, os gêneros contribuem para ordenar e estabilizar as atividades comunicativas do dia a dia". Com base no mesmo conceito de gênero, Mendonça et al. (2005) relacionam os gêneros textuais à inserção do sociointeracionismo e do socioconstrutivismo. Os princípios do socioconstrutivismo se baseiam na compreensão de que a aprendizagem não deve ser entendida como transferência de conteúdo, mas sim como um "processo dinâmico de (re)construção e (re)acomodação de conceitos, mediado pelos interlocutores (professor, pais e colegas) e também pela linguagem" (MENDONÇA, op. cit., p. 38).

Quanto ao sociointeracionismo, Mendonça ressalta que:

> É um pressuposto essencial do sociointeracionismo o fato de que os sentidos não existem por si sós; na verdade, os sentidos constroem-se na interação verbal e são, portanto, resultados das condições de produção dos discursos: quem diz o que, para quem, em que situação, através de que gênero textual, com que propósito comunicativo e com que escolhas linguísticas e extralinguísticas (MENDONÇA et al., 2005, p. 38).

A autora, acima citada, concorda com Marcuschi (2008) quanto ao uso dos gêneros como elemento constitutivo das condições de produção de texto. Sobre isso ela afirma que "os gêneros se definem justamente por serem a intersecção dessas condições de produção, ou seja, são respostas às necessidades humanas de comunicação, são fenômenos ou entidades sociocomunicativas" (MENDONÇA et al., p. 38-39).

A compreensão de que o educador pode utilizar os gêneros textuais como suporte ao seu trabalhado didático foi consolidado após o entendimento de que a leitura e a produção de textos "é a base do ensino-aprendizagem de língua portuguesa no ensino fundamental" (ROJO e CORDEIRO, 2007, p. 7).

Essa mudança de concepção quanto à utilização dos gêneros textuais em sala de aula foi motivada também pelos PCNs (1997), que afirmam que o gênero deve ser utilizado como objeto de ensino na disciplina de língua portuguesa.

Schneuwly e Dolz (2007, p. 27) estabelecem a relação do gênero como "instrumento semiótico complexo", concepção esta que se baseia em princípios bakhtinianos.

O aluno, ao se apropriar dos gêneros textuais, poderá interagir nos mais variados contextos sociais da língua oral e escrita. É nessa relação de sujeitos que se definem papéis de locutor-enunciador.

Scheneuwly e Dolz (2007) propõem o trabalho com sequências didáticas, as quais se constituem em um instrumento didático para dar conta das complexidades do ensino dos gêneros textuais. Para ambos os autores: "'Uma sequência didática' é um conjunto de atividades escolares organizadas, de maneira sistemática, em torno de um gênero textual oral ou escrito" (SCHNEUWLY e DOLZ, p. 97).

De acordo com Marcuschi (2007), o uso dos gêneros textuais, além de ser uma produção social e histórica, cumpre a sua função de acordo com as necessidades dos atores cujas demandas sociais marcam uma determinada época.

Vimos através da exposição dos autores, aqui apresentados, que não existe possibilidade de produção de linguagem oral e escrita sem a mediação dos gêneros textuais.

Marcuschi (2007, 2008), Schneuwly e Dolz (2007) e Mendonça et al. (2005) concordam com a importância do trabalho com gêneros textuais, cujos professores precisam apropriar-se de seu uso para oferecer aos alunos situações didáticas que favoreçam o desenvolvimento pleno de habilidadades e competências necessárias à produção de uma diversidade de textos.

CONSIDERAÇÕES FINAIS

Ao longo do nosso estudo buscamos refletir sobre questões relacionadas às condições escolares de produção de texto, colocando-as em uma interface entre a concepção de língua e de textos dos professores do Ensino Fundamental. Para tanto, nos apoiamos em autores como Geraldi (1997) e Bronckart (1999), com base nos quais adotamos pressupostos teóricos que orientaram o estudo, assim como dialogamos com diversos autores.

Quando analisamos a Escola Pública, verificamos que a concepção de língua vigente é a de língua como código. Mesmo com diversas capacitações, os professores continuam desenvolvendo suas atividades nesta perspectiva de ensino que não atende de forma satisfatória os aprendizes.

Concordamos sobre o fato de que a concepção de língua como interação é a mais apropriada e a que possibilita que o indivíduo possa ocupar o seu papel de sujeito ativo e interlocutor dos espaços em que está inserido.

Quanto às concepções de língua e texto apresentadas pelos docentes, percebemos em nossos estudos que é baseado em suas perspectivas teóricas que o trabalho pedagógico será realizado em sala de aula. Com isso, vemos que a formação do professor pode ser um dos elementos que direcionam a sua prática educativa. Ao investir na formação de professores, podemos redirecionar a forma como trabalham e influenciar possíveis modificações.

A escola desempenha um papel de grande responsabilidade na formação de nossos alunos, e, ao ocupar esta função social de formação, precisa repensar alguns elementos que possam ajudá-la na condução de suas atividades. Os aprendizes têm de compreender a relação do conteúdo ensinado na escola com a sua vida prática. O ensino de português deve ser realizado com sentido e de acordo com práticas sociais de letramento.

As condições escolares de produção textual estão diretamente vinculadas à produção de texto. O professor, ao direcionar essa atividade, necessita relacionar-se com o seu próprio saber. Ao reconhecer-se como ser histórico e em construção, poderá dar condições para que os alunos possam exercer a sua autonomia e dialogar com mestres, colegas de turma e demais atores sociais.

Temos de criar condições para que a sala de aula seja um lugar de interação verbal, aprendizagem, respeito, garantia de direitos, conhecimento participativo e de produção de saberes.

REFERÊNCIAS BIBLIOGRÁFICAS

ABAURRE, Maria Bernadete Marques. *Cenas de aquisição da escrita*: o sujeito e o trabalho com o texto. São Paulo: Associação de Letras de Leitura do Brasil/Mercado das Letras, 2006.

ANDRÉ, Marli Eliza D. de. *Etnografia da prática escolar*. 12. ed. Campinas, SP: Papirus Editora, 2005.

BRANDÃO, Ana Carolina Perrusi. A revisão textual na sala de aula: reflexões e possibilidades de ensino. In: LEAL, Telma Ferraz; BRANDÃO, Ana Carolina Perrusi (org.). *Produção de textos na escola*: reflexões e práticas no Ensino Fundamental. Belo Horizonte: Autêntica, 2006.

BRITTO, Luiz Parcival Leme. Em terra de surdos-mudos (um estudo sobre as condições de produção de textos escolares). In: GERALDI, W. (org.). *O texto na sala de aula*. São Paulo: Ática, 2007.

BRONCKART, Jean-Paul; MACHADO, Anna Rachel; MATENCIO, Maria de Lourdes Meirelles (org.). *Atividade de linguagem, discurso e desenvolvimento humano*. Campinas, SP: Mercado das Letras, 2006.

_____. *Atividade de linguagem, textos e discursos*. São Paulo: Editora da PUC, 1999.

CALKINS, Lucy; HARTMAN, Amanda; WHITE, Zoe. *Crianças produtoras de texto*: a arte de interagir em sala de aula. Porto Alegre: Artmed, 2008.

CARDOSO, Sílvia Helena Barbi. *Discurso e ensino*. Belo Horizonte: Autêntica, 2005.

DELL'ISOLA, R.; MENDES, E. (org.). *Reflexões sobre a língua portuguesa*: ensino e pesquisa. Campinas, SP: Pontes, 1997.

DEMO, Pedro. *Iniciação à competência reconstrutiva do professor básico*. São Paulo: Papirus, 1995.

DIONÍSIO, Ângela Paiva; MACHADO, Anna Raquel; BEZERRA, Maria Auxiliadora Bezerra (org.). *Gêneros textuais e ensino*. Rio de Janeiro: Lucerna, 2007.

FREIRE, Paulo. *Pedagogia do oprimido*. Rio de Janeiro: Paz e Terra, 1987.

GERALDI, W. (org.). *O texto na sala de aula*. São Paulo: Ática, 2007.

_____. *Linguagem e ensino*: exercícios de militância e divulgação. Campinas, SP: Mercado das Letras/Associação de Leitura do Brasil, 2006.

_____. *Portos de passagem*. São Paulo: Martins Fontes, 1997.

GOMES, Valéria Severina. *Concepções de língua e implicações para o ensino*: análise da palavra de professores de Português e de alunos de Letras. Dissertação de Mestrado. Universidade Federal Rural de Pernambuco, Recife, 1998.

GUIMARÃES, Elisa. *Texto, discurso e ensino*. São Paulo: Contexto, 2009.

_____. *A articulação do texto*. São Paulo: Ática, 2000.

KAUFMAN, ANA Maria; RODRIGUEZ, Maria Elena. *Escola, leitura e produção de textos*. Porto Alegre: Artes Médicas, 1995.

KLEIMAN, Ângela. *Oficina de leitura*: teoria e prática. 11. ed. Campinas, SP: Pontes, 2007.

_____ (org.). *Os significados do letramento*: uma nova perspectiva sobre a prática social da escrita. Campinas, SP: Mercado de Letras, 1995.

KOCH, Ingedore G. Villaça. *Desvendando os segredos do texto*. São Paulo: Cortez, 2009.

KRAMER, Sônia. *Alfabetização, leitura e escrita*: formação de professores em curso. São Paulo: Ática, 2002.

JOSETTE, Jolibert. *Formando crianças produtoras de textos*. Porto Alegre: Artes Médicas, 1994.

LEAL, Telma Ferraz. Condições de produção de textos no ensino de Jovens e Adultos. *ANPED; GT. Alfabetização, leitura e escrita*, FACEPE, n. 10, 2003.

_____; ALBUQUERQUE, Eliana Borges Correia de. Textos que ajudam a organizar o dia a dia. In: BRANDÃO, Ana Carolina Perrusi; ROSA, Ester Calland de Souza (org.). *Leitura e produção de textos na alfabetização*. Belo Horizonte: Autêntica, 2005.

_____; BRANDÃO, Ana Carolina Perruci (org.). *Produção de textos na escola*: reflexões e práticas no Ensino Fundamental. Belo Horizonte: Autêntica, 2006.

MACHADO, Anna Rachel; MATENCIO, Maria de Lourdes Meirelles (org.). *Leitura, produção de textos e a escola*. Campinas, SP: Mercado das Letras, 2008.

MARCUSCHI, Luiz Antônio. *Produção textual, análise de gêneros e compreensão*. São Paulo: Parábola Editorial, 2008.

MELO, Kátia Leal Reis de; SILVA, Alexandro da. Planejando o ensino de produção de textos escritos na escola. In: LEAL, Telma Ferraz; BRANDÃO, Ana Carolina Perrusi (org.). *Produção de textos na escola*: reflexões e práticas no Ensino Fundamental. Belo Horizonte: Autêntica, 2006.

MENDONÇA, MARCIA; SANTOS, Carmi Ferraz. *Alfabetização e letramento*: conceitos e relações. Belo Horizonte: Autêntica, 2005.

PARÂMETROS CURRICULARES Nacionais. *Língua portuguesa*. Brasília, 1997.

PÉCORA, Alcir. *Problemas de redação*. 5. ed. São Paulo: Martins Fontes, 1999.

POSSENTI, Sírio. Gramática e política. In: GERALDI, W. (org.). *O texto na sala de aula*. São Paulo: Ática, 2007.

ROJO, Roxane; CORDEIRO, Glaís Sales. Apresentação – Gêneros orais e escritos como objetos de ensino: modo de pensar, modo de fazer. In: SCHNEUWLY, Bernard; DOLZ, Joaquim. *Gêneros orais e escritos na escola*. São Paulo: Mercado de Letras, 2007.

SCHNEUWLY, Bernard; DOLZ, Joaquim. *Gêneros orais e escritos na escola*. São Paulo: Mercado de Letras, 2007.

TARDIF, Maurice. *Saberes docentes e formação profissional*. Petrópolis: Vozes, 2002. 55 p.

TRAVAGLIA, Luiz Carlos. *Gramática*: ensino plural. 2. ed. São Paulo: Cortez Editora, 2004. 39 p.

_____. *Gramática e interação*: uma proposta para o ensino de gramática no 1º e 2º graus. 3. ed. São Paulo: Cortez Editora, 1997. 39 p.

VAL, Costa G. *Redação e textualidade*. São Paulo: Ática, 1991.

CAPÍTULO 7

Escola: espaço de construção da linguagem ou do estigma?[1]

MARIA LÚCIA GURGEL DA COSTA[*]
ERIDEISE GURGEL DA COSTA[**]
EDMILSON LEITE MACIEL JUNIOR[****]

> Educação é o processo pelo qual aprendemos uma forma de humanidade. E ele é mediado pela linguagem. Aprender o mundo humano é aprender uma linguagem, porque os limites da minha linguagem denotam os limites do meu mundo. (Ruben Alves)

Este capítulo surge de reflexões suscitadas ao longo do percurso acadêmico e profissional dos autores. Ao trabalhar com crianças com queixa de atraso no processo de desenvolvimento da linguagem oral e/ou escrita, constatou-se que a literatura frequentemente tendia a sugerir

---

[1] Este capítulo constitui-se de recorte da fundamentação teórica da Tese de Doutorado de COSTA, M. L. G., defendida em 2002, na Faculdade de Educação da USP/SP, intitulada *Benefícios e entraves da inclusão escolar e social de crianças com dificuldades no processo de construção da linguagem*, sob a orientação da Profa. Dra. Marieta Lúcia Machado Nicolau.
[*] Doutora em Educação pela USP/SP; fonoaudióloga e mestra em Distúrbios da Comunicação pela PUC/SP; profa. adjunta IV do Departamento de Fonoaudiologia da UFPE e do Programa de Mestrado e Doutorado em Neuropsiquiatria e Ciências do comportamento; responsável pela disciplina Cognição e Linguagem.
[**] Médica Otorrinolaringologista; doutora em Otorrinolaringologia pela USP/SP; coordenadora da área de Saúde da Faculdade dos Guararapes; e professora do Departamento de Ciências Biológicas da UNICAP.
[****] Mestre em Ciências Políticas pela UFPE; advogado, coordenador do Curso de Relações Internacionais e professor de Direito da cadeira de Criança e Adolescente da ASCES.

a escolarização como um dos caminhos para superação das dificuldades na construção de um discurso próprio, seja ele oral ou gráfico.

Não se pode negar o papel central das diferentes formas de linguagem no contexto escolar, porém é preciso questionar se o educando e a escola falam ou não uma "língua comum". Nicolau (2000, p. 120) propõe que:

> [...] quando a criança se expressa pela linguagem, ela passa a contar com esse instrumento de comunicação, o qual, a partir de então, tornar-se-á um meio que a ajudará a superar os problemas. Desde que nasce, por mais primitiva que seja, a fala é social. Portanto, a atuação do professor pré-escolar pode propiciar condições para as crianças estabelecerem um diálogo contínuo com os membros de sua cultura, organizando o seu pensamento cada vez mais e de maneiras mais complexas.

No contato com os pacientes, porém, a autora identificava um movimento, em boa parte das vezes, contrário ao proposto acima, e surpreendia-se ao perceber que em muitos dos casos eles repudiavam qualquer atividade que sugerisse uma proximidade com propostas, contexto e atividades escolares. Em contrapartida, conheceu pessoas que, mesmo imersas em limitações físicas, viam na escola a possibilidade de libertar-se e livrar-se das amarras que sua limitação física impusera a eles. Nem sempre, porém, isso é o que acontece. Lahire sabiamente explica que:

> Cada ser social particular não apenas se forma enquanto tal nas múltiplas relações de interdependência que estabelece com o mundo e com o outro desde o seu nascimento, como também nas relações que mantém com os outros homens, "passam pelas coisas", isto é, pelos produtos objetivados das formas de relações sociais passadas ou presentes (máquinas, ferramentas, arquiteturas, obras...). A intersubjetividade também não é, portanto, sinônimo de interação entre atores nus e despojados (LAHIRE, 1997, p. 350).

O processo de construção de linguagem é também um processo de intersubjetivação, processo esse que se inicia no nascimento da criança. Existem autores que sugerem que a linguagem surge antes mesmo de a criança nascer, quando esta ainda é apenas falada pelos pais. Nessa linha, esses autores acreditam que as aspirações que se têm a respeito de um filho serão transmitidas à criança na forma como a família dirige-se, ou melhor, refere-se a ela.

Imaginemos uma criança que é vista, pelos pais ou responsáveis, como um ser passivo e totalmente dependente (o que não necessariamente corresponderia à realidade). Esta poderá ocupar o lugar daquele que depende do outro para ser entendida, ou, até mesmo, para sobreviver. Não significa que essa criança esteja "predestinada" a ocupar esse lugar, ou que seja inato a ela ser dependente. Ela, muitas vezes, apenas não experimentou a sensação de ser independente, ou de ter que solucionar suas questões.

Esse processo de constituição linguística começa ainda bebê, quando a criança, imersa em um mundo linguístico, aos poucos vai percebendo que o meio onde vive não é capaz de suprir imediatamente suas necessidades e que, de alguma forma, é preciso agir sobre o mundo para que seja entendida, seja através do choro, de ruídos, do sorriso, na busca de chamar atenção do outro.

O processo de permuta, até que se chegue a um domínio linguístico, é extenso e vai se apurando ao longo do desenvolvimento infantil, devendo estar "completo" (no que se refere ao domínio fonêmico e fonológico) em torno dos cinco anos. Nesse processo, vários elementos estarão envoltos, dentre eles: a audição da criança para, inicialmente, captação dos sons e, posteriormente, dos demais aspectos relativos ao processamento auditivo central; seu sistema neurológico; a cognição da criança, que interferirá na atenção, na descoberta e no domínio da fala; a estrutura emocional da criança; seu meio, que responderá ou não às suas solicitações, e trará ou não à tona o elemento principal para a construção de um discurso próprio que é o desejo (de fazer-se entender, de descobrir as possibilidades de suas produções, de lançar algo seu para ter significado e ser interpretado pelo outro no discurso).

Construir uma partilha de linguagem, porém, é também construir um momento de tensão e de angústia, em que o vazio do som do outro aponta para necessidade de ocupação do espaço sonoro pelo interlocutor. Esse processo, geralmente, vai aos poucos se formando, no início, através da ocupação do espaço por olhares, sons, até que se chegue às primeiras palavras e, por fim, a um discurso mais estruturado. Quando a criança chora e vê suas necessidades atendidas, está começando a postular formas para comunicar o desejo de algo ou o incômodo com alguma coisa.

Da mesma maneira que a criança vai descobrindo o seu lugar no mundo, seus pais também começam a descobrir a possibilidade de exercer a função materna e paterna. A cada criança, novo aprendizado, que será marcado também pelas características pessoais da criança e pela forma como essa responde ao meio e esse responde a ela. Na verdade, existe uma troca constante de movimentos do meio social sobre a criança e da criança sobre o meio.

Enquanto a criança cria sua imagem de filho, por exemplo, seus pais reformulam sua imagem de pais, muitas vezes se surpreendendo com os resultados de suas ações, ou ainda com suas reações às ações da criança.

Para muitos pais a dificuldade de seus filhos remete-os a uma sensação de fracasso, por não terem conseguido propiciar aos filhos a superação das dificuldades. Falamos aqui de autoimagem, tanto dos pais como das crianças, pois se é complicado para a criança não conseguir falar, ou não ver sentido para falar, para os pais pode significar uma "punhalada" na imagem que fazem de si próprios como pais. É necessário levar em conta o que nos alerta Lahire, quando afirma que:

> [...] a "consciência interior" só tem realidade porque é a consciência de um ser em relação e, principalmente, de um ser que tem uma atividade linguística determinada. O homem é social de parte a parte, do princípio e por constituição, porque é um ser em relação e um ser com linguagem (LAHIRE, 1997, p. 350).

Não é raro receber na clínica crianças que têm um vínculo muito especial com seus pais e, principalmente, um tipo específico de pais: pais sedentos em acertar. No contato com a criança, na maioria das vezes, não se identifica nenhum tipo de comprometimento real, seja ele físico, emocional, cognitivo; ela, simplesmente, não percebe necessidade de falar. A qualquer movimento, no caso de pais muito plenos, veem suas necessidades respondidas e acabam, por vezes, tornando-se muito mais motores do que verbais. O que não significa que tenham pais omissos ou desinteressados, mas, pelo contrário, muitas vezes a criança apresenta pais que apenas não desejam vê-la sofrer e que, por isso, se antecipam a suas necessidades.

A consequência natural, no caso citado do parágrafo acima, é que, geralmente, a criança acaba lendo o mundo como uma extensão de si, ou melhor, como feito para si, o que contribui por reforçar seu egocentrismo. Imagine, então, que a esses pais se dê a orientação para que coloquem seu filho na escola (orientação médica, pedagógica, psicológica, fonoaudiológica, entre outras), sugestão que nem sempre é acompanhada de uma percepção da necessidade para os pais. É preciso envolver esses pais no processo para que possam sentir-se agentes das transformações de seus filhos, sempre tendo em vista o que coloca Kupfer:

> Viver com os outros é o que constitui e tece de modo estrutural a teia e o tecido de um sujeito. Se algo na história de uma criança a está impedindo de enodar com o outro, de fazer laço social, então buscar o reordenamento simbólico desse sujeito, tratar dele é, entre outras coisas, levá-lo mais uma vez à trama social, ao meio da rua, às escolas (KUPFER, 2000, p. 113).

Retomemos o processo de constituição de linguagem pela criança. Esta sairá então de um processo em que vê suas necessidades prontamente, ou melhor, antecipadamente atendidas, para outro espaço, local, núcleo de pessoas e, principalmente, para outra dinâmica. Nesse novo local, irá buscar pessoas ou objetos de sua referência.

Imagine como é para uma criança fazer-se entender em um novo local onde se sente descontextualizada e onde suas ações não são prontamente decodificadas, ou, até mesmo, onde ainda ela e seus interlocutores (professor ou outras crianças da sala) não partilham um código comum de comunicação. Elliot (1981) aponta que a compreensão e a emissão das palavras não caminham em conjunto; portanto, do fato de uma criança produzir determinado conteúdo não se pode concluir que ela compreenda seu significado e, vice-versa, que ela pode compreender o significado de um discurso, mas não necessariamente conseguir proferi-lo.

Como já foi apontado anteriormente, o processo de construção da linguagem oral é longo e depende intensamente da díade sujeito e interlocutor. Dessa forma, nas primeiras tentativas de verbalização, o outro (externo a quem produz) acaba por intervir atribuindo um significado que, uma vez aceito por aquele que proferiu o som, passa a se tornar objeto de partilha; assim, determinados conteúdos, uma vez sistematizados, começam a ser interpretados como segmentos com intenção comunicativa ou não. O papel do outro, nesse processo, é fundamental, pois irá marcar a imagem desse no discurso, dando ou não a ele a possibilidade de perceber-se entendido, ou melhor, fazer-se entendido. De acordo com Lahire (1997, p. 18): "Ninguém é 'esperto', ou 'dependente', ou 'fatalista' no vazio. Cada traço que atribuímos ao indivíduo não é seu, mas corresponde mais ao que acontece entre ele e alguma coisa (ou alguma outra pessoa)".

A linguagem é cortada por suas várias possibilidades de ser, por todas as falas que calou quando elegeu um segmento e não outro, pelo que pretende significar, pela sua forma e pelo seu conteúdo. Quanto à sua forma, se a recortarmos em segmentos cada vez menores, que combinados possam produzir um sentido, chegaremos aos fonemas: pequenos segmentos sonoros que por si só não produzem sentido, mas que para existir com sentido dependem da combinação e reunião a outros fonemas (FIORIN, 2003). Falar é muito mais que conseguir produzir de "forma precisa" todos os fonemas. A alquimia de combiná-los está diretamente relacionada ao sentido a que se pretende remeter. Na construção desse sentido, diversos outros fatores que não só a fala estarão implicados. A linguagem é atravessada por diferentes traços, e participar de seu processo de construção é também participar de um processo de descoberta das suas regras implícitas e explícitas. Porém, como nos adverte Charlot, é importante levar em conta que:

> De nada serve ensinar técnicas – por exemplo, o uso de provérbios ou do saber mesmo enquanto sujeito da frase –, se não se construir ao mesmo tempo uma nova relação com a linguagem, novas práticas linguageiras. Em segundo lugar, não se deve esquecer que essa pobreza dos textos é uma consequência da própria natureza da tarefa pedida ao aluno. Não é uma deficiência linguística que ocorre em toda tarefa que exige o uso da linguagem: os mesmos jovens podem mostrar uma linguagem muito mais rica em outras situações, de briga, por exemplo. Todavia, não há dúvida de que eles não dominam o uso escolar da linguagem. Esse uso não apenas permite ser bem-sucedido na escola, mas também possibilita o acesso a universos e atividades intelectuais específicos (CHARLOT, 2000, p. 127).

O processo de construção da fala é singular – não deve ser entendido como passível de se reproduzir – e, principalmente, é complexo demais para poder ser tabulado em planilhas de avaliação, descontextualizadas do funcionamento sociolinguístico do sujeito; além disso, enquanto aspecto particular, parece banal tabulá-la como passível de repetição, uma vez que repetir o discurso não significa compreendê-lo. Segundo Bakhtin (1981), na realidade a língua não é recebida pronta para utilização, mas sim está inserida na corrente da comunicação verbal, cuja consciência "só sai do limbo e desperta graças à sua imersão nessa corrente".

Cada criança, em seu processo particular, vai aos poucos dominando o código verbal, suas regras, seu conteúdo e sua forma, seu estrato subliminar. Numa construção social rica em cumplicidade, o infante aos poucos vai formando sua autoimagem, percebendo-se enquanto falante, sentindo-se capaz ou não de resolver seus impasses através da palavra, ou de outras estratégias linguísticas (gestos, expressões faciais, movimentos corporais etc.).

O rigor do adulto vai variando de acordo, também, com a produção e idade da criança, sendo que, se com um ano ele aceita uma sílaba como significativa do desejo da criança (ex.: /má/), aos 5 anos, ele já não aceitará tal limite, exigindo um discurso mais completo e complexo.

Nesse caminho de descoberta e construção conjunta, a criança apreenderá as regras da língua, sua morfologia, sua estrutura sintática, semântica, suas metáforas e metonímias, seu ritmo, sua melodia, diferentes melodias e diferentes significados (FIORIN, 2003; MUSSALIN e BENTES, 2001).

Todo esse processo leva tempo e, em geral, a criança deverá ter domínio desse funcionamento, podendo exercer juízo de valores metalinguísticos, em torno dos 5 anos de idade. Em todo esse processo, desde o nascimento, a criança está imersa em um mundo linguístico, passando a ser cobrada, cada vez mais, a participar dele. Se ela não estiver segura para fazê-lo, e não lhe propiciarem elementos para tal, provavelmente sua vivência de fala será difícil, o que poderá imprimir-lhe uma autoimagem de mau falante. Estão nesse processo, segundo Marques (1997, p. 132), "fontes fundamentais de fracasso escolar: a relação com a linguagem, que é também relação com o saber, a escola, o mundo, os outros, consigo mesmo".

Assumir o *status* de falante é assumir também um lugar de amadurecimento, o que estabelece que: se percebo o outro externo e separado de mim, é preciso que eu o contextualize sobre o que estamos partilhando no discurso em um processo correferencial de atribuição de sentido (referenciação).

Até chegar ao ponto em que a criança perceba a separação do outro no discurso, ela irá de um momento de total indiferença em relação ao outro (momento que muitas vezes lança segmentos de discurso que exigem do outro um exercício de compreensão sobre a que se refere), até um momento em que, percebendo que o outro não participou da vivência a que se referiu, a criança contextualiza seu interlocutor para, depois, apresentar o que desejava revelar.

Nesse sentido torna-se fundamental ao educador conhecer os costumes e práticas linguageiras do contexto da criança, a fim de entendê-la dentro da perspectiva em que constrói seu discurso; por outro lado, cabe à escola trazer a esta criança recursos para que possa entender as regras que compõem essa outra estrutura discursiva conhecida como norma culta.

Vimos tentando apontar, desde o início deste capítulo, o quanto é complexo construir a linguagem oral e, ao mesmo tempo, quanto essa conquista é colocada num lugar banalizado, e, principalmente, que enquanto se constrói a linguagem oral constrói-se também a autoimagem de falante e de autor no discurso, autoimagem essa que não se encerra aos cinco anos com o domínio do quadro fonêmico e das regras básicas para fala. Marques salienta, ainda, que a língua não é apenas:

> [...] um conjunto de palavras e um sistema sintático, mas também uma cultura, um conjunto de costumes sociais e valores. O que se diz numa língua é também uma certa maneira de viver, de entender o mundo, de relacionar-se com os outros e consigo mesmo. Sendo considerado enquanto um conjunto de palavras e um sistema sintático, a linguagem dos jovens de bairros populares parece pobre e errada. Mas é um erro considerar essa linguagem sem analisá-la com referência a situações nas quais ela é usada e aos objetivos desse uso, o que leva a uma desvalorização da linguagem do jovem, mas também do próprio jovem, de sua classe social, de seu grupo cultural [....]. Como bem se pode ver

no *rap*, esses jovens considerados incapazes de escrever podem produzir textos poéticos e narrativos exprimindo emoções, sentimentos, experiências (MARQUES, 1997, p. 129).

A autoimagem do sujeito linguístico permanece em constante construção, podendo interferir em todo desempenho de vida do sujeito. Quantas vezes não nos deparamos com sujeitos que, no dia a dia, se mostram competentes e resolutos, porém, em situações de reunião ou em que se sentem inferiorizados, não conseguem expor-se; ainda que certos de que seu pensamento seria importante, não conseguem se impor ou se fazer respeitar através da fala. Ou mesmo casos de sujeitos que em sua comunidade relacionam-se com facilidade, porém não o fazem quando imersos em outros grupos com diferentes padrões e contextos linguísticos. Além disso, é importante realçar o exemplo dos cantores de *rap*, que demonstram uma leitura bastante apurada da realidade social, mas quando impostos a realizarem esta análise dentro, por exemplo, dos parâmetros avaliativos de uma norma culta acabam por demonstrar maiores dificuldades.

Em termos metafóricos, quando fala o sujeito transforma o mundo; no próprio processo fisiológico da produção da fala, o sujeito traz o mundo para si através da inspiração, transforma-o através dos processos fisiológicos, respiratórios, elege formas para as estruturas, as quais escolhe para falar, e, por fim, devolve o ar ao mundo, modificado pelos sentidos que remeterá sua fala produzida nesse ato, passando esse sentido ainda pela melodia que atribuir ao som que produzirá e pela participação do seu corpo nesse processo. Os sons da fala de um sujeito, seu espectro de som, sua melodia, poderão ser imitados de forma aproximada, mas nunca serão exatamente iguais aos que o próprio sujeito proferiu, pois constituem uma identidade sonora impossível de ser reproduzida.

Dessa forma, não é apenas estar em um local onde mais pessoas falam – por exemplo, a escola – que fará com que a criança fale. Preocupa-nos, pelos motivos anteriormente expostos, a sugestão, única e exclusiva, da escola como veículo de superação das dificuldades de fala, especialmente quando nesta proposta os pais são colocados à margem do processo de seus filhos, ao passo que poderiam estar dentro dele, participando das escolhas desse local e, principalmente, sendo também chamados a participar da reflexão quanto a que sentidos remetem as manifestações e silêncios linguísticos de seus filhos. Não numa linha de busca de culpados (quando algo neste processo foge à rotina), mas numa cooperação, no sentido de trazer soluções, possibilitando aos pais, professores e à criança ocuparem seu papel de coautores do processo de transformação destes sujeitos.

Todo esse processo, com certeza, implicaria, também, a autoimagem que fariam de si, como pais e agentes do mesmo processo. Nesse sentido, escola e pais fazem uma parceria importante que estabelece também uma continuidade de segurança para a criança que vivenciará a descoberta de um novo espaço, ou o nascimento para um novo ciclo, o "ciclo escolar". A participação dos pais nesse processo poderá propiciar à criança uma passagem segura, e, por outro lado, ninguém melhor do que os pais para conhecer as características de seu filho. Esses pais, uma vez acolhidos pela escola, tendem a sentir-se à vontade para falar de si e de seu filho, dando, assim, pistas preciosas para a descoberta dos caminhos para o conhecimento das características particulares daquela criança e de sua família, pela escola e vice-versa.

A participação dos pais, a persistência dos professores aliada à descoberta de suas habilidades, os caminhos para essa descoberta e os recursos aproveitados constituem a base para o infante ser olhado em suas individualidades, coisa difícil de acontecer na nossa realidade pública escolar atual, na qual os professores precisam muitas vezes dar conta de turmas enormes, onde é difícil até mesmo saber o nome de todos, quanto mais as características pessoais de cada um em seu núcleo familiar. Nessa estrutura, uma criança que não se desempenhe bem, mais do que alguém que pede atenção, é considerada como alguém que foge à rotina do grupo e, portanto, atrapalha a turma e compromete o bom andamento das aulas. Não raramente, essa criança é vista pelo viés do estigma e passa a ser tratada como diferente ou incapaz, vista apenas pelas suas deficiências e apagada em suas eficiências.

Não é novidade ouvir falar em crianças repudiarem determinado esporte por terem sido apresentadas a ele de forma a perceberem-se incapazes de dominá-lo. Do mesmo modo, isso ocorre com a fala e, principalmente, com a escrita, se esta é considerada uma maneira de perseguição, na qual quanto mais escrever, mais a criança estará sujeita ao erro, ou em que se perca o conteúdo para dar lugar à forma. É tão difícil não se prender apenas à forma, esquecendo o conteúdo, como o inverso também é complicado: privilegiar o conteúdo e esquecer-se da forma, posto que a forma inadequada poderá comprometer a compreensão do conteúdo. É preciso estabelecer um equilíbrio entre as duas coisas. Buscando entender a relação entre a linguagem e o fracasso escolar, Charlot propõe uma leitura das práticas linguageiras levando em consideração:

> [...] a tripla dimensão das práticas linguageiras: elas são sociais, subjetivas e mais ou menos eficazes. Não há dúvida de que a escola é um lugar em que existem desigualdades sociais – e, por isso, ela tem de estar atenta a que as práticas de expressão e comunicação dos jovens de bairros populares não sejam desvalorizadas. Mas a escola é também um lugar de aprendizagem, formação, reflexão, um lugar cognitivo ligado à cultura escrita. Ora, os usos cognitivos da linguagem supõem relações com a linguagem, certas posturas do sujeito, certas normas internas das atividades (CHARLOT, 2000, p. 132).

É fundamental que a escola seja considerada efetivamente como um espaço para evolução e construção de linguagem; porém, é necessário estar atento às pistas que a criança dá sobre a escola – se, aos poucos, vai contando sobre ela, se está feliz em frequentá-la, se fala dos seus colegas de sala, se reconhece o nome de seus colegas e outras tantas pistas que apontam que está segura naquele local – e, principalmente, incluir, ou melhor, "não excluir" os pais desse processo. O ponto-chave à ocupação deste papel pela escola é propiciarmos aos alunos o entendimento de que a linguagem permite:

> [...] ao mesmo tempo dizer, fazer e ser, dizer o mundo, fazer textos, ser enquanto se é o autor desses textos. Constatamos em nossas pesquisas que os alunos fracassam quando eles não podem entrar nessas práticas linguageiras, nessa relação com a linguagem. Não se deve esquecer que essa relação com o mundo, a vida, os outros, consigo mesmo. O desafio é escolar, mas é igualmente social. Ao entender que falar e escrever é também fazer e ser, pode-se entender que falando e escrevendo trata-se igualmente de mudar o mundo e de mudar-se, notadamente de diminuir as desigualdades sociais entre os que falam dentro do mundo e os que falam sobre o mundo (CHARLOT, 2000, p. 133).

Para construção de uma habilidade ou do conhecimento pela criança, é preciso a combinação de vários fatores: ser desafiada, ser motivada, desenvolver atividades contextualizadas, ser chamada a participar, sentir-se respaldada, ver seu trabalho reconhecido, reconhecer os limites e regras para ocorrência e ter condições para realizar o que lhe foi proposto. Para tudo isso, é necessário um educador implicado no processo e também vivendo os mesmos fatores antes descritos. Acima de tudo, é preciso dar tanto ao educador quanto ao educando a possibilidade para, como diria Nicolau (1986), a "Construção da Autonomia".

PRÁTICAS LINGUAGEIRAS: RELAÇÕES COM O PROCESSO DE CONSTRUÇÃO DO CONHECIMENTO E LINGUAGEM

Falamos anteriormente sobre práticas linguageiras, mas é preciso questionar em que consistiriam estas práticas e de que forma elas poderiam interferir no processo de construção do conhecimento e da linguagem. Diferentes autores na Educação trouxeram grandes contribuições para reflexão deste tema. Para este capítulo tomamos como referência a discussão proposta por Charlot (2000), que propicia uma leitura concreta das diferentes nuances da inserção destas práticas no contexto escolar.

Em primeiro lugar, devemos definir a que se referem tais práticas: as práticas linguageiras referem-se às diferentes formas de expressão características de diferentes grupos; poderíamos dizer que seriam os "jargões", termos e regras específicos de determinado grupo que remetem a um *éthos*, relativo aos valores e sentidos próprios deste grupo.

Quando falamos de práticas linguageiras também nos referimos às praticadas pela escola; porém, alertamos que estas nem sempre correspondem ao *éthos* cultural do aluno. À escola cabe o difícil papel de, ao mesmo tempo que valoriza a linguagem popular do aluno, não perder de vista seu compromisso em apresentar a este outras formas de linguagem, fundamentais, a serem conhecidas pelo educando.

As práticas linguageiras não se constroem aleatoriamente; na verdade, elas são pautadas por regras e sugerem uma estrutura coerente com a proposta do grupo ao qual pertencem. Charlot verifica que:

[...] falar ou escrever não é aplicar regras. Trata-se de outra coisa, de uma prática que envolve o conteúdo do texto, o gênero desse texto, a situação de expressão e comunicação, uma atividade intelectual, uma dada posição no mundo do sujeito falando. Falar, escrever não é dominar o sistema da língua, ao menos não é apenas uma questão de sistema. Falar, escrever é fazer uma certa coisa, é desenvolver uma prática específica, prática essa chamada pelos pesquisadores de prática linguageira (CHARLOT, 2000, p. 128-129).

Mais do que um conjunto de regras, as práticas linguageiras remetem a um significado, a um conceito de valores socialmente construído. Vicentin (1992), em sua dissertação de mestrado, trabalha com relatos de menores infratores; em um desses relatos a criança conta: "Posso aprender o seu sotaque, Dona, mas não entender o que você fala!". Charlot (2000, p. 131) afirma que "falar sobre práticas linguageiras é insistir sobre a atividade de um sujeito social em situação [...]. Pelo fato de a prática linguageira ser social, ela é estruturada por normas que variam conforme os meios sociais".

A autora chama a atenção para as possíveis reações do educando, quando este se vê desvalorizado em sua linguagem popular, destacando que:

[...] a desvalorização da linguagem popular do aluno gera efeitos negativos. Na sala de aula, o aluno sofre de uma imagem negativa e não ousa mais falar. O que está desvalorizado é sua própria identidade e seu próprio grupo, de tal modo que às vezes o aluno opõe-se à própria escola, até com violência, notadamente verbal. À violência simbólica da escola, ele responde com sua própria violência simbólica.

Charlot registra, como um caminho possível à escola, a proposição de atividades que transcorram no sentido da valorização das capacidades linguísticas do aluno, através de instrumentos que tragam à tona as funções expressivas e comunicativas, diretamente relacionadas aos sentidos e valores que compõem a identidade do grupo ao qual a criança pertence. Porém, a mesma autora alerta para a injustiça de privar este grupo do conhecimento de outras práticas peculiares, quando nos fechamos só a práticas relativas à cultura popular deste aluno. Ao fechar-se apenas na abordagem às práticas populares, o aluno é privado de conhecer outras práticas, que poderão permitir a ele:

> [...] entrar em novos universos intelectuais, entender melhor o mundo, a vida e si mesmo, e portanto lhe permite atingir novos graus de liberdade. Mas iniciar os jovens naquelas novas práticas não é fácil, porque eles fazem questão de falar como falam. Seu jeito de falar diz a sua identidade. Ao mudar essas práticas, eles arriscam trair, trair o grupo e trair-se, ainda que ampliem o leque de suas relações com o mundo, com os outros, consigo mesmos (CHARLOT, 2000, p. 130).

À escola cabe a difícil tarefa da equilibração e mediação entre a norma culta, as práticas linguageiras do aluno e o conhecimento de diferentes outras práticas. Poderíamos também relacionar a esta tarefa o papel da escola na descoberta, junto aos seus alunos, dos diferentes gêneros discursivos. Levando em conta que a relação com a linguagem é também uma relação com o saber, a experimentação dos diferentes gêneros de discursos, usos e costumes das práticas linguageiras exige do aluno:

> [...] sair de uma relação imediata com a linguagem, entender que a linguagem não serve simplesmente para dizer o que é o mundo, mas também permite construir universos intelectuais, desenvolver uma atividade intelectual específica (CHARLOT, 2000, p. 132).

Em todo esse processo, é fundamental considerarmos que a criança deposita na escola também um componente afetivo, muitas vezes relacionado até mesmo às suas vivências pessoais. A experimentação de práticas como a da leitura, no contexto familiar, será ressignificada posteriormente e poderá potencializar uma vivência prazerosa no espaço escolar. Lahire aponta que:

> [...] quando a criança conhece, ainda que oralmente, histórias lidas por seus pais, ela capitaliza – na relação afetiva com seus pais – estruturas textuais que poderá reinvestir em suas leituras ou nos atos de produção escrita. Assim o texto escrito, o livro, para a criança, faz parte dos instrumentos, das ferramentas cotidianas através das quais recebe o afeto de seus pais. Isto significa que, para ela, afeto e livros não são coisas separadas, mas que estão bem associadas (LAHIRE, 1997, p. 20).

Conhecer o histórico da criança, aproximar-se de seus valores e rotinas familiares, pode também trazer experiências positivas que, transmitidas entre pares (de um aluno para o outro), poderá resultar numa nova leitura quanto ao lugar da escola para os alunos em geral.

A tarefa hercúlea do professor refere-se à leitura desses diferentes conteúdos, que se distanciam e se aproximam das práticas escolares corriqueiras, bem como de suas práticas linguageiras. Um caminho para essa conciliação está na proposta de um aprendizado cooperativo, no qual as crianças possam trocar entre si tais experiências, sem que a escola perca de vista sua meta outra, que é a de instigar o aluno também ao conhecimento e à utilização das práticas relativas aos universos intelectuais (ALVES, 2001).

Uma questão que vem povoando nossas reflexões é a seguinte: quando a criança não fala, em que perspectivas estes contextos se inserem?

E QUANDO A FALA CALA? CALA OU GRITA?

Em primeiro lugar, é impreterível não perder de vista que: "Não conseguir falar não significa não ter o que dizer". O fato de a criança não falar, por si só, já conta sobre algo. Porém, é preciso considerar o fato de que a escola, em geral, não está preparada para receber e trabalhar com criança que não consegue expressar-se verbalmente, ainda que ela o faça de outras formas.

O primeiro desafio a ser vencido é descobrir os recursos utilizados por esta criança para fazer-se entender por seus pais e pessoas de seu círculo de convivência; identificar de que forma ela é contada por seus pais, como a interpretam e principalmente que leitura fazem de suas manifestações.

Em entrevistas com pais de alguns pacientes, estes relatam a apreensão em deixar o filho na escola, quando este não fala; além disso, não raramente se defronta com o relato dos pais de que a escola estaria transparecendo uma expectativa de rendimento aquém da capacidade de seus filhos realizarem, quando muitas vezes a estes eram propostas atividades diferenciadas das do resto do grupo, as quais os pais tinham clareza de referir-se a conteúdos que já há muito teriam sido apropriados pelos filhos.

Uma importante questão que se apresenta quando a criança não fala refere-se à busca das respostas a este fato. Em geral, nessa busca tende a três posições comuns: a primeira diz respeito à busca de uma resposta orgânica (um estigma, uma marca); outra relação que se estabelece é quanto à cognição dessa criança, que muitas vezes é vista como portadora de um déficit; e por último, questiona-se sua "sanidade mental". Quaisquer desses rótulos nos parecem estigmas difíceis de serem transpostos, ou melhor dizendo, "vencidos". Em boa parte das vezes, essas crianças, juntamente com seus rótulos, são deslocadas a instituições correcionais ou assistenciais. Nesse sentido Marques propõe:

> [...] a instituição correcional ou assistencial assume um duplo papel social: por um lado ela difunde a ideia de que o trabalho ali desenvolvido visa proteger e preparar o desviante para uma futura reintegração na sociedade; por outro lado, ela reforça a prática social da identificação e da segregação sociais, mantendo os diferentes à margem do contexto social. O próprio termo reintegração já traz implícita a ideia da desintegração. Só é possível reintegrar alguém que foi desintegrado do contexto social e está sendo novamente integrado (MARQUES, 1997, p. 20).

O desempenho da criança em relação à fala em geral acaba se tornando um sinalizador do seu possível rendimento no contexto escolar, sinalizador este que nem sempre é justo; não raramente encontramos crianças com um bom domínio corporal e cognitivo, porém com dificuldades na fala, que nada tem a ver com a audição ou cognição, mas, principalmente, relacionam-se à não identificação por parte da criança da necessidade de usos da linguagem oral.

Jerusalinsky (2001), em seu capítulo "Sintomas na infância", relata a história de uma criança que demonstrava dificuldades em tramitar dentro das regras de linguagem e seus usos e que, à medida que conseguiu organizar-se em relação ao próprio simbolismo e ao simbolismo familiar, foi capaz de, finalmente, materializar suas ideias através da palavra, passando, só nesse momento, a finalmente construir significados comuns e remeter seus interlocutores aos sentidos passíveis de serem partilhados através do discurso.

A suspeita auditiva é fortemente relacionada às questões de atraso no processo de construção da fala, sendo, portanto, comum relacionar as questões relativas ao atraso na fala a alterações auditivas. Por outro lado, não se pode negar que o déficit auditivo certamente interferirá nas condições de desempenho verbal, principalmente quando este é diagnosticado tardiamente. Atualmente contamos com instrumentos diagnósticos de custo relativamente baixo, porém, ainda assim, os recursos para o atendimento gratuito à população são escassos, o que dificulta o diagnóstico e a prescrição de adaptações necessárias a uma melhor qualidade de vida e educação do infante.

Consideramos este ponto, acima referido, fundamental para entender o percurso percorrido por dois dos sujeitos estudados nesta tese – Renata e Jonas –, que chegaram ao módulo de atendimento às questões de linguagem depois de terem sido encaminhados para indicação de aparelhos de amplificação sonora individuais (AASI) e acompanhamento no módulo de audiologia educacional; entretanto, quando submetidos a avaliação audiológica (objetiva e subjetiva): Renata demonstrou audição normal e Jonas apresentou infecção na orelha média, que, uma vez tratada, passou a ter audição normal. É importante frisar que Jonas já vinha sendo tratado pela família e escola como deficiente auditivo, sendo que esta última foi quem o encaminhou à indicação de aparelho. Quanto à Renata, por ter tido um quadro de meningite na infância e não falar, fora matriculada em uma escola especializada (EMEDA), que questionou, a partir de seu comportamento, se realmente apresentaria déficit auditivo e a encaminhou para avaliação junto aos recursos públicos, tendo demorado quase um ano para que esta conseguisse um recurso gratuito e fosse finalmente avaliada; só então, após a identificação da ausência de déficit auditivo, foi encaminhada a uma escola municipal de ensino comum.

Alguns aspectos saltam aos olhos. O primeiro refere-se à carência de recursos junto à saúde pública para suporte e acompanhamento de casos específicos que demandam uma abordagem multidisciplinar junto à escola. Este fato é importante de ser levantado, pois a escola depende de uma rede de intercâmbio e apoio para que se possam proceder às adaptações essenciais à inclusão do educando com necessidades educacionais especiais.

O segundo aspecto alude à questão do estigma estabelecido na vivência de uma "patologia socialmente construída", no caso de Jonas especificamente. Veremos mais adiante que, apesar de comprovada a sua acuidade auditiva, ele continuava a ser tratado por sua avó como deficiente, sendo que em uma das entrevistas com a terapeuta ela relatou:

> [...] ele só não é surdo com você; eu falo, falo e falo e muitas vezes ele não responde; médico disse que ele teve infecção no ouvido; vai ver que vai e volta a infecção, assim ele fica surdo hoje e ouve amanhã, cada dia é uma coisa (relato da avó).

No seguimento do trabalho, sua avó finalmente aceitou o diagnóstico de não alteridade de seu neto, porém, próximo à conclusão da pré-escola, ela iniciou nova discussão defendendo o encaminhamento de seu neto a uma escola que dispusesse de classe especial, indo na contramão da proposta de sua professora e de sua terapeuta, de que ele estava alfabetizado e já acompanhava sem grandes dificuldades os colegas nas atividades escolares. Neste caso, havia vários aspectos envolvidos a serem discutidos. Destacamos aqui, porém, a força do "rótulo" que muitas vezes cega de forma tão intensa que impede o outro de enxergar até o que é visível a "olho nu".

O estudo empírico dos casos acompanhados traz consigo a clareza de que a inclusão só se fará de forma efetiva quando algumas condições forem respeitadas:

1. A formação de uma sociedade que entenda a igualdade de direitos de seus cidadãos.
2. Viabilizar a melhoria das condições de saúde, seja na prevenção, diagnóstico ou promoção de saúde e reabilitação.
3. Que a educação seja uma meta de governo e possa ser olhada em suas reais necessidades, assim como seus educandos.
4. Que o educando possa ser visto mais pela perspectiva da competência, sem que suas necessidades deixem de ser observadas; seria acreditar e, ao mesmo tempo, ter presente o problema a ser superado ou minimizado.

5. Que as escolas sejam adaptadas e reorganizadas em relação à formação de pessoal, aos contatos com a comunidade, espaço físico, mobiliário.

6. Que se efetive a criação de uma rede de troca entre diferentes profissionais, para que possam ser partilhadas sugestões e informações referentes aos alunos.

7. Estabelecimento de ações que promovam a integração e a quebra de barreiras sociais, incluindo terapeutas, professores e familiares.

8. Que o acesso a recursos como livros, sistemas de informática e outros materiais possa ser viabilizado e implementado pelos professores

9. Que o investimento na formação continuada de professores seja meta dos governos.

10. Que haja continuidade nas políticas educacionais, independentemente das mudanças de gestões governamentais.

11. Que a epistemologia na educação e os construtos filosóficos que norteiam as ações educacionais possam ser partilhados entre os diferentes profissionais, pois a inclusão só será real quando entendida em sua essência e aceita enquanto concepção de vida.

Existem instrumentos específicos, tais como exames e avaliação multiprofissional, que contribuem para leitura das dificuldades e possibilidades do educando, para, a partir de então, procederem-se às necessárias adaptações (quanto a espaço físico, captação de conhecimentos e instrumentos, preparação de pessoal, encaminhamentos necessários, intermediação multiprofissional e familiar) para um aproveitamento efetivo da proposta escolar. Porém, não devemos perder de vista que buscamos o sintoma em um sujeito e não o oposto, sendo que só é possível desvendar o perfil desse sujeito à luz de todas as inter-relações que este estabelece, o que revela que o sujeito não pode ser reduzido ao seu sintoma, ao seu rótulo; ele é muito mais do que isso. Seu sintoma faz parte da constelação de fatos que rodeiam este sujeito e só fazem sentido se inter-relacionados ao seu contexto pessoal. Dessa forma, o sintoma de linguagem é muitas vezes a forma que a criança apresenta para "contar" que algo precisa ser revisto e, portanto, "quando a fala cala, nem sempre cala" (enquanto mensagem); muitas vezes esta grita que algo precisa ser revisto, porém só é possível entender "o quê" se reconstruirmos a teia de inter-relações e significados desta criança em seu sintoma.

REFERÊNCIAS BIBLIOGRÁFICAS

ALVES, R. *A escola que sempre sonhei sem imaginar que pudesse existir.* Campinas: Editora Papirus, 2001.

BAKHTIN, M. *Marxismo e filosofia da linguagem.* São Paulo: Martins Fontes, 1981.

CHARLOT, B. Práticas linguageiras e fracasso escolar. *Estilos da Clínica – Dossiê*: educação e inclusão escolar. São Paulo: Instituto de Pedagogia da Universidade São Paulo, v. 5, n. 9, 2. sem. 2000.

ELLIOT, A. *A linguagem da criança.* Rio de Janeiro, Zahar Editora, 1981.

FIORIN, J. L. (org.). *Introdução à linguística I*: princípios de análise. São Paulo: Contexto, 2003.

JERUSALINSKY, A. Carta aberta aos pais acerca da escolarização das crianças com problemas de desenvolvimento. *Revista Escritos da Clínica*, Porto Alegre, n. 6, 2001.

KUPFER, M. Por que ensinar quem não aprende? *Estilos da Clínica – Dossiê*: educação e inclusão escolar. São Paulo: Instituto de Pedagogia da Universidade São Paulo, v. 5, n. 9, 2. sem. 2000.

LAHIRE, B. *Sucesso escolar nos meios populares*: as razões do improvável. São Paulo: Ática, 1997.

MARQUES, C. A. Integração: uma via de mão dupla na cultura e na sociedade. In: MANTOAN, M. T. *Contribuições da pesquisa e desenvolvimento de aplicações para o ensino inclusivo de deficientes mentais.* São Paulo: Editora Senac Mamnon, 1997.

MUSSALIN, F.; BENTES, A. C. *Introdução à linguística*: domínios e fronteiras. São Paulo: Cortez, 2001. v. 1.

NICOLAU, M. L. M. *A educação pré-escolar*: fundamentos e didática. 9. ed. São Paulo, Ática, 2000.

_____. *A integração de atividades no processo de alfabetização sem cartilha, em duas escolas da cidade de 1º Grau*. Tese de Doutorado. FEUSP, São Paulo, 1986.

VICENTIN, M. C. *Fronteiriços*: uma geopolítica da delinquência. Mestrado em Psicologia Social pela Pontifícia Universidade Católica PUC-SP, São Paulo, 1992.

CAPÍTULO 8

Avaliar rima com ensinar? Uma análise da compreensão leitora de poemas no livro didático do Ensino Médio[1]

Helio Castelo Branco Ramos[*]
Lívia Suassuna[**]

---

[1] Este trabalho é uma versão ligeiramente modificada de uma comunicação apresentada no IX ENIL (Encontro Nacional de Interação em Linguagem Verbal e Não verbal), intitulada "Trouxeste a chave? Um estudo sobre a compreensão leitora de poemas no livro didático do Ensino Médio", em setembro de 2010. Foi desenvolvido, originalmente, na disciplina Análise e Produção de Material Didático de Língua Portuguesa (graduação em Letras, 1º semestre 2010), sob a orientação da Profa. Dra. Beth Marcuschi, e é parte integrante de uma pesquisa mais ampla desenvolvida no âmbito do Programa de Educação Tutorial (PET) do curso de Letras da UFPE.

[*] Licenciado em Letras pela Universidade Federal de Pernambuco. Atua como professor de Língua Portuguesa e Literatura Brasileira na rede privada de ensino de Pernambuco nos níveis médio e fundamental. Desenvolve trabalhos na área de Linguística Aplicada ao ensino de língua e literatura maternas, com enfoque no estudo da compreensão leitora de textos literários. Durante a graduação, foi monitor das disciplinas Prática de Ensino de Português 1 e 2 e também membro do Programa de Educação Tutorial de Letras.

[**] É graduada em Licenciatura Plena em Letras – Habilitação Português, pela Universidade Federal de Pernambuco (1981). Nessa mesma instituição cursou especialização em Linguística Aplicada ao Ensino de Português. Fez mestrado em Língua Portuguesa pela Pontifícia Universidade Católica de São Paulo (1989) e doutorado em Linguística pela Universidade Estadual de Campinas (2004). Atualmente é professora adjunta do Centro de Educação da Universidade Federal de Pernambuco, onde leciona, na graduação e na pós-graduação, disciplinas relacionadas ao ensino-aprendizagem de língua portuguesa. E-mail: livia.suassuna@ufpe.br.

MOTE

A escolarização da leitura do texto literário vem sofrendo uma série de críticas no âmbito acadêmico, já que, à semelhança do que ocorre com os textos não literários, há um processo de descaracterização dos gêneros textuais, uma vez que estes atendem a necessidades comunicativas específicas nos seus domínios discursivos de origem. Desse modo, os professores vivem uma realidade bem complexa, que é a de tentar reproduzir essas necessidades em sala de aula, a fim de que seus alunos encarem e vivenciem o processo de leitura e produção de texto como formas de interação com outros sujeitos.

No que se refere à leitura do texto literário em particular, há um consenso entre os estudiosos de que a escola tem desenvolvido um ensino *sobre* a literatura, mas não *da* literatura. Este diz respeito à vivência do texto por meio de sua leitura e compreensão; já aquele, ao estudo da obra literária, visando à análise de sua organização estética. Essas duas atividades estão diretamente relacionadas, já que, ao experienciar a leitura do texto literário, o aluno também deveria ser formado para que pudesse reconhecer a dimensão estética da literatura. Todavia, a escola parece dissociar essas duas atividades, priorizando o reconhecimento de características e de recursos estilísticos típicos de determinada escola ou movimento literário em detrimento da leitura do texto enquanto ato enunciativo no qual essas características e recursos se articulam na construção do sentido global do texto (MARTINS, 2006).

A dissociação dessas duas esferas na formação do leitor do texto literário está ligada a uma tradição no ensino de literatura que envolve uma complexidade de fatores, entre eles: ausência ou precariedade de bibliotecas nas escolas, o que dificulta a leitura de textos na íntegra; lacunas na formação dos professores de língua e literatura maternas, como, por exemplo, uma tímida reflexão sobre a escolarização do texto literário;[1] por fim, talvez um dos mais graves, um processo sócio-histó-

---

[1] Na obra *Língua e literatura: uma questão de ensino*, Ciana Leahy-Dios (2001) chama a atenção para o fato de que as disciplinas de didática específica precisam apresentar uma sólida reflexão teórica que gere uma metodologia para o ensino de língua e literatura, como também uma análise crítica do currículo da educação básica. Recentemente, o curso de Letras da UFPE passou por uma reforma curricular, que entrou em vigor no ano de 2010, porém nenhuma das disciplinas

rico de rebaixamento profissional que tem levado os professores a uma alienação no que toca à autoria de suas aulas.

A soma desses fatores, associada muitas vezes a um contato menos íntimo com o texto literário, leva o professor a pelo menos dois caminhos no trabalho com esse texto: um descaso – que pode ser observado, por exemplo, nas práticas didáticas em que as escolas literárias são "apresentadas" pelos alunos através de seminários ou mesmo no espaço que os professores reservam (quando reservam) a aulas expositivas no final das unidades letivas – ou a mera execução das atividades do livro didático (LD).

O uso do livro didático não é ponto pacífico entre os estudiosos[2] do assunto. Concordamos com o fato de que a adoção do LD possa tornar o professor alheio à autoria de suas aulas, e também com críticas mais específicas relacionadas ao trabalho de formação do leitor do texto literário, como as formuladas por Pinheiro (2006), que aponta a quantidade reduzida de textos literários, a fragmentação e o trabalho desarticulado entre as figuras de linguagem e o sentido global do texto. Todavia, não podemos deixar de reconhecer que esse recurso didático pode ser também um aliado do trabalho do professor, visto que hoje já existem obras que trazem uma abordagem mais centrada na leitura do texto. Programas governamentais como o PNLD (Programa Nacional do Livro Didático) e as atuais demandas de ensino têm contribuído para que o livro didático vá, paulatinamente, incorporando as discussões realizadas na academia.

A distribuição de livros didáticos no Ensino Médio é algo bem recente na escola pública, e no ensino particular há uma forte tendência ao ensino apostilado, que pode guardar certa relação com o livro didático, uma vez que muitas apostilas parecem uma colagem de atividades de livro didático. Por ser ainda um tema pouco explorado nesse nível de ensino, bem como pelo prestígio que esse recurso didático assumiu na

---

obrigatórias de metodologia se ocupa especificamente do estudo em torno da transposição didática do texto literário. O aluno que tiver interesse poderá cursar uma disciplina eletiva, Metodologia do Ensino de Literatura, aprovada também há pouco tempo pelo colegiado de Letras, no ano de 2005.

[2] João Wanderley Geraldi aprofunda essa discussão numa entrevista intitulada "Livro didático de língua portuguesa: a favor ou contra?", publicada na revista *Leitura: teoria e prática*, em 1987.

escola, a leitura do texto literário no livro didático merece uma maior investigação.

Dessa maneira, nosso estudo visa analisar o modo como o material linguístico é explorado nos exercícios de compreensão leitora no processo de modelagem de habilidades de leitura. Partimos do pressuposto de que, para realizar a compreensão de um texto, o leitor precisa lançar mão de uma série de habilidades que são acionadas através de índices formais presentes no texto.

PRIMEIRA ESTROFE: UM ESPAÇO PARA A FUNDAMENTAÇÃO TEÓRICA

A metodologia empregada no ensino da leitura de poemas (como a de qualquer objeto de ensino) não se faz dissociada de questões teóricas; por isso, é importante pensar nos pressupostos da Teoria da Literatura e da Linguística que têm servido de base ao ensino de leitura no nível médio.

Nas discussões ligadas à Teoria da Literatura, uma das ideias que ainda gera muita controvérsia no meio acadêmico e tem grande importância no ensino é a questão da *literariedade* do texto literário, que poderia, didaticamente, ser resumida em dois grandes paradigmas: um baseado na estrutura do texto e outro centrado na interação entre leitor e texto.

O primeiro paradigma aposta na literariedade como algo imanente ao texto, um uso incomum da linguagem, que, pelo seu caráter de novidade, causa um *estranhamento* no leitor do texto, fazendo com que ele tenha a possibilidade de encarar determinado aspecto do real sob uma nova ótica, tão diferenciada quanto a linguagem empregada no texto, ou mesmo possa ver algo que ainda não tenha percebido no real, só revelado a partir do estranhamento que a linguagem proporciona. Um dos exemplos das teorias ligadas a esse paradigma são os trabalhos realizados por Roman Jakobson, sobretudo, a noção de *função poética*, adotada por parte dos manuais didáticos do Ensino Médio.

O segundo paradigma leva em consideração que a literariedade não é algo apenas imanente ao texto, mas construído na leitura do texto, portanto, resultado de um processo de interação entre leitor e texto. Não é negada a latência de elementos formais no texto, porém essa latência não fala por si mesma, precisa ser atualizada pelo leitor. Assim, esse paradigma não refuta a importância dos aspectos formais do texto, pois isso seria negar o elemento estético da literatura; todavia, busca avaliar a importância do papel do leitor na construção da literariedade. Entre os teóricos que defendem esse paradigma, encontramos Fish (LAJOLO, 2008).

A nosso ver, o segundo paradigma parece oferecer uma perspectiva mais adequada ao ensino de leitura literária, levando-se em conta o processo de didatização que o texto sofre, o qual faz com que o ato de leitura deixe de ser algo individual para se tornar uma atividade coletiva, passível de ser planejada e executada pelo professor dentro de circunstâncias espaciais e temporais (e por que não dizer também sociais e políticas?) específicas. Nesse caso, faz sentido, inclusive, falar de *letramento literário*,[3] uma vez que a escola é responsável por fazer com que os alunos se apropriem dos mecanismos de interpretação do texto literário; por isso, assim como Lajolo (2008, p. 45), acreditamos que

> [...] os elementos de que se constitui a especificidade do poema estão na linguagem e na medida em que a linguagem é uma construção da cultura, para que ocorra a interação entre o leitor e o texto, e para que essa interação constitua o que se costuma considerar uma *experiência poética*, é preciso que o leitor tenha possibilidade de percepção e reconhecimento – mesmo que inconscientes – dos elementos de linguagem que o texto manipula.

Só discordamos da autora acerca do grau de consciência dos elementos de linguagem que o texto manipula, uma vez que acreditamos que um aluno do Ensino Médio já disponha de um grau de cognição em que a percepção e o reconhecimento desses elementos possam ocorrer de forma consciente. Daí a necessidade de realizar atividades de leitura

---

[3] Esse termo parece ter ganhado bastante notoriedade a partir da obra *Letramento literário: teoria e prática*, de Rildo Cosson. Com esse termo, o autor pretendeu diferenciar duas atitudes em relação à formação do leitor: uma ligada à tradição, voltada para o estudo da História da Literatura, em que são abordadas características e técnicas de estilos literários como meros recursos formais, e outra, a do letramento, em que o aluno é levado a vivenciar a experiência estética do texto na sua relação com a sociedade.

de poemas que tenham como foco o desenvolvimento de habilidades de compreensão leitora, isto é, atividades que possibilitem ao aluno a oportunidade de ir, gradativamente, desenvolvendo sistematizações capazes de fazer com que ele sofistique os mecanismos de interpretação que já possui e operacionalize a leitura de modo proficiente.

A construção dessas atividades, por sua vez, pode buscar elementos nos pressupostos da Linguística de texto, já que os estudos realizados através dessa corrente visam, de um modo geral, investigar "os processos e regularidades gerais e específicos segundo os quais se produz, constitui, compreende e descreve o fenômeno texto" (MARCUSCHI, 1983, p. 2). Na base das discussões em torno da compreensão leitora de um texto, encontram-se subjacentes pelo menos mais duas noções: a de *língua* e a de *sujeito*.

Segundo Koch e Elias (2006), a noção de compreensão leitora pode ser entendida conforme três grandes paradigmas: como *captação das ideias do autor*, *decodificação* ou *processo de interação*. No primeiro caso, a língua é encarada como expressão do pensamento de um sujeito totalmente consciente do seu dizer, cabendo ao leitor apenas a busca das intenções do autor do texto. No segundo caso, toda a explicação do processo comunicativo repousa no sistema linguístico, por isso, a língua é encarada como um código usado por um sujeito que, comparado ao anterior, não possui plena consciência do seu dizer; já o código possui uma transparência que fala por si mesma; como resultado, o processo de leitura resume-se à busca das informações explícitas no texto. Finalmente, no terceiro caso, a língua é encarada como um processo de interação entre sujeitos que se constroem e são construídos nessa interação, o que deixa o texto com várias lacunas a serem preenchidas através do contexto sociocognitivo dos sujeitos. Dessa maneira, a compreensão de um texto é construída com base nos elementos linguísticos e na sua organização na superfície do texto; porém, além desses elementos, o leitor precisa mobilizar outros sistemas de conhecimento durante o processamento textual.

Compreender um texto, portanto, é uma atividade bastante complexa, que extrapola a leitura das informações explícitas, já que todo material linguístico é produzido numa situação comunicativa específica, gerando um *contexto* que precisa ser reconstruído no ato da leitura, pois as circunstâncias presentes na escrita de um texto não são as mesmas em que se dá a sua leitura. Assim, é possível falar num *contexto de produção* e num *contexto de uso*, que são concomitantes apenas na oralidade.

A noção de contexto que adotamos é a de contexto sociocognitivo, que presume o compartilhamento ao menos parcial, por parte dos interlocutores, de um conjunto de elementos presentes em diferentes sistemas de conhecimento, a saber: o linguístico, o enciclopédico e o interacional.

Em virtude da necessidade de integrar esses diferentes sistemas no ato de compreensão textual, a leitura dos elementos linguísticos explícitos no texto precisa ser encarada como um dos recursos de um processo de construção de sentido bem mais amplo, que seria o inferencial. Sobre o papel das inferências nesse processo, Marcuschi (2005, p. 157) afirma:

> A contribuição essencial das inferências na compreensão de textos é funcionarem como provedoras de contexto integrador para informações e estabelecimento de continuidade do próprio texto, dando-lhe coerência. As inferências funcionam como hipóteses coesivas para o leitor processar o texto. Funcionam como estratégias ou regras embutidas no processo. Não se pode, pois, definir e medir a compreensão pela quantidade de texto reconstruído pelo leitor, pois ler compreensivamente não é apenas reproduzir informações textuais, nem parafrasear. Isto seria o mesmo que supor que compreender um texto seria traduzi-lo em outro equivalente, de modo unívoco, já previsto pelo original.

Assim sendo, no processo de interação do leitor com o texto, há uma série de relações que precisam ser traçadas entre as informações explícitas em si e entre essas informações e o repertório dos sistemas de conhecimentos enciclopédicos e interacionais, acumulados na memória do leitor. É por meio dessas relações entre os diferentes sistemas de conhecimento que as inferências geram a criação de novas informações para um texto.

SEGUNDA ESTROFE: ESCLARECENDO O PERCURSO METODOLÓGICO

O *corpus* da pesquisa aqui relatada é composto de exercícios de compreensão leitora de poemas extraídos do primeiro volume de duas obras didáticas do Ensino Médio. Foram analisadas 248 questões no total (sendo 100 da primeira obra e 148 da segunda), visto que alguns exercícios se dividiam em subquestões; porém, na maioria dos casos analisados, essas subquestões não estavam inter-relacionadas, por isso, cada subquestão foi catalogada como uma questão independente. Além disso, selecionamos autores que tivessem produzido obras revisadas nas últimas décadas – *Língua, Literatura e produção de textos*, de José de Nicola, e *Português: linguagens*, de William Roberto Cereja e Thereza Cochar Magalhães –, já que o ensino de língua e literatura tem sido arduamente questionado desde a década de 1980 e talvez essas revisões possam apresentar propostas alicerçadas nesse debate.

Na análise dos exercícios, consideramos os seguintes aspectos: (a) a possibilidade de o aluno desenvolver uma leitura inferencial dos poemas, isto é, tentamos verificar se os exercícios permitiam que o aluno promovesse uma integração entre os diferentes sistemas de conhecimento no processo de interação com o texto, e (b) a formulação dos comandos dos exercícios, buscando ver se eles ajudavam o aluno a desenvolver de modo sistemático estratégias de leitura e mecanismos apropriados de interpretação no processo de interação com esses poemas.

TERCEIRA ESTROFE: O ENCONTRO DOS PESQUISADORES COM OS DADOS DA PESQUISA

Primeiro verso

O livro *Língua, Literatura e produção de textos* apresenta um total de trinta poemas (incluindo textos na íntegra e fragmentos), distribuídos em três unidades, sendo um poema em cada uma das primeiras unidades e o restante, na última, intitulada "Formando o leitor e o produtor de textos: os textos artísticos". Essa unidade apresenta um trabalho de leitura do texto literário cuja organização didática se dá por meio da história da literatura. Além dessa organização, a obra também apresenta outra tradição presente nos livros didáticos, que é a fragmentação no ensino de gramática, leitura e produção de textos. Não é à toa que as duas primeiras unidades são intituladas, respectivamente, "Formando o leitor e o produtor de textos: as estruturas gramaticais dos textos" e "Formando o leitor e o produtor de textos: os textos do cotidiano".

A primeira apresenta uma abordagem dos recursos gramaticais que oscila entre uma perspectiva funcionalista, ou seja, proporciona a análise da função e dos efeitos de sentido que esses recursos podem mobilizar na leitura de um texto, e outra tradicional (que acaba prevalecendo na obra), em que há uma preocupação com a ênfase no reconhecimento e na nomenclatura desses recursos; já a segunda, em linhas gerais, apresenta a discussão de alguns conceitos da linguística, tais como língua, tipos de linguagem, funções da linguagem, intertextualidade e coesão e coerência textuais, bem como a leitura de textos de diferentes esferas discursivas, cuja finalidade é, sobretudo, verificar a aprendizagem desses conceitos. Além disso, ainda na segunda unidade, verificamos um tímido trabalho de produção de textos, composto da reprodução das propostas de exames vestibulares de diversas instituições.

O trabalho de compreensão leitora de poemas, se utilizada a divisão do livro em unidades, sofreria certo prejuízo, uma vez que, concentrando-se na última unidade, ocorreria apenas nos meses finais do ano letivo. Esse talvez não seja o problema mais sério encontrado com relação à compreensão leitora presente nesta obra didática, na seção "Lendo os textos", mas sim a formulação dos enunciados dos exercícios, pois eles raramente propõem caminhos para que o aluno-leitor desenvolva estratégias para operacionalizar a compreensão do texto.

Ao analisar as questões propostas pelo LD, observamos algumas que poderiam ser resumidas em pelo menos cinco grupos, baseando-nos nos possíveis objetivos implícitos ou explícitos nos comandos dos enunciados, a saber:

a) *Localização de informações explícitas* – os comandos dessas questões não oferecem a possibilidade de o aluno desenvolver nenhum horizonte de leitura, porque solicitam apenas que ele repita ou copie algo dito no texto. Ex.: 5.[4] *Além de Onã, que outro nome próprio temos no poema?* (p. 304).

b) *Identificação de elementos formais* – bom exemplo do que alguns teóricos vêm criticando acerca do ensino de leitura do texto

---

[4] Esse número corresponde ao número da questão do exercício citado. Nos casos em que se tratar de uma subquestão, citaremos o número acompanhado da letra que corresponde à subquestão.

literário são os comandos dessas questões, pois eles apresentam apenas a preocupação de que o aluno encontre no poema determinadas características e técnicas de um estilo ou movimento literário desvinculadas da análise de construção do sentido global do texto. Os comandos solicitam do aluno a mera cópia de fragmentos do texto em que tais aspectos se encontram e, dessa forma, acabam por não desenvolver um horizonte mais amplo de leitura, assim como os comandos presentes nas questões do grupo anterior. Ex.: *1. b) Aponte exemplo de paronomásia no poema de Camões* (p. 282).

c) *Avaliação de inferências* – as questões organizadas nesse grupo possuem uma natureza inferencial, pois as suas respostas demandam uma integração entre os diferentes sistemas de conhecimento (linguístico, enciclopédico e interacional) no processo de construção de sentido. No entanto, os comandos dessas questões permitem apenas que o professor cheque se o aluno já domina alguma habilidade de leitura, mas não favorecem a construção e a aprendizagem de tal habilidade. Ex. *4. Releia atentamente o poema e responda: qual seria a maior contradição, o maior paradoxo do poema?* (p. 341).

d) *Ensino de inferências* – não obstante os comandos dessas questões possam ser pouco claros ou mesmo mal formulados, já é possível perceber uma preocupação em chamar a atenção do aluno para que ele articule os diferentes sistemas de conhecimento no processo de construção de sentido, gerando, assim, informações que não estão na superfície do poema, mas latentes e acessíveis a partir dessa articulação. Ex.: *2. Faça uma análise da primeira estrofe da Lira XIX a partir dos adjetivos usados por Gonzaga* (p. 379).

d) *Outras* – as questões presentes nesse grupo apresentam comandos que, de tão óbvios, são praticamente autorrespondíveis; solicitam uma análise metalinguística dos poemas, isto é, informações acerca do nome da composição poética, do número de estrofes ou versos; ou exigem do aluno respostas pessoais. Com relação aos dois primeiros casos, temos questões que são frágeis, porque, a exemplo das questões classificadas nos grupos (a) e (b), trabalham com um nível baixo de leitura. Já as últimas não são de todo inválidas, pois é importante que o aluno possa opinar diante de um texto, colocar-se enquanto sujeito; contudo, é necessário que os comandos das questões ofereçam ao professor a possibilidade de avaliar a compreensão leitora do aluno. Nesse sentido, as poucas ocorrências desse tipo de questão se mostraram adequadas, porque exigiam do aluno uma justificativa, cabendo ao professor solicitar ao aluno a construção de argumentos baseados nos diferentes sistemas de conhecimento em favor de sua opinião. Ex.: *2. c) você concordaria com a afirmação de que o poema "Beba coca-cola" é uma "antipropaganda"? Justifique sua resposta.*

A tabela apresentada a seguir servirá para que possamos visualizar melhor a distribuição das questões de compreensão leitora conforme os grupos supracitados:

Tabela 1 – Classificação das perguntas de compreensão leitora com base no objetivo de seus comandos – LD *Língua, Literatura e produção de textos*

Objetivos das perguntas de compreensão	Quantidade	%
1. Localização de informações explícitas	6	0,06
2. Identificação de elementos formais	23	0,23
3. Avaliação de inferências	31	0,31
4. Ensino de inferências	36	0,36
5. Outras	4	0,04

Podemos notar na tabela que as questões relacionadas com o ensino de inferências aparecem em maior número, o que poderia levar a crer que estamos diante de uma obra de boa qualidade didática. Entretanto, devemos levar em consideração pelo menos dois aspectos: a clareza na construção dos enunciados das questões e a inter-relação entre cada uma dessas questões.

No LD em questão, de modo geral, as questões que classificamos como sendo de ensino de inferências se apresentam claras no que se refere ao tipo de operação que o aluno deverá realizar diante do texto, porém essas questões são minoria no conjunto das questões de compreensão leitora de um determinado poema. Além disso, elas acabam convivendo com outras questões com as quais não se articulam. Por vezes, os objetivos pretendidos são tão distintos (p. ex.: localização de informações explícitas, identificação de elementos formais e avaliação de inferências), que se pode correr o risco de não contribuir na sistematização de habilidades de leitura por parte do aluno.

Apresentamos alguns exercícios a seguir, a fim de ilustrar a presença dos aspectos anteriormente referidos. Esses exercícios têm como base o poema "A Jesus Cristo Nosso Senhor", de Gregório de Matos.

A Jesus Cristo Nosso Senhor

Pequei, Senhor, mas não porque hei pecado,
Da vossa alta clemência me despido;
Porque, quanto mais tenho delinquido,
Vos tenho a perdoar mais empenhado.

Se basta a vos irar tanto pecado,
A abrandar-vos sobeja um só gemido:
Que a mesma culpa, que vos há ofendido,
Vos tem para o perdão lisonjeado.

Se uma ovelha perdida e já cobrada
Glória tal e prazer tão repentino
Vos deu, como afirmais na Sacra História,

Eu sou, Senhor, a ovelha desgarrada,
Cobrai-a; e não queirais, Pastor Divino,
Perder na vossa ovelha a vossa glória.

> 1. Considerando os aspectos formais do texto, responda:
> a) Qual o nome desse tipo de composição poética?
> b) Qual o esquema de rima utilizado pelo poeta?
> c) Quantas sílabas poéticas tem cada verso? Faça a divisão silábica dos dois primeiros versos.
> 2. Aponte três antíteses usadas por Gregório de Matos no poema. Elas se concentram em que estrofes?
> 3. *Delinquido*, no texto, aparece como sinônimo de que palavra?
> 4. Percebe-se nitidamente que o texto teve origem num conflito vivido pelo eu poético. Explique-o.
> 5. O eu poético faz seu discurso para um interlocutor específico: Cristo. Quais os indicadores gramaticais que justificam a afirmação?

As questões 1 e 2 exigem do aluno o domínio da nomenclatura de classificação dos gêneros poéticos e a identificação de determinados aspectos estruturais e linguísticos, no caso, os esquemas de construção da métrica e da rima, e a presença de figuras de linguagem. Precisamos deixar claro que não nos opomos à exploração desses aspectos, pelo contrário, só que eles têm de ser evocados quando são responsáveis pela produção e compreensão de determinado efeito de sentido no poema. Questões dessa natureza trazem subjacente uma redução do conceito de literariedade, uma vez que se voltam à identificação de aspectos formais que tornariam a linguagem dos poemas algo incomum; porém, esse uso incomum da linguagem não se resume à identificação das formas, pois toda forma veicula um determinado conteúdo que requer essa forma, de maneira que forma e conteúdo se encontram imbricados. Assim sendo, a avaliação da compreensão leitora, ao mobilizar elementos formais dos poemas, precisa conduzir o aprendiz a refletir sobre a sua contribuição na construção do sentido global.

A questão 3, se possuísse um enunciado mais bem formulado, com comando claro para o aluno, poderia ser uma oportunidade para que ele percebesse que é possível chegar ao significado de algumas palavras a partir da exploração do seu contexto de uso. Uma das estratégias para que o aluno encontrasse um sinônimo para a palavra "delinquido", por exemplo, deveria ser analisar a relação que ela estabelece no todo do poema, sobretudo, como elemento de retomada do termo "Pecado".

Nas duas primeiras estrofes, a ação de pecar ganha um destaque no poema, visto que foi topicalizada, pois é o modo como a voz lírica avalia a sua atitude "pecadora" que compõe o núcleo discursivo do poema. Na terceira e quarta estrofes, encontramos uma justificativa para essa atitude: *Porque, quanto mais tenho delinquido,/ Vos tenho a perdoar mais empenhado*; se analisarmos o aspecto verbal da construção em que o termo "delinquido" aparece, perceberemos que se trata de uma ação praticada no passado e que continua a ser praticada no presente. Assim, o leitor que não conhece o significado desse termo poderia percebê-lo como um elemento de retomada para uma ação já enunciada anteriormente e que possui extrema importância na construção dessa justificativa, daí a sua relação com o termo "pecado", também usado no particípio. Só perguntar ao aluno qual é sinônimo não ensina a formular essa relação de sinonímia. Trata-se de um trabalho que poderia oferecer a oportunidade de o aluno refletir sobre o sistema de conhecimento linguístico, porque ele iria analisar de que modo determinadas relações morfossintáticas constroem a referenciação e a sequência argumentativa do poema.

A questão 4 é de base inferencial, contudo, apenas oferece a possibilidade de o professor checar se o estudante é capaz de perceber o conflito da voz lírica, na medida em que não elucida o percurso que deve ser feito a fim de se construir a resposta à pergunta. O autor trata da identificação do conflito vivido pela voz lírica como algo "nitidamente" perceptível, como se houvesse uma transparência no texto e o processo de compreensão se resumisse a uma retirada de informações. Além disso, não existe relação alguma desta com as questões anteriores, dificultando, portanto, um trabalho sistemático com o ensino de compreensão.

A questão 5, por sua vez, embora apresente previamente uma interpretação do poema, o que leva o aluno a desenvolver um grau mínimo de leitura, pois limita-o a parafrasear o texto a partir do enunciado da questão, já aponta caminhos: é necessário analisar determinados aspectos gramaticais para reconhecer o interlocutor da voz lírica do poema. Sendo mais bem formulada, essa questão poderia, inclusive, ativar o sistema de conhecimento interacional do aluno, para que ele inferisse que as formas gramaticais usadas pela voz lírica remetem para um tratamento cerimonioso.

Segundo verso

O livro *Português: linguagens* apresenta um total de vinte e oito poemas (incluindo textos na íntegra e fragmentos), distribuídos em quatro unidades, sendo seis poemas em cada uma das duas primeiras unidades, quatro na terceira e o restante na última. Os títulos dessas unidades – "A literatura na Baixa Idade Média", "História social do Classicismo", "História social do Barroco" e "História social do Arcadismo" – poderiam, numa leitura desatenta, sugerir a exclusividade do estudo do texto literário ou, ainda, o estudo de História da Literatura. Não é o que acontece, uma vez que a obra contempla o estudo de uma diversidade de gêneros textuais e a organização diacrônica da obra é justificada pelos autores como uma "questão didática". De fato, reconhece-se no livro um esforço para que a História da Literatura seja um instrumento a serviço da compreensão do texto e não o foco de estudo.

Se comparado com o manual *Língua, Literatura e produção de textos*, no que diz respeito ao estudo de gramática e de produção de texto, é possível perceber a mesma tensão entre uma abordagem funcionalista e outra tradicional; no entanto, a primeira parece prevalecer, já que os autores reservam um bom espaço à análise dos efeitos de sentido produzidos pelos recursos gramaticais em textos diversos. Além disso, também podemos observar o trabalho com determinados conceitos da linguística (distribuídos em capítulos dispersos pelas quatro unidades), que são apreendidos por meio de exercícios, e tais conceitos são usados como recursos para a análise de textos. A produção de textos, por sua vez, é trabalhada com base em gêneros textuais de diferentes esferas discursivas, porém, nem sempre a obra consegue dar uma dimensão mais social ao trabalho, limitando-se ao estudo de aspectos formais.

No tocante ao trabalho de compreensão leitora, também podemos verificar questões que apresentavam enunciados com objetivos semelhantes aos encontrados no LD *Língua, Literatura e produção de textos*, a ponto de produzirmos uma tabela com os mesmos itens, que apresentamos a seguir.

Tabela 2 – Classificação das perguntas de compreensão leitora com base no objetivo de seus comandos – LD *Português: linguagens*

Objetivos das perguntas de compreensão	Quantidade	%
1. Localização de informações explícitas	15	0,10
2. Identificação de elementos formais	35	0,24
3. Avaliação de inferências	52	0,35
4. Ensino de inferências	39	0,26
5. Outras	7	0,05

Todavia, se do ponto de vista estatístico as obras parecem iguais na maioria dos itens e o percentual de questões classificadas por nós como sendo de "ensino de inferências" se mostre menor no LD *Português: linguagens*, o mesmo não pode ser dito no que diz respeito à sistematização dos roteiros de questões de compreensão dessa obra, haja vista o fato de que esses roteiros possuem menos questões desarticuladas umas das outras do que no LD *Língua, Literatura e produção de textos*. A fim de observamos melhor tal fato, analisaremos um roteiro com questões de compreensão leitora proposto para o mesmo poema.

1. No texto, o eu lírico dirige-se diretamente a Cristo, falando de si mesmo ou comparando seus defeitos às virtudes de Cristo.
a) Inicialmente, como o eu lírico se coloca diante de Cristo?
b) Para ressaltar as qualidades de Cristo perante a fraqueza da condição humana, o autor emprega várias antíteses nas duas primeiras estrofes. Faça um quadro comparativo com palavras ou expressões que caracterizam o eu lírico e aquelas que caracterizam Cristo.
c) Levando em conta a presença do vocativo ("Senhor"), do imperativo ("Cobrai", "não queirais") e o tom de humildade e arrependimento do início do poema, responda: a que tipo de texto se assemelha o poema?
2. É comum no conceptismo barroco o emprego de parábolas que servem de exemplo ou de argumento para fundamentar um princípio. Parábola é uma narrativa curta que transmite um conteúdo moral.
a) Identifique a parábola existente nas duas últimas estrofes.

b) Por que essa parábola serve para ilustrar a situação do eu lírico?
3. O eu lírico, em linguagem cerimoniosa e distanciada, inicialmente se mostra arrependido e submisso a Cristo. Aos poucos, porém, faz um jogo de linguagem que inverte a posição de ambos, chegando a chantagear Cristo na última estrofe. De acordo com essa estrofe:
a) Como se dá essa inversão de papéis?
b) O que Cristo perderia caso não perdoasse ao eu lírico?
4. Com base no que se aprendeu até aqui acerca da linguagem barroca, você diria que o texto é cultista ou conceptista?

Depois de uma breve contextualização no enunciado da questão 1, a subquestão (a) tem por objetivo avaliar se o aluno é capaz de perceber a relação que se instaura entre a voz lírica e Cristo nesse poema. Como é possível que o aluno não tenha sequer percebido essa relação, as subquestões seguintes vão chamando a atenção do aluno para "pistas textuais" que ele deverá observar para construir a resposta, evidenciando assim a necessidade de formar um leitor que age estrategicamente diante de um texto. A subquestão (b), por exemplo, apesar de antecipar a interpretação do leitor, sugere que, para construir essa interpretação, é preciso que o leitor analise as predicações em torno dos "atores" desse poema; para tanto, solicita que ele monte um quadro comparativo. Por fim, a subquestão (c), embora busque avaliar se o aluno consegue perceber semelhanças entre as marcas linguísticas desse poema e as de uma oração, o que é muito importante em se tratando da estética barroca, reforça a necessidade de que devemos recorrer aos diferentes sistemas de conhecimento no processo de construção de sentido, já que, nesse caso, faz-se necessário que o aluno recorra ao conhecimento sobre o funcionamento e a composição dos gêneros textuais (sistema interacional) e confronte-os com o poema em questão para que possa perceber a relação de semelhança entre ambos.

Na questão 2, o trabalho de compreensão leitora se conduz a partir da relação do poema com uma parábola, demonstrando para o aluno a necessidade de que o seu conhecimento enciclopédico integre um repertório de textos previamente escritos aos textos que lê e com os quais o texto lido dialoga. A nosso ver, o segundo exercício é bem elaborado, pois, partindo da explanação do conceito de parábola, mobiliza o aluno na busca de uma referência intertextual que é crucial para a construção de sentido do poema – é o caso da subquestão (a). Outro aspecto positivo é que as subquestões não trazem esse significado já interpretado para o aluno, apenas induzem a percebê-lo, haja vista o tom genérico que a subquestão (b) assume, solicitando inclusive uma justificativa para a resposta, justificativa essa que deverá ser autorizada pelos elementos dos textos já analisados anteriormente pelo aluno para que seja considerada válida.

Não obstante o enunciado da questão 3 interprete parcialmente a ideia global do texto, as subquestões exigem que o aluno trace uma série de relações de cunho inferencial para respondê-las. É necessário, por exemplo, perceber, primeiramente, o que representa o resgate da ovelha na dimensão simbólica da parábola, para, em seguida, analisar o uso que o poeta faz dessa referência intertextual.

Ao ser criticado pelos fariseus e pelos escribas por seu contato com pecadores, Jesus Cristo compara os pecadores arrependidos por seus pecados a uma ovelha perdida, que, depois de encontrada pelo seu pastor, é exibida aos amigos e vizinhos com alegria, em prol do discurso de que todo pecador arrependido por seus pecados merece o perdão divino. A voz lírica do poema, por sua vez, assume-se na condição de ovelha e retoma, pois, esse discurso cristão. Contudo, subverte-o na medida em que, ao invés de se arrepender por seus pecados, propõe uma "chantagem" a Cristo: se ele não a perdoar por seus pecados, perderá a sua divindade, visto que, já na primeira estrofe, se delineia uma relação de proporcionalidade entre as variáveis pecado e perdão. Dessa forma, a voz lírica espera ter o mesmo destino da ovelha, não obstante apresente uma atitude diametralmente oposta.

A questão 4 tem o seu mérito por valorizar uma das dimensões mais importantes do texto literário, a estética, mas parece estar presente no exercício um resquício da tradição do ensino de literatura – a mera identificação de características de uma estética literária –, visto que essa dimensão já foi contemplada ao longo dos outros exercícios. Além do mais, nos outros exercícios ela foi encarada como um processo responsável pela construção de sentido; já nesta questão é encarada apenas como elemento formal, haja vista o fato de que se requer apenas a classificação do texto como pertencente à linguagem cultista, conceptista ou ambas ao mesmo tempo (como é o caso do poema aqui discutido).

Analisado o conjunto do roteiro de questões, percebe-se que os autores do LD inicialmente se preocupam em avaliar se o aluno é capaz de, autonomamente, construir sentido para o poema em análise, para somente em seguida ir, gradativamente, orientando a leitura do aluno, apontando determinados aspectos que deverão ser levados em consideração. Embora essa orientação de leitura dos autores já apresente uma interpretação prévia do poema, ela não chega a ser algo negativo, porque ensina os mecanismos dos quais os alunos deverão lançar mão durante a leitura de um poema. Essa gradação não pode ser percebida no LD *Língua, Literatura e produção de textos*, em que as questões não possuem uma coesão, de forma que o aluno possa ir sistematizando uma maneira de operacionalizar a leitura de um poema.

CHAVE DOURADA

Se considerarmos o *corpus* analisado, não podemos mais afirmar que, contemporaneamente, os exercícios de compreensão leitora do livro didático se limitam à identificação de informações explícitas no material linguístico dos poemas a serem estudados. Já é possível observar exercícios que oferecem a possibilidade de o aluno construir inferências, orientadas por comandos que podem levar esse aluno à consciência de que ele precisa realizar determinadas estratégias para que a interpretação de um poema se concretize.

As obras apresentam ainda um forte vínculo com a tradição do ensino de leitura literária, já que um terço das questões é dedicado à identificação de características por si mesmas ou à localização de informações explícitas na superfície dos poemas, como se apenas o processamento de informações explícitas e da estrutura formal de um poema desse conta de sua interpretação.

Além disso, podemos perceber que não é apenas a quantidade de exercícios que ensinam inferências ao aluno que garante um bom trabalho de formação do leitor, uma vez que as questões precisam apresentar uma inter-relação e a formulação de seus enunciados deve estar clara para o aluno, a fim de que ele tenha condições de sistematizar diferentes modos de operacionalizar a leitura de um poema. Assim sendo, o LD *Português: linguagens* parece ser a melhor obra nesse sentido, não obstante faça com que o aluno muitas vezes desenvolva um horizonte mínimo de leitura, já que sua atividade se resume à construção de paráfrases da interpretação previamente realizada pelos autores. Ainda assim, não encaramos essa atitude como totalmente negativa, pois o professor tem de lidar com um aluno que, na maioria das vezes (mesmo no Ensino Médio), nem sequer possui familiaridade com a leitura de poemas; por isso, acreditamos que esse aluno possa começar realizando essa atividade de paráfrase e aos poucos construir estratégias que o vão tornando um leitor proficiente e autônomo.

O grande desafio, portanto, colocado aos autores de livro didático, bem como a nós, professores, é refletir acerca da configuração de exercícios de compreensão leitora de poemas que superem a mera identificação de elementos formais e a localização de informações explícitas, considerando, assim, o poema como um mediador de um ato enunciativo entre poeta e leitor. Além disso, as questões não podem somente se resumir a avaliar se aluno já domina determinadas estratégias de leitura (o que não quer dizer que questões com esse caráter sejam dispensáveis), mas precisam dialogar com outras de modo a permitir que ele seja capaz de aos poucos ir construindo estratégias diversificadas de leitura. Isso só é possível com enunciados bem construídos e inter-relacionados e, para tanto, faz-se necessário, sobretudo, um investimento na formação de um professor que, entre tantos aspectos, domine bem os pressupostos da Linguística e da Teoria da literatura, e possa encarar a avaliação como uma prática que rima com o ensino.

REFERÊNCIAS BIBLIOGRÁFICAS

CEREJA, William Roberto; MAGALHÃES, Thereza Cochar. *Português*: linguagens. São Paulo: Atual. 2008. v. 1.

KLEIMAN, Angela. *Oficina de leitura*: teoria e prática. São Paulo: Pontes, 2007.

KOCH, Ingedore Villaça. *Desvendando os segredos do texto*. São Paulo: Cortez, 2002.

_____; ELIAS, Vanda Maria. *Ler e compreender*: os sentidos do texto. São Paulo: Contexto, 2006.

LAJOLO, Marisa. *Do mundo da leitura para a leitura do mundo*. São Paulo: Ática, 2008.

MARCUSCHI, Luiz Antônio. *Produção textual, análise de gêneros e compreensão*. Recife: Departamento de Letras, UFPE, 2005. Mimeo.

_____. *Linguística de texto*: o que é e como se faz. Recife: Departamento de Letras, UFPE, 1983. Mimeo.

MARTINS, Ivanda. A literatura no Ensino Médio: quais os desafios do professor? In: BUNZEN, Clecio; MENDONÇA, Márcia (org.). *Português no Ensino Médio e formação do professor*. São Paulo: Parábola, 2006. p. 83-102.

NICOLA, José de. *Língua, Literatura e produção de textos*. São Paulo: Scipione, 2009. v. 1.

PINHEIRO, Hélder. Reflexões sobre o livro didático de literatura. In: BUNZEN, Clecio; MENDONÇA, Márcia (org.). *Português no Ensino Médio e formação do professor*. São Paulo: Parábola, 2006. p. 103-116.

CAPÍTULO 9

A influência da fala na produção escrita de alunos do primeiro ano do Ensino Médio

Ana Carla Estellita Vogeley[*]
Marígia Ana de Moura Aguiar[**]

INTRODUÇÃO

A língua portuguesa escrita possui muitas irregularidades, que podem ser explicadas pelas diversas influências e mudanças sofridas por essa língua em toda a sua história.

Segundo Silva (2002, p. 10):

> [...] a língua portuguesa carrega, na escrita, a tradição de um passado marcado por uma história de um latim modificado graças às circunstâncias nas quais se desenvolveu intimamente ligadas a fatos que ocorreram na história geral da Península Ibérica.

O latim foi implantado na Península Ibérica pelos romanos. Havia, na região peninsular, a classe aristocrática, os "patrícios", que possuíam os poderes e os privilégios, e a grande massa de habitantes, os "plebeus". Essa diferença social teve implicações na língua, dando origem a dois tipos de latim: o clássico e o vulgar (COUTINHO, 2002). O primeiro

---

[*] Doutoranda em Linguística pela Universidade Federal da Paraíba (João Pessoa) e professora no curso de Fonoaudiologia da UFPB-JP.
[**] Professora doutora do Mestrado em Ciências da Linguagem da Universidade Católica de Pernambuco. Pesquisadora do CNPq.

era utilizado pelos grandes escritores latinos, e o último, naturalmente, pelas classes inferiores.

Merece destaque o fato de que, tendo o latim escrito se estabelecido como a única língua de cultura, enquanto o falado evoluiu rapidamente, diversificando-se, "as consequências habituais do descompasso da grafia em relação à pronúncia ficam comprovadas pela complexidade de determinadas evoluções fonéticas cujas grafias não conseguiram acompanhá-las" (SILVA, 2002, p. 16).

No século XIX, de acordo com a história, inicia-se o isolamento do galego em relação ao português. No século XVI, o galego-português é utilizado apenas na língua falada e evolui foneticamente, distanciando-se cada vez mais do português. Dessa forma, é extinto o galego e o português é firmado como língua nacional em, praticamente, todo o território português.

O português europeu sofreu evoluções fonéticas importantes, desde o século XIV até os dias de hoje. Dentre essas, destaca-se o fenômeno da hiatização, que proporcionou um enriquecimento do sistema fonológico das vogais; a unificação das palavras terminadas em -ã, -o, -an e -on, convergindo para -ão todas as grafias primitivas da língua. Também se destacam a simplificação do sistema das sibilantes, o processo da monotongação, o desaparecimento de [ts], que se confundiu com o [s] e a redução das vogais átonas [ê] e [ô]. Outras inovações foram a mudança do [ê] para [a] antes de iode ou consonantal, e a mudança dos ditongos nasais que aparecem em posição final nas palavras em -em ou -ens.

A língua portuguesa, com a ocupação do Brasil pelos portugueses, foi implantada neste país ainda com forte influência do português arcaico. Contudo, essa implantação não se deu de forma simples, pois, na época, a língua oficial local era o tupi – língua falada pelos índios, povo que ocupava o país. Além disso, muitos escravos africanos passaram a habitar o Brasil.

Essa era a situação linguística da época, em meio à qual índios e mestiços africanos eram obrigados a aprender o português, que passou a ser a língua oficial das cidades maiores. Dessa forma, toda a população passa a utilizar o português 'de forma transformada', devido a seus antigos hábitos, "gerando, assim, um dialeto crioulo tupi" (SILVA, 2002).

Devido a essas mudanças ocorridas como consequência da própria história da língua, o sistema ortográfico oficial passou por várias reformas, constituindo, no ensino da escrita, uma dificuldade para o aluno, refletida na ocorrência de erros durante a apropriação do sistema de escrita da língua portuguesa. Somem-se a isso as variedades de uso, tanto geográficas quanto sociais, características do português brasileiro.

Para Viana (2000), a língua é decorrente de leis fonéticas, que percorrem todo um processo de transformação, de leis externas, como no caso dos empréstimos linguísticos (estrangeirismos), além do próprio usuário, que dá sentido à língua. Segundo a autora, as principais mudanças na morfologia são:

- Variações decorrentes de fatores fonético-fonológicos (Ex.: brabo → bravo, andando → andano).

- Variações decorrentes de empréstimos linguísticos (Ex.: advogado → adevogado → advogado).

- Variações decorrentes de arcaísmos, formas antigas, que deixaram de ser usadas e são resgatadas pela literatura (Ex.: poer → pôr).

- Variações na fala, que envolvem o contexto histórico-social, a necessidade de normatizar a ortografia (Ex.: os peixe tão nadano).

É importante ressaltar que, no Brasil, a questão da língua sempre foi, sobretudo, um problema social de grande relevância, dada a sua própria história (LEITE, 1999), o que vai se refletir não apenas na fala como na escrita.

A relação fala-escrita tem se revelado um campo profícuo na investigação de problemas relativos à ortografia, particularmente nos erros resultantes de variações sociais.

A língua escrita não tem apenas a função de registrar a fala, mas comunicar alguma mensagem (CAPOVILLA; MACEDO; CHARIN, 2002). Para Stubbs (1980 apud MARCUSCHI, 2000), a fala, que ocorre antes da escrita, é responsável pela definição da identidade social do indivíduo e é inerente a ele, enquanto a escrita, responsável por fornecer um maior prestígio àquele que a domina, segue um padrão, o que não permite a expressão da identidade de quem a produz.

Estas duas entidades estão diretamente relacionadas. De acordo com a norma culta, essas relações são analisadas com base em dicotomias. Em estudos mais recentes, porém, tem sido observada uma relação de continuidade entre fala e escrita, em que as duas são normatizadas e multissêmicas, ou seja, são acompanhadas, respectivamente, de gestos e prosódia, cor e tamanho. Nesta visão, a escrita não representa a fala, descartando, assim, a ideia de dicotomias (MARCUSCHI, 2000).

Marcuschi (2000) esclarece ainda que a oralidade e a escrita não são duas formas diferentes de acesso aos fenômenos mentais e extramentais. São duas formas de exposição, mas não dois sistemas cognitivos paralelos, eliminando-se, assim, a possibilidade da existência dessa dicotomia. Dessa forma, a escrita não pode ser concebida como uma mera representação da fala, mas sim uma representação complementar com relativa autonomia semiológica e não cognitiva; em outras palavras, a escrita é um modelo de representação da língua, assim como a fala.

Nessa perspectiva, a linguagem é concebida como uma atividade social e cognitiva, que dispõe, além de outros recursos não verbais, de duas modalidades de língua – a fala e a escrita –, as quais comungam com alguns aspectos linguísticos comuns.

No entanto, é importante perceber a diferença entre língua e linguagem para compreender a posição da escola sobre a própria linguagem. Se os PCN (Parâmetros Curriculares Nacionais) definem a linguagem como sendo um processo onde as pessoas se constituem – se o que o outro diz tem valor, é o outro mesmo quem tem valor –, então deveria haver uma teoria sobre valores, pois ressaltá-los pode levar a um preconceito.

Muitas vezes a língua é ensinada de modo ao aluno apropriar-se dos conceitos e das regras, que são justamente os itens que constam na gramática – ensinamentos prescritivos. Na verdade, deveria haver uma valorização de todos os aspectos que fazem parte do uso da língua, uma explicação dos fatos linguísticos e uma aplicação da língua em situações específicas. A não valorização desses fatores linguísticos e socioculturais é o que pode levar ao preconceito linguístico, que ocorre na maioria das escolas. Sendo assim, sabe-se por que o preconceito linguístico ocorre em ambientes escolares, já que a própria definição de linguagem pelos PCN relaciona o uso linguístico com ideias de prestígio e preconceito, não havendo, portanto, respeito pelas variedades linguísticas. Dessa forma, fica claro que o ensino de língua portuguesa deve levantar questões sobre os processos internos e externos da formação da língua, bem como relacionar as formas ortográficas com a fala e a escrita (VIANA, 2000).

É a partir, então, dessa visão de que a língua faz parte da cultura de um povo que se levam em consideração, então, as variações linguísticas e as produções individuais, peculiares a cada usuário da língua. Dessa forma, o discurso passa a ser concebido numa dimensão sociocultural.

Algumas dificuldades são encontradas na aplicação de alguns parâmetros, na escola, como: indefinição do interlocutor (para quem está escrevendo?), falta de especificidade em alguns temas tratados, definições técnicas, detalhamento em alguns assuntos e vagueza em outros e falta de preparo dos professores. Além disso, não há uma definição explícita do que é oralidade e sua relação com a escrita. Não há sugestão da dimensão exata que tem o trabalho com a oralidade.

Normalmente, a escola costuma tratar a aquisição da língua escrita como um processo onde a criança aprende a relacionar letras e sons. Mas a fala não se restringe a sons e a escrita tampouco a letras. O que ainda existe é a falsa ideia de que a escrita transcreve a fala, é uma mera transposição da fala para o papel na forma gráfica, quando na verdade há uma relação de continuidade entre ambas. Elas se completam, são modalidades diferentes, mas envolvem processos linguísticos semelhantes (MARCUSCHI, 2000).

É verdade que na fala a circunstância de produção exige muito menos formalidade que na escrita, e, portanto, a escrita dispõe de recursos linguísticos refinados, mais susceptíveis às leis da gramática.

Segundo o autor, a fala não se serve da escrita para seu planejamento em condição alguma. Além disso, a fala também usufrui de processos cognitivos e planejamentos, como a escrita; sendo assim, o desenvolvimento das habilidades que contribuem nesse processo ocorre para ambas as modalidades, uma com mais formalidade, outra com menos.

Ele ainda argumenta sobre a falsa ideia de que a escrita requer mais habilidades metalinguísticas que a fala. Na fala, a metalinguagem também está presente, até porque uma fala, dependendo do contexto, pode atingir um maior grau de formalidade que a escrita, estando, portanto, mais submetida a reflexões sobre os aspectos linguísticos.

No processo de passagem da língua oral para a língua escrita, pode-se realizar uma transcrição ou, ainda, uma retextualização. No caso da transcrição, ocorre uma transcodificação, ou seja, o texto é passado da forma sonora para a gráfica sem que a linguagem ou o conteúdo seja modificado. O texto sofre uma neutralização e perde seu caráter original, sua identidade. Na retextualização, uma atividade bastante comum e não mecânica, há mudanças na linguagem. Nela estão envolvidas algumas operações complexas, tais como compreensão, reescrita e reformulação.

De acordo com Catach (1996 apud MARCUSCHI, 2000), a relação entre o texto oral e o texto escrito ocorre no plano das formas (língua) e dos processos (discurso), além de ser realizada em quatro níveis (RAY-DEBOVE, 1996, apud MARCUSCHI, 2000):

- Substância da expressão: relaciona-se com a correspondência entre letras e sons;
- Forma de expressão: diferenças entre a forma de falar e a forma de escrever;
- Forma do conteúdo: unidades significantes orais e escritas, que se equivalem, porém têm realizações diferentes (Ex.: fala – "Tu visse?"; escrita – "Tu viste?").
- Substância do conteúdo: são as expressões equivalentes situacional e contextualmente (Ex.: o início de uma carta é diferente do início de uma conversa).

Durante o processo de retextualização ocorrem modificações nesses quatro níveis, embora esse processo dependa de algumas variáveis, segundo Marcuschi (2000). A primeira delas diz respeito ao propósito da retextualização, visto que o texto é manipulado de diferentes maneiras, de acordo com o objetivo de sua retextualização.

A relação entre o produtor do texto e o transformador também tem grande influência. Quando a retextualização é realizada pelo próprio autor, o número de transformações é maior do que quando realizados por terceiros, o que resultará em um maior número de mudanças na forma e não no conteúdo.

Outra relação presente é a tipológica, onde há um maior número de mudanças quando o gênero textual falado é transformado em um gênero diferente na escrita, o que não ocorre se os gêneros forem os mesmos.

A última delas é a dos processos de formulação. Neste caso, a fala está menos sujeita a correções e elaborações do que a escrita, justificando a maior perfeição da escrita.

Até os anos 1980, oralidade e escrita eram vistas como entidades totalmente diferentes, porém, hoje, considera-se que elas estão relacionadas, apresentando tanto semelhanças quanto diferenças. As semelhanças justificam-se pela necessidade de ambos os textos serem coesos e coerentes, do raciocínio abstrato e pelas variações existentes, tanto sociais quanto estilísticas. As principais diferenças dizem respeito, principalmente, ao fato de a oralidade fazer uso da prosódia, de gestos e olhares, e o letramento de tamanhos e tipos de letras diferentes e de elementos pictóricos. Contudo, as relações entre oralidade e letramento, fala e escrita não têm as mesmas definições, apesar de serem equivalentes. No primeiro caso, estão as práticas sociais. No segundo, estão as modalidades de uso da língua que vão além do código.

A oralidade, com fins comunicativos de modo interativo, compõe várias formas e gêneros textuais na modalidade sonora. No caso do letramento, diferentemente da aquisição da escrita, estão todas as práticas de escrita, mesmo que não sejam utilizadas formalmente. O letramento é, na verdade, a relação entre a escrita e o contexto, determinando os gêneros textuais, formas comunicativas e expressões típicas.

É essa informalidade com fins utilitários que diferencia o letramento da alfabetização, que consiste no domínio da leitura e da escrita a partir de um ensinamento. O letramento depende das necessidades do indivíduo, do meio e do contexto, o que acarreta os diferentes níveis de letramento de cada grupo, além de ser essencial para que haja um envolvimento do sujeito com a leitura e a escrita.

Nessa prática, estão presentes duas dimensões, a social e a individual, importantes para sua compreensão, embora não suficientes (SANTOS, 1998).

Na dimensão individual, considera-se o letramento como algo pessoal. Nesta perspectiva, leitura e escrita são habilidades diferentes, mas envolvidas em um mesmo processo. A leitura compreende desde a atividade de decodificar as palavras escritas até a compreensão de um texto. As habilidades aqui presentes são as de traduzir sons em sílabas, prever o sentido do texto, fazer analogias e comparações. Já a escrita envolve habilidades tais como transcrição, motora e ortográfica, e vai desde registrar unidades sonoras na forma gráfica até transmitir significado a um leitor através do texto escrito.

Em relação à dimensão social, o letramento não é tido como individual, mas como prática social, que depende de todo envolvimento contextual por parte dos participantes. Nesta perspectiva, o letramento apresenta um papel pragmático, para o funcionamento da sociedade, e um papel revolucionário, com o poder de mudança desta sociedade.

A fala está no plano da oralidade e representa a língua em sua forma estruturada, com sons e articulações, acompanhada de gestos e movimentos corporais. A escrita complementa a fala em um meio de produção gráfico, com uma constituição pictórica no plano do letramento. Ela é adquirida no contexto formal da escola.

Estas duas modalidades de língua, para Biber (1995), são analisadas de acordo com a situação em que ocorrem e com a função que exerce, havendo uma relação composta por variáveis funcionais, situacionais e processuais.

Relacionadas diretamente com a situação, as funções podem ser várias. Uma delas é a textual, que envolve as atividades, que vão desde a construção do texto até a coesão interna. A função pessoal diz respeito às características e ao estilo do emissor, e está ligada às funções interpessoais, ou seja, as relações entre os participantes. A função estética, relacionada com as formas de linguagem utilizadas, depende da função contextual, visto que a linguagem varia de acordo com as diferentes situações.

Tanto situacional quanto funcionalmente, a fala e a escrita apresentam semelhanças e diferenças, levando-se em conta que, até mesmo entre dois gêneros diferentes, pode haver semelhanças, e entre estilos do mesmo gênero podem haver diferenças.

Porém, as diferenças encontradas entre fala e escrita não são suficientes para indicar diferenças contextuais, nem caracterizar diferenças absolutas, pois uma característica da língua oral pode estar presente na língua escrita e vice-versa. Entre outras diversidades situacionais, destacam-se o canal e o uso cultural. Com relação ao canal, distingue-se o falado e o escrito. A respeito do uso cultural, podem-se observar a aquisição doméstica e natural da língua oral e o uso escolar da língua escrita. Além desses dois, tem-se a avaliação social, em que a escrita tem mais prestígio do que a fala, e a manutenção do *status* social, com formas mais elaboradas, oriundas da escrita.

As relações entre os participantes podem ser individual e ativa (na fala) ou grupal e passiva (na escrita). Esta relação apresenta muitas variáveis: extensão de interação (maior na fala), extensão do conhecimento que os participantes partilham a respeito de si, a maior possibilidade de negociação do assunto na fala, entre outros.

Na fala, há também a partilha, entre os participantes, dos contextos temporal e espacial, enquanto na escrita a distância entre os contextos do produtor e do receptor é maior.

Outra relação de grande importância é a dos participantes com o texto, que recebe influência do grau de permanência, em que a fala é temporária e a escrita permanente, e da velocidade de produção, maior na fala, e compreensão, que na fala deve ser realizada no momento da produção, diferente da escrita, que dispõe de um maior tempo.

As funções também apresentam algumas diferenças que devem ser consideradas. A primeira delas relaciona-se com a grande quantidade de informações integradas, ou seja, em poucas palavras na escrita, pelo fato de o escritor dispor de pouco tempo e o leitor de quanto desejar para compreender o texto. Por este mesmo motivo, a estrutura na fala é mais fragmentada, pois há um maior tempo disponível para sua realização.

Na língua escrita, são verificadas, ainda, várias características refinadas, entre elas a ortografia, recurso este indispensável para a escrita, de acordo com as normas cultas da língua. Esta habilidade é decorrente de uma convenção social, visto que surgiu graças à necessidade de normatização da língua escrita.

Por ser a língua arbitrária, muitos encontram dificuldades em corresponder som e letra, pois, embora a escrita seja alfabética, não há uma relação única entre letras e som. No entanto, aquele que começa a apropriar-se do sistema ortográfico tende a acumular as regras aprendidas, de maneira que possa memorizá-las, sem perceber que deve ser realizado um trabalho perceptual e intelectual, desenvolvendo, assim, uma consciência do princípio ortográfico (MORAIS, 1999).

Alguns erros ortográficos fazem parte do processo natural de aquisição da língua escrita, caracterizando um processo de transcrição e não uma falha (CAGLIARI, 1989). Baseado nestes estudos, Zorzi (1998), em análise sobre a sequência de apropriação dos princípios ortográficos em crianças de 1ª a 4ª séries, categorizou os principais erros ocorridos em dez tipos mais comuns:

1. Possibilidade de representações múltiplas: várias letras podem representar um único som e uma única letra pode corresponder a vários sons.

2. Apoio na oralidade: no momento da escrita há um apoio no modo de falar.

3. Omissão de letras: as palavras são grafadas incompletas por omissão de uma ou mais letras.

4. Segmentação incompleta: há a utilização de padrões de oralidade para segmentar a escrita, pois na fala não há um limite claro entre as palavras, diferentemente do que ocorre na escrita.

5. Confusão entre as terminações "am" e "ão": há influência dos padrões de pronúncia pela semelhança fonética existente entre estas terminações.

6. Generalização de regras: alteração na forma de escrever as palavras por utilizar procedimentos que não se aplicam a determinadas situações (ex: baú – baul).

7. Substituição de fonemas surdos e sonoros: há uma troca de letras pela diferença apenas no traço de sonoridade.

8. Acréscimo de letras: surgem palavras com um número de letra maior, decorrente de uma incorreta percepção.

9. Letras parecidas: são utilizadas letras incorretas pela semelhança gráfica com a letra que deveria ser utilizada.

10. Inversão de letras: as letras encontram-se em posição invertida na palavra.

Este estudo destacou, principalmente, os erros relacionados com a fala e por influência desta, considerando-se as características sociais e históricas na pronúncia das palavras.

Sendo assim, o objetivo deste estudo foi verificar a influência da fala na produção escrita de alunos do Ensino Médio. Para tanto, foi necessário classificar os principais erros encontrados na produção escrita de alunos de Ensino Médio, identificar os erros de escrita relacionados à fala e comparar os desempenhos entre os grupos sociais distintos.

Foram coletados dados de escrita de 60 alunos do primeiro ano do Ensino Médio, de ambos os sexos, que frequentavam escolas privadas da cidade de Recife. Os dados foram obtidos a partir de um ditado com 40 palavras contextualizadas em frases e balanceadas segundo as dez categorias de erros descritos por Zorzi (1998), de forma que para cada quatro palavras houvesse um tipo de erro correspondente.

É importante mencionar que este procedimento de avaliação foi uma adaptação de um método já utilizado na literatura (QUEIROGA; BORBA; VOGELEY, 2001).

A análise dos dados levou em consideração a abordagem de Zorzi (1998) e foi realizada também enfocando os aspectos históricos e evolutivos da língua, ressaltados por Coutinho (2002). Os dados foram submetidos a um teste estatístico descritivo, através do qual foi levantada a ocorrência média dos erros ortográficos dos alunos no ditado de palavras.

Para a análise dos resultados, a partir de uma perspectiva histórica, foi adotado o critério de que as palavras que continham erros ortográficos só seriam submetidas a uma explicação com respaldo histórico se aparecessem grafadas erroneamente mais de dez vezes.

A análise dos resultados foi realizada levando em consideração o desempenho ortográfico, a partir do quadro classificatório, composto por dez tipos de erros, elaborado por Zorzi (1998), e uma análise enfocando os aspectos históricos da língua portuguesa, a partir da perspectiva de Coutinho (2002).

Para uma análise dos erros ortográficos, a partir das dez categorias de erros definidas por Zorzi (1998), os dados foram submetidos a um teste estatístico descritivo, através do qual foi levantada a ocorrência média dos erros ortográficos dos alunos, no ditado de palavras, tanto de escolas particulares de classe média alta como nas de classe média baixa.

Tabela 1 – Análise descritiva dos dados referentes aos alunos de 1º ano do Ensino Médio, de escolas privadas de classe média alta (Recife, 2002)

	N.	Mínimo	Máximo	Média
Escola	30	1	1	1,00
Amostra	30	1	30	15,50
Erro 1 – Ditado	30	1	6	2,83
Erro 2 – Ditado	30	0	6	1,47
Erro 3 – Ditado	30	0	3	1,30
Erro 4 – Ditado	30	0	2	0,80
Erro 5 – Ditado	30	0	4	0,87
Erro 6 – Ditado	30	0	4	0,33
Erro 7 – Ditado	30	0	1	0,033
Erro 8 – Ditado	30	0	3	1,38
Erro 9 – Ditado	30	0	2	0,63
Erro 10 – Ditado	30	0	1	0,13
Total – Ditado	30	2	21	9,30

Como é possível observar na tabela 1, os erros ortográficos de maior frequência, nos alunos de instituições particulares de classe média alta, foram os do tipo 1 (possibilidades de representações múltiplas), com média 2,83, e do tipo 2 (apoio na oralidade), com média 1,47. O erro do tipo 8 (acréscimo de letras) também teve ocorrência importante, com média de 1,38.

Tabela 2 – Análise descritiva dos dados referentes aos alunos de 1º ano do Ensino Médio, de escolas privadas de classe média baixa (Recife, 2002)

	N.	Mínimo	Máximo	Média
Escola	30	2	2	2,00
Amostra	30	1	30	15,50
Erro 1 – Ditado	30	1	9	5,13
Erro 2 – Ditado	30	0	6	2,97
Erro 3 – Ditado	30	0	4	1,80
Erro 4 – Ditado	30	0	2	1,10
Erro 5 – Ditado	30	0	4	1,40
Erro 6 – Ditado	30	0	4	1,27
Erro 7 – Ditado	30	0	1	3,33
Erro 8 – Ditado	30	1	4	1,93
Erro 9 – Ditado	30	0	1	0,70
Erro 10 – Ditado	30	0	1	6,67
Total – Ditado	30	4	27	16,43

A tabela 2 mostra as médias dos erros ortográficos dos alunos de escolas particulares de classe média baixa. A partir do exposto, observa-se que os erros de maior ocorrência, assim como nas escolas particulares de classe média alta, foram os do tipo 1 (possibilidades de representações múltiplas), com média 5,13, do tipo 2 (apoio na oralidade), com média 2,97, e do tipo 8 (acréscimo de letras), com média 1,93.

É importante mencionar que os erros mais frequentes foram comuns para ambas as instituições: os do tipo possibilidades de representações múltiplas e apoio na oralidade. No entanto, a ocorrência destes foi bem mais significativa nas escritas dos alunos das escolas particulares de classe média baixa. Isso significa dizer que os alunos de classe média alta obtiveram melhor desempenho ortográfico que os alunos de classe média baixa.

A avaliação do desempenho ortográfico, a partir da dissertação, não foi significativa, já que a maioria dos alunos, de ambos os grupos investigados, não escreveu um número de linhas que proporcionasse uma análise, visto que escreviam duas a três linhas, ou ainda se recusavam a escrever. Ainda assim, numa perspectiva mais qualitativa que quantitativa, os erros mais comuns, encontrados nas dissertações, coincidiram com os encontrados com mais frequência no ditado de palavras.

A maior ocorrência do erro do tipo possibilidades de representações múltiplas, tanto nas escolas particulares de classe alta como nas de classe baixa, provavelmente, é decorrente da dificuldade dos professores e dos próprios alunos em lidar com as variedades e irregularidades nas relações fonema x grafema. Estes dados encontram suporte teórico no estudo de Viana (2000), que chama a atenção para o fato de que a língua portuguesa, por sofrer diversas mudanças morfofonêmicas, oriundas de empréstimos linguísticos e influência da fala, possui um acervo de palavras que possibilitam diversas grafias para um mesmo som e várias pronúncias para uma mesma letra, dependendo ou não da posição que ocupam na palavra, como no caso de "ascensão", que poderia ser escrita "assenção" ou "acensão", ou ainda "jeito", que permitiria a confusão do tipo "geito".

Essas mudanças afastaram as estruturas das palavras da língua portuguesa das próprias leis fonéticas que a regem. Devido a isso, os fonemas e as sílabas foram atingidos pela *analogia fonética* (COUTINHO, 2002), de forma a tentar aproximar os vocábulos de diversas origens. Sendo assim, a simplificação ortográfica foi uma maneira de minimizar o problema, apesar de ser grande, ainda nas séries mais avançadas, já que apareceram, nas produções escritas dos alunos investigados, grafias como: assenção – por analogia com assunção ou ainda excessão – por analogia com excesso, além de outras formas de analogias.

O tipo apoio na oralidade não foi tão predominante quanto o do tipo 1, mas aconteceu, também, com certa frequência, em ambas as instituições, talvez por haver grande influência da fala nas produções escritas, como destaca Zorzi (1998). Um exemplo comum na escrita dos alunos investigados foi a palavra "fralda", que era grafada "frauda", e a palavra "cabeleireiro", que foi escrita "cabeleleiro", "cabelereiro" ou, ainda, "cabelelero". Coutinho (2002) ainda chama a atenção para a influência da imagem acústica como fator de intervenção na grafia das palavras, sendo, assim, uma grande responsável pelo apoio na oralidade.

É simples perceber as diferenças que existem entre a fala e a escrita e sabe-se que a fala reflete muito mais as tendências e as leis fonéticas da língua que a escrita, mais submetida a regras e convenções. Desse modo, é muito mais simples falar que escrever, já que o primeiro está mais de acordo com os princípios fisiológicos e com os fenômenos naturais da língua. Devido a essa maior adaptação por parte da fala, é comum que a grafia também tente seguir o caminho mais fácil, ocorrendo, então, o fenômeno da assimilação. Da mesma forma que ocorre na fala, é comum que aconteça uma aproximação ou até mesmo uma perfeita identidade entre dois fonemas, resultante da influência que um exerce no outro. Alguns casos comuns de assimilação foram: tesoura – tes*o*ra, mamoeiro – mam*o*ero, prateleira – pratel*e*ra.

Ocorre, assim como na fala, uma simplificação, devido a uma similaridade fonética, como no caso dos fonemas /o/ e /u/ e dos /e/ e /i/, que são pronunciados juntos, provocando, com isso, um efeito que leva à redução ou assimilação.

O erro do tipo acréscimo de letras também apareceu com maior frequência do que outros erros, como no caso da palavra "amnésia", que apareceu "aminésia". Se este tipo de erro for submetido a uma análise, levando em consideração as tendências naturais da língua portuguesa, em sua história, verifica-se que é muito natural que o usuário da língua tenda a escrever, por exemplo, *peneu*, no lugar de *pneu*, ou *decepicionar*, *adevogado* e *aminésia*, que foram formas de escrita que apareceram com muita frequência na escrita dos alunos. Isso ocorre devido às próprias leis que regem a fonética da língua portuguesa. Não é comum encontrar no léxico formas do tipo VCCV (vogal consoante consoante vogal), a não ser quando se trata de um encontro consonantal do tipo –pr– ou –lm–, por exemplo, como em *prato* e *alma*. No caso dos encontros entre os consoantes, demonstrados nos casos acima, em que são pronunciados com um som vocálico, é natural que, na grafia, apareça a influência da pronúncia, ocasionando o acréscimo de letra, que, no caso, é uma vogal.

Este tipo de erro, no entanto, não era esperado em alunos de séries mais avançadas, já que, nos estudos de Zorzi (1998), foi observado que este tipo de erro tende a desaparecer até a 4ª série do Ensino Fundamental I.

Além desses erros ortográficos, que foram os mais comuns nas escritas dos alunos, outros erros também apareceram com uma frequência relevante e merecem uma explicação, principalmente porque também mantêm uma estreita relação com a influência dos padrões da fala.

A ocorrência do erro do tipo 3 (omissão de letras) também é plausível de uma explicação, devido à influência da fala, visto que a forma supersticiosa não é pronunciada de forma a evidenciar o -s-. Sendo assim, confirma-se a hipótese de que os padrões de pronúncia podem exercer influência sobre a escrita, já que a fala serve como suporte no momento de grafar.

O erro do tipo 5 (confusão nas terminações "am" e "ão") reforça a ideia de que a fala pode exercer influência sobre a escrita, visto que não oferece pistas articulatórias, pois o ponto de articulação é o mesmo e a imagem acústica também não é grande fornecedora de pistas, a não ser em relação à entonação e, assim, constitui-se um desafio ao usuário. Devido a essa pobreza de pistas, a escolha entre as terminações "am" e "ão" é realizada com dificuldades.

A confusão entre essas terminações já é oriunda dos primórdios linguísticos da língua portuguesa – da derivação latina. As terminações do latim -anu, -ane e -one originaram as terminações do português ão, am, ã e om, respectivamente. Há uma transposição do acento tônico para o fim da palavra, como no caso de *encontrarão* para *encontraram*. Esse fenômeno é chamado de metaplasmo do tipo transposição hiperbibasmo do tipo sístole, já que a sílaba tônica é transferida da primeira sílaba para uma antecedente.

A partir do exposto, observa-se o quanto os erros ortográficos são reveladores de dificuldades naturais que os alunos têm para dominar o sistema ortográfico. Além disso, é importante salientar que essas dificuldades podem ser individuais, mas foram verificadas na maioria das produções escritas dos alunos e manifestadas através da ocorrência dos mesmos tipos de erros. Essa coincidência entre os resultados revela que as dificuldades encontradas em escrever ortograficamente correto têm explicação na própria evolução da língua portuguesa, que usufruiu de diversas derivações (empréstimos linguísticos) e evoluções ao longo do tempo.

A respeito dessas evoluções da língua portuguesa, sabe-se que as classes sociais mais altas estão mais susceptíveis a conseguir acompanhar as transformações, já que têm maiores oportunidades de estudo e de contato com materiais escritos. Esse fato confirma-se, ainda, através dos dados analisados, que apontam para um maior domínio ortográfico por parte dos alunos do 1º ano de classe média alta, em relação aos de classe média baixa. Também há a hipótese de que se fossem investigados, ainda, os alunos de classe baixa em escolas públicas, os dados seriam mais discrepantes. Sendo assim, essa diferença, mesmo que não altamente significativa, entre os dados dos dois grupos de alunos investigados, aponta para as maiores dificuldades que têm as classes mais populares em acompanhar as evoluções que ocorreram e ocorrem na língua portuguesa.

CONSIDERAÇÕES FINAIS

A partir dos resultados referentes ao desempenho ortográfico dos alunos do primeiro ano de escolas particulares de classe média alta e de classe média baixa, observou-se que, em ambas as instituições, os alunos apresentaram todos os tipos de erros investigados. Além disso, foi verificado que os erros mais comuns foram os mesmos para os dois grupos. Os erros do tipo 1 (possibilidades de representações múltiplas), tipo 2 (apoio na oralidade) e tipo 3 (omissão de letras) foram os mais frequentes, no ditado de palavras, tanto nos alunos de instituições particulares de classe média alta como nos de média baixa. No entanto, observou-se que os alunos de classe média alta demonstraram ter maior domínio do sistema ortográfico, já que apresentaram menor média de erros que os alunos de classe média baixa.

Esse dado pode estar relacionado a questões econômicas e políticas envolvidas na estimulação do hábito de leitura e de escrita desses alunos, já que o custo com materiais escritos pode pesar no orçamento familiar. Então, as classes populares, mais alheias às evoluções da língua, ficam mais susceptíveis a cometer variações, manifestadas através dos erros.

Foi verificado, ainda, que a dissertação não foi um instrumento eficaz de avaliação do desempenho ortográfico, pois os alunos não escreveram um número de linhas suficiente para análise e, além disso, observou-se que eles costumam substituir as palavras as quais têm dúvidas no momento de grafar por outras, onde a dúvida não existe.

Além da diferença significativa entre os dados dos alunos de classe média alta e baixa, observou-se que a maioria dos erros cometidos é natural não apenas no processo de aquisição da língua escrita, já que as dificuldades persistem até o Ensino Médio.

A respeito dessas dificuldades, essa pesquisa aponta para uma nova maneira de tratar os erros ortográficos. Eles manifestam não apenas as dificuldades em dominar as habilidades metalinguísticas necessárias à aquisição e desenvolvimento da língua escrita, mas também as variações linguísticas naturais e inerentes ao processo de evolução da língua portuguesa. Da mesma forma que essas variações ocorrem na fala, elas são refletidas na escrita, já que a grande maioria dos erros foi decorrente do apoio na oralidade e das dificuldades nas correspondências irregulares entre fonemas e letras. As dificuldades em escrever ortograficamente correto têm explicação na própria evolução da língua, já que essa sofre diversas transformações ao longo do tempo e foi resultante de distintos empréstimos linguísticos, o que levou à existência de variações da língua portuguesa.

Foi observada, também, uma relação entre a fala e a escrita, no que diz respeito às tendências naturais da língua. A fala obedece muito mais às leis fonéticas da língua que a escrita, mais submetida a regras e convenções. Dessa forma, foi verificado que, assim como na fala, a escrita busca simplificar essas leis aos fenômenos naturais, provocando efeitos como a assimilação e a analogia. O que fica concluído não é a ideia de que a escrita transcreve os erros da fala, mas sim que essas duas instâncias são processos cognitivos paralelos que comungam alguns aspectos linguísticos, havendo, assim, variações de uma língua portuguesa (não padrão) também na escrita, assim como na fala.

Sendo assim, é necessário romper com o preconceito linguístico que consiste em rotular os erros e passar a atribuir-lhes explicações, sejam de ordem histórico-evolutiva ou metalinguística.

REFERÊNCIAS BIBLIOGRÁFICAS

BIBER, D. *Variation across speech and writing*. Recife: UFPE, 1995. Mimeo.

CAGLIARI, L. C. *Alfabetização e linguística*. São Paulo: Scipione, 1989.

CAPOVILLA, F.; MACEDO, E. C. E.; CHARIN, S. Competência de leitura: tecnologia e modelos na avaliação de compreensão em leitura silenciosa e de reconhecimento e decodificação em leitura em voz alta. In: SANTOS, M. T. M.; NAVAS, A. L. G. P. (org.). *Distúrbios de leitura e escrita*: teoria e prática. São Paulo: Editora Manole, 2002. p. 97-167.

COUTINHO, I. L. *Gramática histórica*: linguística e filologia. Rio de Janeiro: Ao Livro Técnico, 2002.

LEITE, M. Q. O problema da variação. In: *Língua portuguesa*. PEC – Construindo Sempre. USP/CENP/SEE/ SP, 1999.

MARCUSCHI, L. A. *Da fala para a escrita*: atividade de retextualização. São Paulo: Cortez, 2000.

MORAIS, A. G. *O aprendizado da ortografia*. Belo Horizonte: Autêntica, 1999.

QUEIROGA, B. A. M.; BORBA, D. M.; VOGELEY, A. C. E. Consciência metalinguística e a apropriação do sistema ortográfico. In: III JORNADA DE INICIAÇÃO CIENTÍFICA UNICAP, 2001, Pernambuco. Anais... Recife: FASA, 2001. p. 143-148.

SILVA, A. N. Mudanças morfofonêmicas resultantes de problemas ortográficos na produção escrita de alunos de 2ª a 4ª Séries do Ensino Fundamental. 2002. Dissertação (Mestrado em Linguística) – Centro de Artes e Comunicação, Universidade Federal de Pernambuco, Recife, 2002.

VIANA, M. A. *As mudanças na morfologia da língua portuguesa*: fatores intervenientes. Recife: Academia Pernambucana de Letras, UFPE – UNICAP, 2000.

ZORZI, J. L. *Aprender a escrever*: a apropriação do sistema ortográfico. Porto Alegre: Artes médicas. 1998.

APÊNDICE – DITADO DE PALAVRAS

Adoro o seu _jeito_ meigo.

Para toda regra há uma _exceção._

Realmente desejo sua _ascensão_ política.

A educação está em _extinção_.

O _palco_ desabou durante o show.

Você sabe quanto custa um pacote de _fralda_?

Ele estava sentado embaixo do _mamoeiro_.

Cuidado para não se cortar com a _tesoura_.

Não tenho _dificuldade_ em realizar esta tarefa.

Gostaria de _divulgar_ o meu trabalho.

Ela é uma pessoa muito _supersticiosa_.

O meu _cabeleireiro_ não trabalhou hoje.

Havia pássaros _sobrevoando_ a floresta.

O _ser humano_ é o maior responsável pela natureza.

E, _de repente_, apagaram-se as luzes.

Por favor, ande _devagar_.

Eles _dormiram_ a noite inteira.

Eloísa e Manoel _viajaram_ de carro.

Se não vierem, _ficarão_ sem carona.

Elas _encontraram_ uma solução rapidamente.

A minha pasta _sumiu_.

Ela usava um vestido cor de _anil_.

Não se dispara assim um _fuzil_.

O ladrão _invadiu_ a minha casa.

O cachorro estava _andando_ na rua.

Mamãe costumava cantar __cantigas_ de ninar.

Você poderia me fazer um _favor_ ?

O _sanfoneiro_ não parava de tocar.

Quando o _pneu_ estourou, fez um barulho enorme.

Se continuar assim, chamarei o meu _advogado_.

Não quero _decepcioná-lo_.

Você precisa malhar mais seu _abdome_.

Você tem _mania_ de roer unhas.

Maria tem um _paquera_ no colégio.

Minha avó faz _panquecas_ deliciosas.

Mariana teve _amnésia_ após o acidente.

Meu _patrão_ saiu de férias.

O _dragão_ cospe fogo.

A _Petrobrás_ está em greve.

Tirei os livros da _prateleira_.

CAPÍTULO 10

Linguagem e família: perspectiva sistêmico-relacional na educação infantil

MANOEL QUEIROZ DE OLIVEIRA[*]

INTRODUÇÃO

Este trabalho está dirigido aos professores da educação infantil que trabalham com crianças a partir dos 2 anos de idade e, em muitos casos, até mesmo antes, e que em sua prática pedagógica apresenta a importante missão de introduzir essas crianças no mundo do social, das relações interpessoais, no mundo simbólico da linguagem e dos conflitos relacionais, próprios do ser humano que começa a conviver em grupo.

Crianças estas que estão saindo pela primeira vez de seus refúgios familiares, do abrigo e da proteção materna, e se defrontando com um conjunto de estímulos e vivências psicossocioculturais extremamente novos, excitantes e por vezes ameaçadoras para a sua delicada estrutura humana em formação.

Trabalharemos especificamente neste texto com o processo de aquisição e desenvolvimento da linguagem infantil, sobretudo em uma perspectiva interacionista, relacional e, portanto, sistêmica. Valorizaremos deste modo a compreensão da criança em processo de aquisição de

---

[*] Fonoaudiólogo pela Universidade Católica de Pernambuco (UNICAP); especialista em Psicologia da Família pela FAFIRE; mestre em Psicologia Clínica pela UNICAP; facilitador de Biodança pelo IBF.

linguagem, dentro de seu contexto relacional familiar, considerando esta matriz importantíssima e estruturante nos processos de aquisição.

Assim sendo, consideramos importante estudarmos acerca da visão reducionista cartesiana, das contribuições da teoria sistêmica, e esta aplicada aos estudos de família e linguagem; e analisarmos, ainda, as contribuições das concepções interacionistas no campo da linguagem, as influências das funções maternas e paternas e suas consequências psicológicas influenciadoras para a aquisição da linguagem e aprendizagem. Por fim, refletiremos sobre uma proposta de prática pedagógica fundada em todas essas perspectivas teóricas acima mencionadas. Prática esta que visa enfatizar o importante papel do professor como facilitador do processo de aquisição de linguagem e aprendizagem. Prática fundada na necessidade, por parte do professor, de desenvolver a escuta para as questões familiares de seus alunos, aprimorando sua percepção relacional, assim como potencializar sua interação dialógica e discursiva junto às crianças.

DO CARTESIANO À COMPLEXIDADE SISTÊMICA

Antes de apreciarmos a perspectiva da complexidade sistêmica, faz-se necessária uma visão panorâmica quanto às ideias e influências de René Descartes, pois suas concepções preconizavam a separação e o reducionismo; elementos estes totalmente opostos ao que a perspectiva da complexidade sistêmica irá apontar.

O pensamento denominado cartesiano deve-se a René Descartes, nascido em 1596, considerado o fundador da filosofia moderna. Ele foi um matemático que, aos 23 anos de idade, criou um método que lhe permitiria construir uma ciência completa da natureza, acerca da qual poderia ter absoluta certeza. Assim, dedicou-se à construção de uma nova filosofia científica, deixando-a expressa em um de seus mais conhecidos trabalhos, denominado "Discurso do Método". Ele explicitou, no próprio título de seu trabalho, a que este método se destinaria, qual seja, "Para Bem Conduzir a Própria Razão e Procurar a Verdade nas Ciências". Desenvolveu nesta e em outras obras a crença da certeza do conhecimento científico, passando a distinguir a verdade do erro em todos os campos do saber.

Ele desejava ocupar-se tão somente com a pesquisa da verdade e rejeitava como absolutamente falso tudo aquilo que pudesse suscitar a menor dúvida, afirmando: "Assim, porque os nossos sentidos nos enganam às vezes, quis supor que não havia coisa alguma que fosse tal como eles nos fazem imaginar" (DESCARTES, 1973, p. 46).

Desse modo, chegou Descartes ao primeiro princípio de sua filosofia, que tinha por finalidade apontar o caminho para se chegar à verdade científica, sendo a dúvida o ponto fundamental do seu método.

No segundo princípio de seu método, Descartes descreveu o objetivo, como sendo "dividir cada uma das dificuldades que eu examinasse em tantas parcelas quantas possíveis e quantas necessárias fossem para melhor resolvê-las" (op. cit., p. 37).

O método cartesiano é analítico: consiste em decompor pensamentos e problemas em suas menores partes, preconizando que todos os aspectos dos fenômenos complexos poderiam ser compreendidos, se reduzidos às suas partes constituintes. Estas são analisadas separadamente e com todo o rigor necessário a uma investigação que não deixe nenhuma sombra de dúvida. Essa concepção levou à fragmentação do pensamento científico em geral e às disciplinas acadêmicas, bem como provocou a atitude generalizada de reducionismo nas ciências, promovendo também a separação entre sujeito e objeto.

Verifica-se que a ideia de separabilidade, reducionismo, decomposição do objeto em elementos simples, trazida pelo princípio analítico cartesiano, repercutiu fortemente no pensamento científico, levando, segundo Morin (2000), a diversas consequências: 1) hiperespecializações no campo científico e compartimentação disciplinar, proporcionando a conjuntos complexos, tais como a natureza e o ser humano, um estudo fragmentado em partes não comunicantes; 2) separação entre as grandes ciências, especialização das técnicas e fragmentação generalizada do saber. Separação entre ciência e filosofia, assim como isolamento entre os objetos e seu meio ambiente e eliminação do sujeito observador nos estudos dos diversos fenômenos humanos e sociais; 3) instalação do dogma de que o conhecimento é um espelho da realidade objetiva, necessitando ser mensurado, quantificado, segundo o axioma de Galileu, que afirmava: "Os fenômenos só devem ser descritos com a ajuda de quantidades mensuráveis" (apud MORIN, 2000, p. 96). Nesse sentido, Morin

(2000, p. 96) comenta sobre a impossibilidade da matematização do ser, da existência, do sujeito conhecedor, e explicita a afirmação de Heidegger: "A essência devorante do cálculo esmaga os seres, as qualidades e as complexidades".

Morin (2000) denomina de pensamento simplificador a toda essa conjunção de ações, cujo alicerce se fundamenta na valorização da disjunção, da redução e do cálculo, passando a conceber só os objetos simples que obedecem às leis gerais. Desse modo, ignora-se o singular, a existência, o sujeito, a afetividade, os sofrimentos, os gozos, os desejos, as finalidades, o espírito, a consciência. Afirma ainda o autor que esse pensamento "considera o cosmo, a vida, o ser humano, a sociedade como máquinas deterministas triviais através das quais se poderiam prever todos os *outputs* se conhecêssemos todos os *inputs*" (MORIN, 2000, p. 100).

O conhecimento científico clássico apoiou-se no paradigma do determinismo e da simplificação, caracterizado pelos princípios de generalidade, redução e separação. Com os achados da física quântica, os quais mostraram a complexidade interacional das partículas subatômicas e, consequentemente, uma nova percepção da realidade cósmica, vem-se promovendo uma mudança, um deslocamento do paradigma de simplificação para um paradigma de complexidade (MORIN, 2002).

Em contraste com a concepção mecanicista cartesiana, a nova visão de mundo trazida pela física quântica não mais concebia o universo como uma máquina composta de uma infinidade de objetos, mas sim como um todo dinâmico, cujas partes estão intimamente relacionadas, interconectadas, só podendo ser entendida como modelo de um processo cósmico (CAPRA, 1982).

Dentro dessa perspectiva reducionista cartesiana ocorre, inclusive, a separação entre corpo e mente, repercutindo diretamente na medicina, levando os médicos a se concentrarem na máquina corporal e a desconsiderarem os aspectos psicológicos, sociais e ambientais da doença (CAPRA, 1982).

As investigações psicológicas tradicionais, por sua vez, realizadas principalmente com crianças, também foram fortemente influenciadas pela visão cartesiana, pois elas eram orientadas para a observação do indivíduo como um organismo separado, não levando em consideração outros componentes que interagem com ele (ANDOLFI, 1980).

Nesse mesmo cenário reducionista trazido pela visão cartesiana, a ciência fonoaudiológica, no tocante aos estudos da linguagem, também foi fortemente influenciada, pois as avaliações e mesmo a terapia de linguagem são realizadas sem a participação efetiva do contexto familiar, sendo a família considerada como um elemento dispensável no processo da avaliação de linguagem. Na terapia, a família é apenas considerada no momento de receber as tradicionais orientações fonoaudiológicas de cunho objetivo e invasivo, desconsiderando as questões subjetivas e relacionais do contexto familiar da criança (QUEIROZ DE OLIVEIRA, 2005).

Diante do exposto nos resta a pergunta: quais as influências sofridas pela Pedagogia, advindas da visão cartesiana, com suas características reducionistas, de objetividade e linearidade? Quais ações poderão ser incrementadas por um professor da educação infantil que possam favorecer a uma prática mais sistêmica, valorizando, sobretudo, a compreensão da dinâmica familiar de seus alunos, assim como os processos interativos e dialógicos de extrema significância para a aquisição da linguagem e aprendizagem infantil.

A complexidade sistêmica

O pensamento sistêmico foi desenvolvido por vários cientistas, contudo, foram pelas concepções de Ludwig von Bertalanffy, por volta da década de 1940, acerca de um sistema aberto e de uma Teoria Geral dos Sistemas, que se desenvolveu o pensamento sistêmico como um movimento científico (CAPRA, 1996).

Em sua clássica obra intitulada *Teoria geral dos sistemas*, Bertalanffy afirma que "a teoria geral dos sistemas é uma ciência geral da totalidade" (BERTALANFFY, 1976, p. 37).

O autor refere-se aos sistemas fechados, quando esses estão isolados do seu ambiente, não ocorrendo trocas com o seu meio. Quanto aos sistemas abertos, estes se mantêm em constante estado de troca com seu meio ambiente, em contínua incorporação e eliminação de matéria, realizando interações dinâmicas entre seus componentes. Afirma ainda que: "Todo organismo vivente é, antes de tudo, um sistema aberto" (op. cit., p. 39).

De acordo com Capra (1982), são essas trocas entre o organismo vivo e o seu meio que o manterão vivo.

Um dos pressupostos mais importantes do pensamento sistêmico é o deslocamento das partes para o todo. A mudança do pensamento cartesiano para o pensamento sistêmico deu-se exatamente na relação entre as partes e o todo. Na perspectiva cartesiana, acreditava-se que todo sistema complexo poderia ser compreendido em sua totalidade a partir da análise minuciosa e isolada das propriedades de suas partes constituintes. Para a ciência sistêmica, as propriedades das partes só podem ser compreendidas dentro do contexto do todo maior, possibilitando a percepção das interações sistêmicas entre as referidas partes constituintes. "Desse modo o pensamento sistêmico é pensamento contextual" (CAPRA, 1996, p. 46).

Aliada à epistemologia sistêmica, e auxiliando a ampliar as percepções multidimensionais do ser, encontramos a perspectiva do pensamento complexo do filósofo francês Edgar Morin.

A epistemologia da complexidade é definida pelo próprio Morin, que afirma:

> É a viagem em busca de um modo de pensamento capaz de respeitar a multidimensionalidade, a riqueza, o mistério do real; e de saber que as determinações – cerebral, cultural, social, histórica – que se impõem a todo o pensamento codeterminam sempre o objeto de conhecimento. É isto que eu designo por pensamento complexo (MORIN, 1980, p. 14).

O termo complexo vem do latim *complexus*, que significa o que abrange muitos elementos ou várias partes. É um conjunto de circunstâncias ou coisas interdependentes, uma congregação de elementos que são membros participantes do todo, compreendendo este todo como uma unidade complexa. O pensamento complexo contesta a linearidade, a unidimencionalidade, o reducionismo, acreditando na incompletude de todo e qualquer conhecimento. Valoriza, portanto, a incerteza na ciência e considera importante a distinção dos diferentes aspectos do pensamento. No entanto, ele não implica separá-los e isolá-los. Refuta a concepção de um saber fragmentado, propondo enfaticamente o distinguir, não o separar (PETRAGLIA, 2001).

A complexidade busca contemplar a integração entre sujeito e objeto, natureza e cultura, ampliando integradamente o diálogo entre as dimensões físicas, biológicas, psicológicas, espirituais, culturais, sociológicas, históricas do ser humano e de sua família como um todo. Reconhece as incalculáveis interações e inter-retroações existentes entre os fenômenos biológicos e sociais, "uma fabulosa mistura que não poderia ser calculada nem pelo mais potente dos computadores" (MORIN, 2002, p. 179).

Portanto, desejamos ressaltar o quanto as questões que relacionam linguagem, família e educação infantil necessitam ser apreendidas pelo viés de concepções como estas, afastando-se, consequentemente, das concepções reducionistas e lineares trazidas pela visão cartesiana.

FAMÍLIA E AQUISIÇÃO DE LINGUAGEM: PERSPECTIVA INTERACIONISTA

Diante das evidências que a epistemologia da complexidade sistêmica nos aponta, constatamos que não podemos mais isolar o sujeito de seu contexto relacional.

Portanto, no campo de estudos referentes à família, verifica-se que a abordagem sistêmica está mais voltada "para o estudo dos acontecimentos e das pessoas em função da dinâmica interativa, do que para os seus significados intrínsecos" (ANDOLFI, 1980, p. 26). Nessa perspectiva, o terapeuta não busca compreender o indivíduo isoladamente, e sim a partir da observação das interações entre os vários membros da família, além de perceber os outros sistemas que interagem com ela. Seguindo este mesmo raciocínio, podemos comparativamente mencionar que em uma praxe pedagógica, pautada nesses referenciais, o professor deve aprender o seu aluno, compreendendo seu processo de aquisições (linguagem ou aprendizagem), a partir da percepção interativa entre ele e seu contexto familiar, visando perceber o grau de implicação deste contexto no referido processo.

Nesse mesmo sentido, Passos (2003, p. 83), refletindo sobre as investigações das diversas formas de manifestações e expressões do indivíduo no mundo, diz que:

Essas investigações, à medida que foram adquirindo complexidade, foram exigindo um olhar mais dirigido à rede de entrelaçamentos na qual esse indivíduo se insere e da qual emerge, constituindo-se permanentemente.

E continua a autora afirmando (op. cit., p. 84), "[...] família e indivíduo se implicam mutuamente, desenvolvendo um potencial para saúde/doença que se exprime tanto em um membro como no sistema familiar".

Consolidando todas essas concepções, reafirmamos que o professor da educação infantil, diante de uma criança com um atraso de linguagem, independentemente de sua etiologia, deve estar atento para compreender este distúrbio a partir de uma perspectiva sistêmica e interacionista, buscando perceber as influências recíprocas entre a criança com o referido atraso e sua família.

Isto também é evidenciado através de um dos princípios da complexidade sistêmica denominado *Globalidade*, em que se postula que o comportamento de um determinado participante do sistema familiar está relacionado com o comportamento de todos os outros.

Assim sendo, a compreensão acerca dos sintomas ou distúrbios que possam surgir no indivíduo ganha uma dimensão sistêmica, em que os mesmos passam a ser compreendidos dentro de um contexto. Isso é evidenciado nas palavras de Osório e Valle (2002, p. 27), que, quando se referem às influências da visão sistêmica, afirmam: "Ganha espaço, no âmbito das ciências humanas, o grupo em detrimento do indivíduo, o que determinará a ênfase posta no grupo familiar e não nos seus componentes como foco dos distúrbios".

A mesma ênfase encontramos em Rapizo:

Entender a família como sistema significa, acima de tudo, entender o sintoma como produto de inter-relações e entender cada indivíduo como imerso e indissociável desta rede de relações. A leitura da dinâmica familiar revela uma totalidade, uma identidade grupal. Portanto, significa deslocar o foco do sintoma do indivíduo para as relações que o produzem e o mantêm (RAPIZO, 1996, p. 45).

Os distúrbios da linguagem infantil podem ter evidentemente causas orgânicas, fisiológicas, contudo, existem questões de ordem subjetiva, interativa e relacional familiar que podem comprometer o satisfatório processo de aquisição da linguagem.

Dentre as questões de ordem subjetiva podemos citar a complexa integração entre as funções maternas e paternas. Nesse sentido, no tocante ao *papel materno*, encontram-se atribuições tais como a nutrição, o agasalhar e proteger a prole, assim como dar continente às angústias existenciais dos filhos. No que se refere ao *papel paterno*, ressaltamos a interposição entre mãe e filho, facilitando o processo de dessimbiotização da referida díade; acrescentamos que estas interposições podem possibilitar a instituição do filho no mundo do social, da cultura e, consequentemente, da linguagem.

Winnicott (1999, 2000) também evidencia que no desempenho do papel materno "o holding" é a experiência de confiabilidade que a mãe estabelece com seu filho, sendo de extrema importância para o desenvolvimento dele. Ao referir-se ao papel paterno o autor menciona ser importante que o pai dê todo o apoio moral à autoridade da mãe perante o filho, afirmando que "o pai é um ser humano que sustenta a lei e a ordem que a mãe implanta na vida da criança" (WINNICOTT, 1985, p. 130).

O mesmo autor (op. cit., p. 130) diz que: "não obstante, se o pai estiver presente e quiser conhecer o próprio filho, este é uma criança de sorte e nas circunstâncias mais felizes o pai enriquece, de maneira abundante, o mundo do próprio filho". Salienta ainda o autor que o pai é fundamental para a figura da mãe, ajudando-a a sentir-se bem em seu corpo e feliz em seu espírito.

Aprofundando esta concepção subjetiva e interacional no processo de aquisição de linguagem, citamos Spitz (1988), que em sua clássica obra sobre o primeiro ano de vida mostra-nos que o desenvolvimento filogenético e ontogenético do homem acarretou modificações enriquecedoras nas regiões faciais, bucais e laríngeas. Assim, possibilita o ato de amamentar e proteger o filho em uma posição face a face, tornando possível a expressão de afetos e emoções através da região facial.

Essa condição interativa com a expressão de afetos e emoções entre a mãe e seu bebê possibilita o início do processo comunicativo; desse modo, Spitz (op. cit., p. 105) afirma:

Assim a região facial tornou-se um instrumento adequado para produzir signos afetivos; e o mesmo se aplica à vocalização. Foi assim, creio eu, que começaram a evolução da expressão facial afetiva, a vocalização e seu uso para propósitos semânticos, chegando-se, por fim, ao aparecimento da fala.

Consolidando toda essa perspectiva sobre a gênese da comunicação humana, novamente Spitz (1984) nos coloca ser através do choro que o bebê expressa as condições de seu estado interno, o qual é percebido pela mãe como um pedido de ajuda. Ela, então, busca aliviar seu estado de tensão. Esse fato se repete constantemente, constituindo-se os primórdios do processo comunicativo, um precursor bastante precoce da comunicação verbal. Contudo, é significativamente importante o desenvolvimento da percepção auditiva e da memória para que a criança possa ir associando o ouvir de seu choro à lembrança de que foi atendida no alívio de sua tensão.

Portanto, é através do choro, das vocalizações, do riso e de todas as mensagens expressas à mãe que esta vai se adaptando às necessidades de seu filho. É também extremamente significativa para o bebê a percepção da voz materna, que, junto com os cuidados corporais e a vinculação afetiva, constitui um elo importantíssimo através do qual ele inicia sua intimidade com o som da língua.

Desse modo, podemos perceber que o processo de aquisição e desenvolvimento da linguagem se dá, em seus primórdios, através das expressões pré-verbais geradas no transcorrer das relações interativas entre a mãe e o bebê. Expressões essas carregadas de sentidos e significados humanos, recheadas de emoções e afetos que estruturam todo o grandioso processo da comunicação humana no seio do sistema familiar.

Essas questões relacionadas ao processo interativo, discursivo, entre a criança e sua família também podem ser evidenciadas nas concepções interacionistas de linguagem.

Assim sendo, Freire (1997, p. 85) menciona que as primeiras palavras da criança são recortadas de um esquema interacional e coladas em outro e afirma que:

> Por meio desse procedimento de recorte e colagem e com a colaboração de um parceiro interacional mais hábil do ponto de vista linguístico, gradativamente a criança vai construindo significação da linguagem e do mundo, constituindo-se como sujeito.

E continua a autora afirmando que a representação que a mãe faz de seu bebê, concebendo-o como um falante potencial, contribui para que ela atribua à criança papéis interacionais. E, assim, o bebê vai incorporando fragmentos da fala do outro, passando de personagem do discurso da mãe para o processo de ir se constituindo em autor de sua própria linguagem.

Por tudo isso, consideramos o sistema familiar como um contexto interativo, potencialmente influenciador no processo de aquisição e desenvolvimento da linguagem. Nesse contexto ocorrem as primeiras relações da criança com o outro, formando uma rede interativa mediada pela linguagem, pelas trocas afetivas e dialógicas, constituindo assim as primeiras impressões subjetivas e comunicativas da criança.

Todo este processo interativo, influenciador na aquisição e no desenvolvimento da linguagem, é evidenciado também por Santana (2001, p. 171), quando esta enfatiza a importância do diálogo:

> Assim, a linguagem é produto de atividades dialógicas e a matriz interacional é produto da interação entre adulto e criança como interlocutores. A criança constitui-se como sujeito durante sua interação com o adulto, o que ocorre desde o momento do seu nascimento, e os processos constitutivos do diálogo têm função específica na aquisição de linguagem. É no diálogo que a criança passa de uma posição em que é falada pelo outro àquela em que é autora de seu próprio discurso.

E Lier-de Vitto (1997, p. 137), por sua vez, nesse mesmo sentido afirma: "para que a criança possa dar forma ao seu encontro com o mundo, ela deverá, primeiramente, ser inserida na ordem da linguagem, na instância simbólica, deverá ser tomada pela palavra". E continua a autora:

> [...] onde estará a linguagem senão na palavra daquele que já a produz, daquele já submetido à sua ordem, ao seu funcionamento? Será na interação da criança com a linguagem desse falante que suas produções motoras e sonoras deverão ser revestidas de sentido ao serem "lidas/interpretadas" por aquele sujeito já assujeitado (op. cit., p. 137).

Portanto, de acordo com a perspectiva interacionista, a criança vai sendo introduzida no mundo dos significados humanos, mergulhada no mundo simbólico da linguagem, a partir de toda sua expressividade, cheia de significações, em que a mãe, em conjunto com o pai, vão percebendo e dando às expressões do filho um sentido, um significado, repercutindo em todo o sistema familiar. Assim, a criança vai adquirindo a linguagem através do outro que lhe fala e que também a ouve, construindo sua expressividade existencial, seu diálogo e seu discurso.

REFLEXÕES PARA UMA PRÁTICA SISTÊMICA NA EDUCAÇÃO INFANTIL FOCANDO O CAMPO DA LINGUAGEM

Na qualidade de fonoaudiólogo sistêmico, venho trabalhando com crianças com atrasos de linguagem, e evidentemente em minha praxe hipervalorizo as questões familiares, interativas e relacionais envolvidas nos transtornos da aquisição e desenvolvimento da linguagem.

Trabalhando diretamente com professores da educação infantil, venho percebendo a beleza e a riqueza destes profissionais no campo da aprendizagem e suas enormes contribuições para o processo de aquisição da linguagem infantil. Professores empenhados em dar o melhor de si para seus alunos, muitos deles com os já referidos atrasos de linguagem. E diante destes casos, o que tais profissionais podem fazer visando ao aprimoramento de suas ações em prol destas crianças?

Os conteúdos, que ora externaremos, gostaríamos que fossem reflexões que possam ser apreciadas pelos profissionais da educação infantil. Desejamos que possam contribuir em prol de uma praxe mais interativa, dialógica e, portanto, sistêmica.

A partir de toda a teoria estudada, principalmente no que se refere à teoria sistêmica de família, acreditamos que o professor deva ir aguçando seu olhar para com a criança que apresenta transtorno de linguagem, como sendo um ser que está inserido em um contexto relacional familiar, como já foi exaustivamente ressaltado. E a partir desta compreensão procurar apreender as interações que ocorrem entre seus alunos e a família destes, pois, como já foi dito, a criança é parte integrante de uma rede de relações, onde seus membros se influenciam mutuamente.

Com base nesta percepção de influências mútuas, acreditamos o quanto se faz necessário, por parte do professor, disponibilizar-se para receber a família e que nesse encontro possa se dar um diálogo estabelecido em um clima de confiança e de caráter sigiloso acerca do dia a dia da criança. Dessa forma, passam-se a conhecer os conteúdos relacionais e subjetivos do contexto familiar, e acreditamos que esta condição seja um instrumento valiosíssimo no trabalho do professor, pois este passará a conhecer mais profundamente seus alunos fora do contexto de sala de aula, apreendendo seu modo de ser e estar no mundo.

De modo geral, essa prática, quando é realizada, é feita pelo serviço de psicologia da escola, e o professor muitas vezes não participa ativa e dinamicamente dos encontros. Acreditamos que esta perspectiva de participação mais efetiva por parte do professorado nesses diálogos com a família promova resultados muito significativos para o processo evolutivo da criança.

Buscando o aprimoramento do conhecimento acerca do aluno, acreditamos ser importante também que o professor possa cada vez mais aprimorar sua percepção para a qualidade relacional entre seus alunos, apreendendo as capacidades interativas entre eles, assim como a própria condição relacional e comunicativa entre estes e seus familiares, pois a linguagem expressa, verbal ou corporalmente, revelará a própria condição existencial do sujeito. O modo como os pais se comunicam com seus filhos, e estes com seus pais, nos informarão acerca das condições subjetivas da qualidade relacional entre eles.

Nos casos de atraso de linguagem, em que a condição expressiva e compreensiva da criança encontra-se prejudicada, já constatamos na praxe clínica que uma atuação centrada na potencialização da interatividade e da dialogicidade, junto a essas crianças, promove mudanças, deslocamentos significativos no processo comunicativo delas. Desse modo, é de extrema importância que na atuação em sala de aula o professor(a) possa conversar com a criança, dialogando com uma disposição corporal em que se enfatiza o encontro do olhar entre eles. O professor deve se pôr diante da criança, procurando minimizar a diferença de tamanho entre eles, valorizando desse modo uma comunicação face a face. Toda esta condição deve ser cuidadosamente conduzida pelo adulto que se encontra em uma relação dialógica com a criança. Além destes aspectos, é essencialmente necessário que na interação comunicativa a criança seja colocada na posição de interlocutor, e não apenas de receptor, que ouve passivamente o que lhe é dito. Deve-se criar espaço de escuta para a criança e, acima de tudo, atribuir sentido e significado as suas expressões, considerando-a, portanto, como sujeito de seu discurso.

Se colocar em uma relação de escuta implica convidar a criança a assumir seu lugar de falante, um lugar ativo na cadeia comunicativa, explorando desse modo seus potenciais expressivos, dialógicos e discursivos, e assim pôr a linguagem em funcionamento, favorecendo a expressão de sua subjetividade; e diante destas possibilidades a criança encontra terreno fértil para externar seus desejos, emoções e sentimentos.

Para finalizar, todas essas colocações implicam, por parte do professor, a necessidade deste de qualificar sua disponibilidade corporal e afetiva, de potencializar sua capacidade perceptual, apreendendo as dinâmicas interações sistêmicas entre a criança e sua família e entre esta e a sociedade como um todo. Ações desta natureza, aliadas às perspectivas interacionistas, dialógicas e discursivas, aproximarão o fazer pedagógico dos ideais da complexidade sistêmica, distanciando-se consequentemente da visão reducionista cartesiana.

REFERÊNCIAS BIBLIOGRÁFICAS

ANDOLFI, M. *A terapia familiar*. Lisboa: Veja, 1980.

BERTALANFFY, L. V. *Teoría general de los sistemas*. Madrid: Fondo de Cultura Económica, 1976.

CAPRA, F. *A teia da vida*. São Paulo: Cultrix, 1996.

CAPRA, F. *O ponto de mutação*. São Paulo: Cultrix, 1982.

DESCARTES, R. *Discurso do método*. São Paulo: Abril, 1973. (Coleção os Pensadores).

FREIRE, R. M. *A linguagem como processo terapêutico*. São Paulo: Plexus, 1997.

LIER-DE-VITTO, M. F. Aquisição de linguagem, distúrbios de linguagem e psiquismo: um estudo de caso. In: LIER-DE-VITTO, M. F. (org.). *Fonoaudiologia*: no sentido da linguagem. São Paulo: Cortez, 1997.

MORIN, E. *Ciência com consciência*. Rio de janeiro: Bertrand, 2002.

_____. *A inteligência da complexidade*. São Paulo: Peirópolis, 2000.

OSORIO, L. C.; VALE, M. E. P. *Terapia da família*. São Paulo: Artes Médicas, 2002.

PASSOS, M. C. Sintoma na linguagem da criança e contexto familiar. *Revista Distúrbios da Comunicação*, São Paulo, 15 (1), p. 83-96, dez. 2003.

PETRAGLIA, I. A. *Edgar Morin*: a educação e a complexidade do ser e do saber. Rio de Janeiro: Vozes, 2001.

QUEIROZ DE OLIVEIRA. Reflexões acerca do atendimento à família na clínica fonoaudiológica. Dissertação de Mestrado – UNICAP, Recife, 2005.

RAPIZO, R. *Terapia sistêmica de família*: da instrução à construção. Rio de Janeiro: Noos, 1996.

SANTANA, A. P. A linguagem na clínica fonoaudiológica: implicações de uma abordagem discursiva. *Revista Distúrbios da Comunicação*, São Paulo, 13 (1), p. 161-174, dez. 2001.

SPITZ, R. A. *O primeiro ano de vida*. São Paulo: Martins Fontes, 1988.

_____. *O não e o sim*: a gênese da comunicação humana. São Paulo: Martins Fontes, 1984.

WINNICOTT, D. W. *Da pediatria à psicanálise*. Rio de Janeiro: Imago, 2000.

WINNICOTT, D. W. *Os bebês e suas mães*. São Paulo: Martins Fontes, 1999.

_____. *A criança e o seu mundo*. Rio de Janeiro: Zahar, 1985.

CAPÍTULO 11

Os protagonistas de ações de leitura e escrita em ensino a distância

INALDO FIRMINO SOARES[*]

CONSIDERAÇÕES INICIAIS

Inserido no âmbito da Linguística Aplicada em uma perspectiva sócio--histórica e cultural, isto é, uma Linguística Aplicada que busca investigar as atividades de ensino, aprendizagem e avaliação das ações de leitura e escrita na relação com contextos e práticas culturalmente situados, e focalizando as atividades linguageiras a partir de diferentes enfoques teóricos, este texto resulta de uma pesquisa sobre as ações de linguagem nas interações realizadas por alunos e tutores de um curso de Especialização em Ensino a Distância voltado para a formação de tutores, professores conteudistas e gestores, a partir do hipertexto digital e os reflexos dessas ações no desenvolvimento e aprimoramento da linguagem verbal desses sujeitos.

Os estudos e debates sobre as práticas socioculturais de leitura e produção de texto, que há algum tempo vêm ganhando destaque especial nos mais variados âmbitos da sociedade, tornam-se hoje uma reflexão

---

[*] Professor adjunto do curso de Letras da Universidade Federal Rural de Pernambuco/UAST. Mestre em Letras e Linguística pela Universidade Federal de Pernambuco e doutor em Linguística pela Universidade Federal da Paraíba/Proling; atua na área de Língua Portuguesa e Linguística, desenvolvendo pesquisas e publicando trabalhos em periódicos nacionais e anais de eventos nacionais e internacionais, sobretudo na área de formação continuada de professores de Português e de leitura e escrita em Ensino a Distância.

imperativa, especialmente em Ensino a Distância, doravante EaD, visto que é pela leitura/escrita que os membros dessa modalidade de ensino-aprendizagem se engajam nos processos de interação sociocomunicativa e de construção de conhecimento.

Nessa direção, cumpre observar a demanda intensa pela busca de informações na tela do computador, que apresenta ao aluno de EaD um outro paradigma textual, convidando-o a percorrer um mundo de significações que transcende o próprio espaço verbal para multiplicar as referências e organizar percursos interativos.

Dessa forma, considerando as constantes e crescentes ações de interatividade no ciberespaço, as mudanças linguístico-discursivas decorrentes das condições virtuais de produção de enunciados e as várias possibilidades de trajetos de leitura/escrita pelas janelas dos hipertextos digitais, é premente uma discussão crítico-reflexiva acerca das implicações trazidas pelo uso que alunos de EaD fazem desses hipertextos e a influência/contribuição dessa tessitura não linear, densa, fragmentada e marcada pela pluralidade, para a construção de conhecimentos, bem como para a produção de textos, uma vez que esses alunos precisam criar estratégias de leitura e escrita que possam dinamizar a sua relação com o texto da tela – o qual rompe com as antigas maneiras de interagir com o texto – para instaurar um espaço de produção constituído de fendas, atalhos e fundado na incompletude.

É nessa perspectiva que se inseriu a pesquisa, com o objetivo de identificar as influências das interações tutor-alunos nas ações de leitura e escrita de alunos de EaD, a partir do hipertexto digital, e os reflexos dessas interações no desenvolvimento e aprimoramento da linguagem verbal desses sujeitos.

O tema foi abordado à luz do Interacionismo Sociodiscursivo, de agora em diante ISD (BRONCKART, 1999, 2006a, 2006b, 2007; DOLZ, PASQUIER e BRONCKART, 1993; DOLZ e SCHNEUWLY, 1998; MACHADO, 2005; MATENCIO, 2007; PEREIRA, 2006), que tem como principais referências teóricas, no campo do desenvolvimento, Vigotsky (1998/1987) e, no campo da linguagem, Bakhtin (2003/1992), pensadores cujas perspectivas de estudo se originam e radicalizam-se na concepção de que toda a arquitetura do pensamento se sustenta na relação com a alteridade, através da interação social, mediada pela linguagem.

INTERACIONISMO E ENSINO A DISTÂNCIA

Princípios filosóficos e gerais do interacionismo sociodiscursivo

Bronckart (1999) considera o ISD como uma vertente mais específica do interacionismo social, como uma posição epistemológica da qual fazem parte diversas correntes da filosofia e das ciências humanas. Tal posição, segundo esse autor, parte da historicidade do ser humano, enfocando seu processo de transformação de organismo humano em pessoa, ou seja, as condições sob as quais se desenvolveram, na espécie, formas particulares de organização social e formas de interação de caráter semiótico.

Para Bronckart (1999), são três as ideias básicas que sintetizam os princípios de uma visão interacionista de pesquisa. A primeira dessas ideias está relacionada ao desenvolvimento humano, cujo entendimento supõe a compreensão da evolução do universo material, do qual o desenvolvimento do homem faz parte. Essa compreensão está atrelada aos princípios do materialismo, do monismo e do evolucionismo.

De acordo com o materialismo, o universo é constituído por matéria em constante atividade e todos os "objetos" presentes nesse universo são realidades materiais. Conforme o monismo, os objetos comumente distinguidos como "físicos" ou "psíquicos" são, em sua essência, matéria, e a distinção entre "físicos" e "psíquicos" é devida a uma diferença "fenomenológica". Já o evolucionismo defende que, no desenvolvimento do universo, a matéria deu origem a objetos cada vez mais complexos e a organismos vivos, num processo segundo o qual cada objeto produz mecanismos próprios de organização, e as propriedades da organização interna dos objetos "correspondem" às propriedades de suas interações comportamentais com o meio externo.

A segunda ideia acerca do interacionismo apresentada por Bronckart, e que está muito ligada à primeira, é a da dialética, segundo a qual a evolução humana deve ser compreendida numa perspectiva histórica e em uma ordem indireta e descontínua. Pela dialética, tese e antítese se conciliam num plano mais alto, a síntese, através da qual os dois polos que a princípio se excluíam formam, no desenvolvimento, no movimento, uma nova unidade.

Partindo dessa concepção de movimento constante, própria da dialética, Bronckart (1999) apresenta a sua terceira ideia de interacionismo, que parte da rejeição de uma concepção essencialista do ser humano e da adoção de uma perspectiva genética, do homem em constante evolução. Compreender o ser humano implica compreender sua evolução, o devir, reportando-nos à dialética de compreender que a realidade não se constitui apenas do Ser, mas também de seu oposto, o Não Ser.

Disso decorrem duas importantes contribuições do interacionismo social para o desenvolvimento da pesquisa. A primeira delas é o caráter interdisciplinar do trabalho de alguns autores das diversas Ciências Sociais (Sociologia, Ciências da Educação, Psicologia, Linguística): Dewey, Weber, Vygotsky, Saussure, entre outros que se contrapuseram à influência positivista nas Ciências Sociais, chamando a atenção para a unidade do objeto de estudo de todas elas e para a importância da articulação de todas essas disciplinas em um quadro de uma "ciência do espírito e sócio-histórica", ao invés de destacar as suas diferenças.

Outra grande contribuição é a compreensão de que a intervenção prática é a questão central de toda e qualquer ciência do humano, tanto no que concerne ao mundo físico quanto ao pensamento, à sociedade e à linguagem. Essa compreensão "[...] integra, ainda, uma mudança de perspectiva introduzida por Marx e Engels, que enfoca o papel que desempenham os instrumentos, a linguagem e o trabalho na construção da consciência" (TARDELLI, 2006, p. 39).

As referências teóricas que, segundo o próprio Bronckart (2007, p. 21), constituem "duas das fontes de inspiração do ISD" são Volochinov-Bakhtin e Vygotsky. Conforme o autor, "o ISD tomou dos trabalhos de Volochinov e de Bakhtin uma abordagem *descendente* dos fatos linguageiros, colocando em primeiro plano a práxis, isto é, a dimensão ativa, prática, das condutas humanas em geral e das condutas verbais em particular" (BRONCKART, 2007, p. 21).

Especificamente em relação a Bakhtin, Bronckart diz que ele:

> [...] conceitualizou as "formas de enunciação" abordadas por Volochinov, propondo a noção de *"gêneros do discurso"* ou de gêneros de textos; mostrou a *dependência* desses gêneros em relação aos tipos de atividade humana, distinguindo os gêneros primários e os gêneros

secundários e descreveu e analisou diversas propriedades dos gêneros, dentre as quais seu caráter fundamentalmente interativo ou *dialógico* (BRONCKART, 2007, p. 21).

Quanto a Vygotsky, diz Bronckart (2007, p. 21) que sua tese já fora formulada por "Volochinov em *Marxismo e filosofia da linguagem* (1929/1977)", com o objetivo de:

> [...] clarificar as condições de constituição do pensamento consciente humano, no quadro de um programa de pesquisa que focalizaria:
>
> primeiro, as condições e os processos de *interação social*: em termos contemporâneos, as diversas redes e formas da atividade humana;
>
> depois, as "*formas de enunciação*", que verbalizam ou semiotizam essas interações sociais no quadro de uma língua natural;
>
> enfim, a organização dos signos no interior dessas formas, que, segundo o autor, seriam constitutivos das "ideias" e do pensamento humano consciente (BRONCKART, 2007, p. 21).

Ao afirmar o caráter universalizante do que Volochinov chama de "procedimento praxiológico descendente", o qual aponta para o fato de que "as propriedades das atividades humanas, como a dos gêneros de textos, são válidas para qualquer língua natural utilizada", Bronckart se questiona: "[...] qual é então, nessa visão, o estatuto atribuído às especificidades das línguas naturais e À LINGUA, enquanto sistema?" (BRONCKART, 2007, p. 22).

É nesse ponto que o ISD se apoia em Vygotsky, na sua tentativa de "validar experimentalmente a tese de que é a apropriação e a interiorização dos signos de uma língua natural que é constitutiva do pensamento consciente" (BRONCKART, 2007, p. 22).

Dentre as três conceituações bakhtinianas referidas por Bronckart, a que interessa mais de perto aos objetivos deste estudo é o caráter fundamentalmente interativo e dialógico da linguagem; e da teoria sócio-histórica de Vygotsky, interessa-nos o conceito de internalização, fundamental para o entendimento do processo de construção do pensamento consciente.

Dialogismo e internalização: princípios fundantes do interacionismo social

Bakhtin (1992/2003) diz que a enunciação é produto da interação de dois indivíduos socialmente organizados, pois sua natureza é social, não existindo fora de um contexto socioideológico em que cada locutor tem um "horizonte social" bem definido, pensado e dirigido a um auditório social também definido. A enunciação, ratificando as palavras desse autor, procede de alguém e se destina a alguém, propondo uma réplica, uma reação.

O sentido da enunciação é o efeito da interação entre o locutor e o receptor, produzido por meio de signos linguísticos; portanto, a interação constitui o veículo principal na produção do sentido.

Para Bakhtin,

> [...] Qualquer tipo genuíno de compreensão deve ser ativo e deve conter já o germe de uma resposta. Somente a compreensão ativa nos permite apreender o tema, pois a evolução não pode ser apreendida senão com a ajuda de um outro processo evolutivo. Compreender a enunciação de outrem significa orientar-se em relação a ela, encontrar o seu lugar adequado no contexto correspondente. A cada palavra da enunciação que estamos em processo de compreender fazemos corresponder uma série de palavras nossas, formando uma réplica. [...] A compreensão é uma forma de diálogo; ela está para a enunciação assim como uma réplica está para a outra no diálogo. Compreender é opor à palavra do locutor uma "contrapalavra" (BAKHTIN, 1992/2003, p. 131).

Essa noção de recepção/compreensão ativa, proposta por Bakhtin, é a base do movimento dialógico da enunciação, a qual constitui o território comum do locutor e do interlocutor. Nela se resume o esforço dos interlocutores em colocar a linguagem em relação ante um e outro. O locutor enuncia em função da existência (real ou virtual) de um interlocutor, impondo a este uma atitude responsiva, com antecipação do que o outro vai dizer, experimentando ou projetando o lugar de seu ouvinte.

Por sua vez, a recepção de uma enunciação significativa impõe uma réplica: concordância, apreciação, ação etc. Só se pode compreender uma enunciação colocando-a no movimento dialógico dos enunciados, em confronto tanto com os nossos próprios dizeres quanto com os dizeres alheios. A compreensão dos enunciados alheios se dá quando "reagimos àquelas [palavras] que despertam em nós ressonâncias ideológicas ou concernentes à vida" (BAKHTIN, 1992/2003, p. 95).

A compreensão, portanto, não equivale ao reconhecimento da forma linguística, tampouco a um processo de identificação, mas sim à interação dos significados das palavras e seu conteúdo ideológico, não só do ponto de vista enunciativo, mas também do ponto de vista das condições de produção e da interação locutor/receptor, pois

> [...] a verdadeira substância da língua não é constituída por um sistema abstrato de formas linguísticas, nem pela enunciação monológica isolada, nem pelo ato psicofisiológico de sua produção, mas pelo fenômeno social da interação verbal, realizada através da enunciação ou das enunciações. A interação verbal constitui assim a realidade fundamental da língua (BAKHTIN, 1992/2003, p. 123).

O diálogo a que se refere Bakhtin, vale lembrar, vai muito além do diálogo *tête-à-tête*, pois, segundo ele,

> [...] o diálogo, no sentido estrito do termo, não constitui, é claro, senão uma das formas, é verdade que das mais importantes, da interação verbal. Mas pode-se compreender a palavra "diálogo" num sentido mais amplo, isto é, não apenas como a comunicação em voz alta, de pessoas colocadas face a face, mas toda comunicação verbal, de qualquer tipo que seja. O livro, isto é, o ato de fala impresso, constitui igualmente um elemento da comunicação verbal. Ele é objeto de discussões ativas sob a forma de diálogo e, além disso, é feito para ser apreendido de maneira ativa, para ser estudado a fundo, comentado e criticado no quadro do discurso interior, sem contar as reações impressas, institucionalizadas, que se encontram nas diferentes esferas da comunicação verbal (críticas, resenhas, que exercem influência sobre trabalhos posteriores etc.). Além disso, o ato de fala sob a forma de livro é sempre orientado em função das intervenções anteriores na mesma esfera de atividade, tanto as do próprio autor como as de outros autores: ele decorre portanto

da situação particular de um problema científico ou de um estilo de produção literária. Assim, o discurso escrito é de certa maneira parte integrante de uma discussão ideológica em grande escala: ele responde a alguma coisa, refuta, confirma, antecipa as respostas e objeções potenciais, procura apoio etc. (BAKHTIN, 1992/2003, p. 123).

Nessa visão de Bakhtin, o diálogo, tanto exterior, na relação com o outro, como no interior da consciência, ou escrito, realiza-se na e pela linguagem e diz respeito a qualquer forma de discurso, sejam as relações dialógicas que ocorrem no cotidiano, sejam textos artísticos ou literários. O diálogo, concordamos com esse autor, se constitui de todas e quaisquer relações que ocorrem entre interlocutores, em uma ação histórica compartilhada socialmente, realizada em um tempo e local específicos, mas que, devido às variações do contexto, é sempre mutável. Até mesmo nas produções monológicas pode-se observar essa relação dialógica, pois o dialogismo é constitutivo da linguagem.

É nessa perspectiva que Belloni (1999), pesquisadora em EaD, defende que, para que a educação seja centrada no estudante e reconheça sua autonomia, deve basear-se no diálogo, a ser estimulado entre professores e estudantes, entre os próprios estudantes e entre eles e os contextos sociais. Para ela, o diálogo deve ser motivado pelos próprios materiais de curso, que devem oferecer aos alunos conhecimentos, habilidades e valores que atendam a seus interesses e necessidades, possibilitando-lhes a gestão e mudança de seus mundos sociais pelo diálogo com seus companheiros.

O dialogismo bakhtiniano, ratificado por Belloni, reporta-nos à formulação de Vygotsky (1934/1987; 1933/1998) de sua teoria sócio-histórica, a qual conduz à compreensão do desenvolvimento psicológico e da relação entre os planos social e individual da ação como um curso de apropriação de formas culturais maduras de atividade. Em seus estudos, Vygotsky ressalta que as funções mentais superiores (percepção, pensamento e memória) desenvolvem-se na relação com o meio sociocultural e são mediadas por signos.

Dessa forma, conhecer e atuar no mundo é uma construção social que depende das relações que o homem estabelece num plano interpsíquico, interpessoal e social com o meio. Nesse sentido, Baquero (1998) adverte que os processos mentais superiores não decorrem de uma evolução intrínseca e linear dos processos elementares; ao contrário, eles se constituem em situações específicas, na vida social, através de processos de internalização,[1] por meio de instrumentos[2] e de mediação. Explica o autor que

> [...] essa especificidade deriva do fato de que o desenvolvimento dos Processos Psicológicos Superiores, no contexto da teoria, depende essencialmente das situações sociais específicas em que o sujeito participa. Os Processos Psicológicos Superiores [...] pressupõem a existência dos processos elementares, mas estes não são condição suficiente para sua aparição. Quer dizer, os PPS não são o desiderato ou estado avançado dos processos elementares, que por sua evolução intrínseca se convertem em superiores. O processo é na verdade muito mais complexo, porque o desenvolvimento parece incluir mudanças na estrutura e função dos processos que se transformam (BAQUERO, 1998, p. 26).

As funções psicológicas que emergem da atividade externa e se consolidam no plano da ação entre sujeitos tornam-se internalizadas, isto é, transformam-se para construir o funcionamento interno (interpessoal), que depois se tornará intrapessoal. Portanto, essas transformações interessam particularmente ao EaD, que trabalha com formas culturais que precisam ser internalizadas através de uma inter-relação entre conhecimento e cultura. Conforme Van der Veer e Valsiner (1988/2001, p. 247),

> [...] Luria e Vygotsky [...] queriam dizer: as pessoas não apenas possuem instrumentos mentais, elas também são possuídas por eles. Os meios culturais, a fala em particular, não são externos à nossa mente, mas crescem dentro dela, criando, assim, uma "segunda natureza". O que Luria e Vygotsky pretendiam dizer é que o domínio dos meios culturais irá transformar nossa mente: uma criança que tenha dominado o instrumento cultural da linguagem nunca mais será a mesma criança

---

[1] Internalização é a reconstrução interna de uma operação externa. "A internalização das atividades socialmente enraizadas e historicamente desenvolvidas constitui o aspecto característico da psicologia humana; é a base do salto quantitativo da psicologia animal para a psicologia humana" (VYGOTSKY, 1998, p. 76).
[2] Como a linguagem está inserida em interações de práticas sociais situadas, não podemos aceitar o entendimento de linguagem enquanto instrumento.

outra vez (a menos que um dano cerebral reduza-a a um estado de pré-cultura [...]. Assim, pessoas pertencentes a culturas variadas pensariam, literalmente, de maneiras diferentes, e a diferença não estava confinada ao conteúdo do pensamento, mas incluía também as maneiras de pensar.

O conceito de *dialogismo* de Bakhtin e o de *internalização* de Vygotsky mostram que as relações sociais são antes de tudo linguagem, e o binômio linguagem-relações sociais constitui a atividade mental, a base da construção do conhecimento. É com base nesses conceitos que Pereira (2009), reiterando os pressupostos teóricos do ISD, defende ser a língua uma ferramenta indispensável na construção do mundo e que a linguagem nos constitui como seres cognitivos, possibilitando-nos, inclusive, experienciar a alteridade. Diz ainda essa autora que

> Construímos nossa atividade discursiva na interação com os outros, a cada momento, em cada exclusiva situação discursiva. Não é mais possível considerar a língua como um fenômeno social, e, simultaneamente, ignorar toda a dimensão semântica de que se reveste a palavra "social" (PEREIRA, 2009, p. 114).

Essas considerações de Pereira acerca da dimensão social das atividades de linguagem apontam a interdisciplinaridade na abordagem dos fenômenos linguageiros, evidenciada nas bases teóricas do ISD, grupo de pesquisadores suíços formado por Jean-Paul Bronckart, Bernard Schneuwly, Joaquim Dolz, Janette Friedrich, Glaís Sales Cordeiro, Itziar Plazaola--Giger, dentre outros, que "se posicionaram a favor da reunificação da Psicologia, atribuindo-lhe uma dimensão social, com a finalidade de esclarecer as condições da emergência e do funcionamento do pensamento consciente humano" (MACHADO, 2004, prefácio). Machado acrescenta ainda que,

> [...] seguindo os passos de Vygotsky, a importância conferida à linguagem nesse processo levou esse grupo [...] a mergulhar em estudos e pesquisas sobre o funcionamento dos textos/discursos, sobre os processos da sua produção e sobre as diferentes capacidades de linguagem que se desenvolvem no ensino-aprendizagem formal dos gêneros e dos diferentes níveis da textualidade (MACHADO, 2004, prefácio).

Depreendemos, dessa fala de Machado, que a importância dada à linguagem levou os pesquisadores suíços a se apoiarem em Vygotsky como um de seus autores de referência mais importantes. Outro grande suporte teórico do ISD é Bakhtin, cujo princípio do dialogismo da linguagem se sustenta na ideia de que é o par linguagem-relações sociais que constitui a atividade mental, a base da construção do conhecimento. Assim, o quadro teórico-metodológico desta pesquisa é o ISD:

> [...] termo criado por Bronckart (1999; 2004) para denominar o resultado de um posicionamento epistemológico sobre as condições do desenvolvimento humano, principalmente baseado nas obras de Spinoza (1677/1954), de Marx (1845/1951), de Vygotsky (1934/1987) e de Volochinov e Bakhtin (1977; 1984) (TARDELLI, 2006, p. 26).

São muitas as pesquisas que tomam o ISD como fundamento teórico maior, tanto como método de análise de textos quanto como princípios epistemológicos. No Brasil, o ISD tem passado por uma crescente divulgação e ampliação de suas atividades nos últimos quinze anos, em decorrência do Acordo Interinstitucional estabelecido, em 1994, entre a Universidade de Genebra (UNIGE) e a Pontifícia Universidade Católica de São Paulo (PUC-SP), que propiciou um diálogo contínuo entre pesquisadores da Unidade de Didática de Línguas da Faculdade de Psicologia e Ciências da Educação da UNIGE e do Programa de Estudos Pós-Graduados em Linguística Aplicada (LAEL) da PUC-SP.

Além do grupo da PUC-SP, outros pesquisadores brasileiros trabalham sob o aporte teórico do ISD, a exemplo dos linguistas da Universidade Federal de Minas Gerais, dos pesquisadores de psicologia e ciências da educação da UNICAMP e da Universidade Federal do Rio de Janeiro e da Universidade de Vitória – Espírito Santo, dos linguistas da Universidade Federal do Ceará e do grupo do Programa de Linguística (PROLING) da Universidade Federal da Paraíba, formado pelas professoras Regina Celi Mendes Pereira e Betânia Passos Medrado, do qual este autor faz parte.

Esse diálogo entre pesquisadores suíços e brasileiros se traduziu em inúmeras pesquisas e muitas delas resultaram em publicações e congressos, e outras se encontram ainda em desenvolvimento. Há, ainda, segundo Tardelli (2006, p. 36), "[...] publicações de caráter didático, assim como iniciativas individuais de divulgação informal".[3]

Apresentados os princípios interacionistas que direcionam o ISD e sua aproximação com outros campos de pesquisa, procederemos agora à análise de alguns recortes do nosso *corpus* de pesquisa, todos constitutivos de um dos eixos de reflexão por nós adotados: o comando (pelo tutor) e o cumprimento das tarefas (pelos alunos).

ANALISANDO O COMANDO E O CUMPRIMENTO DE TAREFAS

Recortamos aqui duas mensagens da autoria do tutor (TEXTOS 1 e 2), orientando os alunos em duas tarefas diferentes a serem desenvolvidas, e, em seguida, dois textos empíricos de alunos diferentes (TEXTOS 3 e 4), materializando o cumprimento da tarefa proposta.

Na primeira das mensagens do tutor (TEXTO 1), evidenciamos sua preocupação em determinar detalhada e objetivamente a estrutura composicional do texto que espera dos alunos, inclusive fornecendo os elementos do contexto físico necessários à execução da tarefa – *[...] (procurem no e-book) [...]* –, a planificação do conteúdo temático – *[...] a escola, mesmo disponibilizando computadores aos alunos, ainda está fechada à cultura audiovisual e digital [...]* – e a estrutura do texto – *[...] faça um texto contendo 3 parágrafos [...]* –, esta última seguida da especificação do tipo de discurso a ser adotado pelos autores em cada uma das três partes que o constituiriam, através de formas linguísticas que traduzem o *mundo discursivo do expor* – *[...] Um com a síntese dos argumentos dele [...] Um com a sua posição (se concorda ou discorda ou em termos) [...] Um com seus argumentos*. Por fim, ele apresenta as "condições da tarefa", fazendo uma mistura dos parâmetros do contexto social de produção – *[...] No máximo 15 linhas [...] Vale de 0 até 2,5 pontos na nota da unidade [...] Entrega fora do prazo implica a validade máxima de 1,5 ponto na nota da unidade*. Só não há referência alguma ao gênero discursivo do texto-base, nem do texto a ser produzido pelos alunos.

---

[3] Consultar o endereço do blog: <http://interacionismo.blog.terra.com.br>.

TEXTO 1

AUTOR: Tutor 2

DISCIPLINA: TUTORIA ON-LINE

Para Jesús Martín-Barbero (procurem no e-book), a escola, mesmo disponibilizando computadores aos alunos, ainda está fechada à cultura audiovisual e digital. Sobre a opinião de Barbero, faça um texto contendo 3 parágrafos:

- Um com a síntese dos argumentos dele
- Um com a sua posição (se concorda ou discorda ou em termos)
- Um com seus argumentos

Condições da tarefa:

- No máximo 15 linhas
- Vale de 0 até 2,5 pontos na nota da unidade

Entrega fora do prazo implica a validade máxima de 1,5 ponto na nota da unidade

Os reflexos da preocupação consciente do tutor em oferecer aos alunos as condições para a produção dos seus textos se fizeram perceber nas respostas dos alunos, através de seus textos empíricos. Isso sugere que a preocupação consciente com a linguagem por parte do professor/tutor se constitui num elemento fundamental no desenvolvimento das capacidades de produção textual dos alunos.

TEXTO 2

AUTOR: Aluno 20

DISCIPLINA: TUTORIA ON-LINE

Segundo Martín-Barbero, o fechamento da escola em relação à cultura audiovisual e digital é reflexo e extensão do que se percebe na própria sociedade, cujas bibliotecas, por exemplo, ainda não estão paramentadas com os materiais oferecidos pelas novas tecnologias, constituindo-se de espaços em que há uma separação quase que radical entre a cultura livresca e a cultura oferecida pelas TIC's.
Assome-se a isso que o professor, devido à sua tradicional formação livresca e à sua cristalizada tendência a ser o detentor do conhecimento, tem muita dificuldade de trabalhar mediado pelos recursos trazidos por essas novas tecnologias, os quais vão-lhe exigir uma atuação menos centralizadora e mais interativa, uma vez que ele funcionará muito mais como coordenador do que como professor.
Diante disso, urge um investimento urgente, como já vem acontecendo, na formação inicial e continuada de professores, sem deixar de fora, mesmo que incipientemente, as polêmicas questões sobre a utilização das TIC's que, queiramos ou não, já fazem parte do cotidiano de grande parte da população, direta ou indiretamente. E sem perder de vista, lembrando Paulo Freire, o papel humanizador da Educação, cujos pilares são a autonomia e a emancipação.

Em seu texto, o aluno parece ainda não ter internalizado a necessidade de dar as devidas referências quando recorre, no seu dizer, a outras vozes – *Segundo Martín-Barbero, [...]*, referências essas facilmente localizáveis no *e-book* indicado pelo tutor.

Por outro lado, os reflexos das orientações do tutor se fazem evidentes na estrutura composicional do texto, sobretudo no que concerne à escolha do discurso adequado, no caso, o da *ordem do expor*.

Vejamos agora, em uma nova mensagem, como o tutor, que em suas orientações iniciais se atém a informações relacionadas predominantemente aos parâmetros do contexto objetivo de produção, introduz os alunos em questões de linguagem, notadamente no comando das tarefas propostas (4 exercícios).

No exercício 1 (TEXTO 3), por exemplo, é interessante notar como, conscientemente, o tutor chama a atenção para o fato de haver semelhanças e diferenças entre língua falada e língua escrita, como podemos ver na proposta de retextualização – *[...] Reescreva o texto fazendo as adaptações necessárias para tornar o"texto" gravado em um texto para ser lido. [...]* e, mais explicitamente, quando ele declara o objetivo da tarefa – *[...] perceber os aspectos da linguagem sonora, suas semelhanças e diferenças em relação à linguagem escrita. [...]*.

TEXTO 3

AUTOR: Tutor 3

DISCIPLINA: LINGUAGENS DAS MÍDIAS

EXERCÍCIO 1

Grave uma conversa em que uma pessoa relata um fato para outra pessoa e, depois, anote as palavras concretas (substantivos concretos) utilizadas. Reescreva o texto fazendo as adaptações necessárias para tornar o "texto" gravado em um texto para ser lido. O objetivo é perceber os aspectos da linguagem sonora, suas semelhanças e diferenças em relação à linguagem escrita. Poste no fórum um pequeno texto com 10 ou 15 linhas com o resultado.

Ao apontar para as semelhanças e diferenças entre fala e escrita, o texto deixa-nos transparecer que a visão do tutor não é a estritamente dicotômica, defendida tradicionalmente por linguistas como Bernstein (1971), Labov (1972), Ochs (1979), citados por Marcuschi (2005, p. 27), mas sim a que é defendida por linguistas "que percebem as relações entre fala e escrita dentro de um contínuo, seja tipológico ou da realidade cognitiva e social" (MARCUSCHI, 2005, p. 27), como Chafe (1982, 1984, 1985), Tannen (1982, 1985), Gumperz (1982), Biber (1986, 1995),

Blanche-Benveniste (1990), Halliday/Hansan (1989), também citados por Marcuschi (2005, p. 27).

Das quatro perspectivas apresentadas por Marcuschi (2005) para analisar as relações entre oralidade e escrita – a perspectiva das dicotomias, a perspectiva culturalista, a perspectiva variacionista e a perspectiva sociointeracionista –, esta última, fortemente representada no Brasil (PRETI, 1991, 1993; KOCH, 1992; MARCUSCHI, 1986, 1992, 1995; KLEIMAN, 1995; URBANO, 2000), é muito sensível às estratégias de organização textual-discursiva na modalidade falada e escrita e, por isso mesmo, é a que mais se aproxima do escopo teórico desta pesquisa. Daí a julgarmos pertinente a proposta do tutor de que os alunos analisem as relações fala-escrita a partir da retextualização de um texto falado, uma vez que

> A perspectiva interacionista preocupa-se com os processos de produção de sentido tomando-os sempre como situados em contextos sócio-historicamente marcados por atividades de negociação ou por processos inferenciais. Não toma as categorias linguísticas como dadas *a priori*, mas como construídas interativamente e sensíveis aos fatos culturais. Preocupa-se com a análise dos gêneros textuais e seus usos em sociedade. Tem muita sensibilidade para fenômenos cognitivos e processos de textualização na oralidade e na escrita, que permitem a produção de coerência como uma atividade do leitor/ouvinte sobre o texto recebido (MARCUSCHI, 2005, p. 34).

E o tutor continua a tratar de questões referentes à linguagem nos exercícios seguintes. No exercício 2 (TEXTO 4), por exemplo, a proposta é a observação das "inadequações de linguagem" em uma retextualização escrita de texto oral que, depois de gravado, deveria ser mostrado a alguém, e esse alguém deveria dizer o que entendeu da gravação. Nas orientações do exercício, vemos que o tutor demonstra conhecimento dos marcadores conversacionais utilizados pelos analistas da conversão – *[...]* *Obs.: As duas barras (//) significam "pequeno espaço de silêncio". [...].*

TEXTO 4

AUTOR: Tutor 3

DISCIPLINA: LINGUAGENS DAS MÍDIAS

EXERCÍCO 2

Texto com linguagem inadequada:

Sobe o nível educacional de homens e mulheres na juventude e em idade adulta, segundo levantamento estatístico realizado pelo INEP. //A educação de jovens e adultos inclui estudantes que já ultrapassaram a idade considerada ideal para frequentar o Ensino Fundamental, que é estabelecida de sete a quatorze anos, e Médio, que compreende a faixa etária de quinze a dezessete anos. // O estudo elaborado pelo INEP registra este ano o crescimento de doze vírgula dois por cento nas inscrições em estabelecimentos de ensino público e privados para jovens e adultos em comparação com o ano de dois mil e dois.// O resultado foi considerado extremamente satisfatório pela equipe técnica do Ministério da Educação.// O MEC terá como meta no próximo período letivo ampliar o trabalho de alfabetização de adultos.

Obs.: As duas barras (//) significam "pequeno espaço de silêncio".

- Grave o texto e avalie o resultado, pedindo a outra pessoa que lhe diga o que entendeu.
- Redija um novo texto considerando os comentários feitos pela "outra pessoa".

Nos dois exercícios seguintes (TEXTO 5), temos respectivamente uma proposta de exploração dos sons da natureza e de sua representação na escrita, apontando para os recursos da aliteração e da onomatopeia, e uma de exploração da relação linguagem verbal-linguagem não verbal visual, quando ele propõe que se *[...] Escolha uma gravura e crie uma "paisagem sonora" para ela, indicando uma ou mais músicas que identificam um lugar ou uma época relacionada à gravura. [...].*

Todas as atividades propostas, segundo o próprio tutor, constituem [...] *um trabalho de sensibilização para a linguagem audiovisual.* [...].

TEXTO 5

AUTOR: Tutor 3

DISCIPLINA: LINGUAGENS DAS MÍDIAS

EXERCÍCIO 3

1º Componha uma "paisagem sonora" com os sons mais comuns do seu dia a dia. Escolha um horário, ou mais de um, um lugar que você costuma frequentar (sua casa, seu trabalho, sua escola, seu bairro, sua vizinhança) e descreva-o somente com sons. Você pode gravar os sons e incorporar ao arquivo que você vai enviar, ou simplesmente indicar no texto descritivo as associações sonoras.

EXERCÍCIO 4

Escolha uma gravura e crie uma "paisagem sonora" para ela, indicando uma ou mais músicas que identificam um lugar ou uma época relacionada à gravura. Poste no fórum.

Das respostas dos alunos aos exercícios propostos, reproduzimos aqui apenas o primeiro exercício feito por um aluno (TEXTOS 6, 7 e 8), por ele apresentar o que julgamos fundamental na análise das relações fala-escrita e também pela contribuição que essa análise pode trazer para o aprimoramento das habilidades linguageiras dos sujeitos, tanto na modalidade oral quanto na escrita.

Além disso, na análise que faz de sua própria retextualização, o aluno aponta para algumas das nove operações apresentadas por Marcuschi (2005, p. 75) no seu "Modelo das operações textuais-discursivas na passagem do texto oral para o texto escrito", quais sejam:

1ª operação – eliminação de marcas estritamente interacionais, hesitações e partes de palavras.

2ª operação – introdução da pontuação com base na intuição fornecida pela entoação das falas.

3ª operação – retirada de repetições, reduplicações, redundâncias, paráfrases e pronomes egóticos.

4ª operação – introdução da paragrafação e pontuação detalhada sem modificação da ordem dos tópicos discursivos.

5ª operação – introdução de marcas metalinguísticas para referenciação de ações e verbalização de contextos expressos por dêiticos.

6ª operação – reconstrução de estruturas truncadas, concordâncias, reordenação sintática, encadeamentos.

7ª operação – tratamento estilístico com seleção de novas estruturas sintáticas e novas opções léxicas.

8ª operação – reordenação tópica do texto e reorganização da sequência argumentativa.

9ª operação – agrupamento de argumentos condensando as ideias.

TEXTO 6

AUTOR: Aluno 15

DISCIPLINA: LINGUAGENS DAS MÍDIAS

EXERCÍCIO 1.1 – Reprodução do relato falado original

Eu sou quase uma cameloa de leitura. Agora mesmo eu leio jornais, assino revistas, eu acho até que sou privilegiada porque posso fazer isso, porque no geral o professor infelizmente não tem nem o jornal mesmo, então eu sou uma pessoa assim que pode assinar revistas, jornais, e aí eu seleciono esse material. Então toda a minha primeira aula, seja ela no 3º ano ou na faculdade, lá vou eu com aquela muamba de coisas e vou mostrando: quem leu esse artigo, quem leu isso, quem leu aquilo?

Então eu tento sensibilizar, ou levo livros. Tô lendo um livro, então levo: gente, alguém já leu esse livro, alguém conhece o autor? Então eu tenho feito um trabalho de sensibilização para que ele leia. E o trabalho efetivo em sala de aula, já que eu trabalho muito com a parte escrita é... eu separo editoriais, artigos de opinião, e levo para ler com os alunos. É absurdo isso, que a gente tenha que pegar um aluno de 3º ano, alguns de faculdade, e ler com ele, que ele não tem um caminho para leitura, ele não sabe ler, e acha que ler é aquela decodificação. Então ele não percebe uma posição de um adjunto adverbial, por exemplo, a posição das palavras... Então eu vou lendo...

TEXTO 7

AUTOR: Aluno 15

DISCIPLINA: LINGUAGENS DAS MÍDIAS

EXERCÍCIO 1.2 – Retextualização para a linguagem escrita

Eu leio bastante. Leio jornais, assino revistas. E considero-me uma pessoa privilegiada por ter acesso a esses suportes de leitura, pois em geral o professor nem sequer pode comprar um jornal. De tudo que leio, seleciono os melhores textos para compor o material de minhas aulas.

Em minha primeira aula, seja no 3º ano seja na faculdade, levo todo o material selecionado – e também livros – e mostro aos alunos, perguntando-lhes se conhecem algum/alguns daqueles textos. É esse o trabalho efetivo que realizo em sala de aula, pois acredito que a principal função do professor de Português é sensibilizar os alunos para a leitura.

TEXTO 8

AUTOR: Aluno 15

DISCIPLINA: LINGUAGENS DAS MÍDIAS

EXERCÍCIO 1.3 – Analisando a retextualização

Não houve, na retextualização, uma reordenação de conteúdo, ficando tudo na mesma sequência. A mudança mais significativa deu-se na eliminação das pausas, introdução da paragrafação, reestruturação na pontuação e no enxugamento geral do texto com eliminações significativas. Quanto a esse último aspecto, o texto original, que tinha 214 palavras, ficou bem sintético, com 102 palavras na versão final escrita, o que representa um pouco, quase a metade do material linguístico original.

Por fim, pode-se dizer que por terem sido extremamente categóricas as estratégias operacionais de retextualização escrita do texto falado, no resultado final se percebe uma variada seleção de substitutivos lexicais e, o mais importante, a contextualização da fala do entrevistado na pergunta do entrevistador: "Na sua opinião, qual o papel do professor de Português nos dias atuais?" (CONTEXTUALIZAÇÃO): "[...] acredito que a principal função do professor de Português é sensibilizar os alunos para a leitura".

É com base no que diz Marcuschi (2005) acerca desse modelo que defendemos a importância de que sejam trabalhadas, em EaD, atividades de retextualização de textos falados, entre outras que focalizem o ensino e aprimoramento da prática de escrita, seguidas de discussões sobre as relações fala-escrita, pois isso contribui para o desenvolvimento das capacidades de produção escrita dos alunos:

Corresponde a uma escala contínua de estratégias, desde os fenômenos mais próximos e típicos da fala até os mais específicos da escrita. O domínio da escrita vai se manifestando, progressivamente, de acordo com as estratégias que vão sendo realizadas (MARCUSCHI, 2005, p. 76).

(RE)PENSANDO O OBSERVADO

As observações que fizemos acerca das mensagens recortadas do nosso *corpus* de pesquisa se pautaram pela influência que as condições de produção exercem sobre a organização dos textos empíricos, que são a materialização do imbricamento efetivo entre as práticas sociais e as ações de linguagem.

As atividades linguageiras materializadas nos textos analisados, em conformidade com os pressupostos teóricos do ISD, são fortemente influenciadas pelo contexto, pelos papéis sociais ocupados pelo autor e pela forma como esse agente interioriza todos esses papéis, o que vai ao encontro do que pensam Schneuwly e Dolz (2004), parafraseados por Pereira (2007, p. 1693), quando esta autora diz que "a atividade de linguagem funciona como uma interface entre o sujeito e o meio e responde a um motivo geral de representação-comunicação, atribuindo às práticas sociais um papel determinante na explicação de seu funcionamento".

Em consonância com o que afirmamos acima, e para dar conta do nosso objetivo de pesquisa – identificação dos reflexos das ações linguageiras nas interações tutor-alunos nas atividades de leitura e escrita desses sujeitos –, impusemo-nos, pelas próprias condições de produção, à observação das formas de interação no ambiente virtual de aprendizagem, já que essas interações e o próprio suporte material desse ambiente, a tela do computador, configuram os parâmetros objetivos e sociossubjetivos que podem influenciar, como de fato influenciaram, a organização dos textos ali produzidos.

As ações linguageiras que tutor e alunos praticam nas interações em que estão envolvidos demandam esta reflexão, uma vez que, conforme Geraldi (2003), remetendo a Volochinov em sua obra *Marxismo e filosofia da linguagem*,

> [...] compreender a fala do outro e fazer-se compreender pelo outro tem a forma de diálogo: quando compreendemos o outro, fazemos corresponder à sua palavra uma série de palavras nossas; quando nos fazemos compreender pelos outros, sabemos que às nossas palavras eles fazem corresponder uma série de palavras suas (GERALDI, 2003, p. 17).

A maioria dos textos observados não apresenta uma construção composicional (BAKHTIN, 2003/1992) bem definida, um formato predeterminado ou uma superestrutura, nos termos defendidos por Van Dijk (1992)[4] para eles. A preocupação central, em todos eles, é com o conteúdo temático, muitas vezes previamente planificado pelo diálogo instrucional do tutor.

Essa centralização no conteúdo temático reflete a concepção de leitura subjacente às práticas linguageiras materializadas nas mensagens, ainda presa à ideia de leitura apenas como uma atividade de decodificação, em detrimento de uma concepção cognitiva de leitura "como extração e relação entre informações extraídas de textos em diferentes gêneros e linguagens..." (ROJO e BATISTA, 2003, p. 10-11), ou de uma concepção discursiva de leitura, que considera as "habilidades e competências relacionadas ao conteúdo e à materialidade linguística dos textos e também a sua situação de enunciação" (SOARES, 2006, p. 21).

Esta última concepção de leitura é decorrente da própria concepção de língua, que, segundo Soares (1998, p. 59), é uma "concepção que vê a língua como enunciação, discurso, não apenas como comunicação, que, portanto, inclui as relações da língua com aqueles que a utilizam, com o contexto em que é utilizada, com as condições históricas de sua utilização".

Várias são as correntes linguísticas contemporâneas que rejeitam compreender a leitura como uma atividade apenas decodificadora. A

---

[4] A ideia de superestrutura de Van Dijk surge como um elemento necessário ao processamento da linguagem. Partindo do estudo das gramáticas textuais, o autor chega ao tipo de texto como um componente central do modelo de compreensão e produção textual que formula com Kintsch. Para eles, "as superestruturas são esquemas para as formas convencionais dos textos; sendo que o conhecimento dessas formas facilita a geração, a recordação e a produção de macroestruturas. Nem todos os tipos de textos têm tais formas convencionais, mas quando ela existe parece desempenhar um papel considerável no processamento (VAN DIJK; KINTSCH, 1983, p. 54). Embora bastante importante para se pensar o processamento da linguagem, esse conceito de superestrutura não dá conta da distinção entre gênero e sequência textual, além de não haver nele uma explanação do modo como as macrocategorias estão relacionadas ao contexto social de ocorrência do gênero, seja em relação às especificidades linguísticas do ambiente social que dão surgimento a um determinado gênero, seja com relação ao tipo de interação e às funções específicas do gênero.

despeito das diferenças teóricas entre essas correntes e o escopo teórico que adotamos neste trabalho, o ISD, todas elas, mesmo que por caminhos diferentes, convergem para um mesmo ponto, como podemos depreender deste postulado da analista do discurso brasileiro Eni Orlandi,

> De um lado, com o progresso da Linguística, era possível não mais considerar o sentido apenas como conteúdo. Isto permitia à análise de discurso não visar o *que* o texto quer dizer (posição tradicional da análise de conteúdo face a um texto) mas *como* um texto funciona. De outro, [...] há um deslocamento no modo como os intelectuais encaram a "leitura". Este fato pode ser pensado a partir de trabalhos como os de Althusser (Ler Marx), de Lacan (a Leitura de Freud), de Foucault (a Arqueologia), de Barthes (a Relação leitura/escrita). Há o que designo como suspensão da noção de interpretação. A leitura aparece não mais como simples decodificação mas como a construção de um dispositivo teórico. [...], um sentido preciso que leva em conta a materialidade da linguagem, isto é, sua não transparência, e coloca a necessidade de construir um artefato para ter acesso a ela, para trabalhar sua espessura semântica – linguística e histórica – em uma palavra, sua discursividade (ORLANDI, 2001, p. 20-21) (grifos originais).

Essa concepção discursiva rege, inclusive, a postulação do documento dos Parâmetros Curriculares Nacionais (PCN) de língua portuguesa, tanto em relação à leitura quanto à escrita, como se depreende deste fragmento:

> A leitura é um processo no qual o leitor realiza um trabalho de construção do significado do texto, a partir dos seus objetivos, do conhecimento sobre o assunto, sobre o autor, de tudo o que sabe sobre a língua: características do gênero, do portador, do sistema de escrita etc. Não se trata "simplesmente de extrair informação da escrita", decodificando-a letra por letra, palavra por palavra. Trata-se de uma atividade que implica necessariamente compreensão [...].
> [...]
> Um escritor competente é alguém que, ao produzir um discurso, conhecendo possibilidades que estão postas culturalmente, sabe selecionar o gênero no qual o seu discurso se realizará, escolhendo aquele que for apropriado a seus objetivos e à circunstância enunciativa em

questão [...] é alguém que planeja o discurso e consequentemente o texto em função do eu objetivo e do leitor a que se destina, sem considerar as características específicas do gênero. [...] (BRASIL, 1997, p. 53-54.65-66).

REFERÊNCIAS BIBLIOGRÁFICAS

BAKHTIN, Mikhail. *Estética da criação verbal*. Trad. Paulo Bezerra. 4. ed. São Paulo: Martins Fontes, 1992 [2003].

BAQUERO, Ricardo. *Vygotsky e a aprendizagem escolar*. São Paulo: Artes Médicas, 1998.

BELLONI, M. L. *Educação a distância*. Campinas, SP: Autores Associados, 1999.

BERNSTEIN, Basil. *Class, Codes and Control*. London: Routledge & Kegan Paul Ltd., 1971. v. 1.

BIBER, Douglas. *Dimensions of Register Variation*. A Cross-Linguistic Comparison. Cambridge: Cambridge University Press, 1995.

_____. Spoken and written textual dimensions in English: resolving contradictory findings. *Language* 62, p. 384-414, 1986.

BLANCHE-BENVENISTE, Claire. A escrita da linguagem domingueira. In: FERREIRO, E.; PALACIO, M. G. (ed.). *Os processos de leitura e escrita*. 3. ed. Porto Alegre: Artes Médicas, 1990. p. 195-212.

BRASIL. Ministério da Educação. Secretaria de Educação Fundamental. *Parâmetros curriculares nacionais*: língua portuguesa. Brasília, 1997.

BRONCKART, Jean-Paul. A atividade de linguagem em relação à língua: homenagem a Ferdinand de Saussure. In: GUIMARÃES, Anna Maria de Mattos; MACHADO, Anna Raquel; COUTINHO, Antónia (org.). *O interacionismo sociodiscursivo*: questões epistemológicas e metodológicas. Campinas, SP: Mercado de Letras, 2007. p. 19-42.

_____. Atividade de linguagem, discurso e desenvolvimento humano. MACHADO, Anna Rachel; MATENCIO, Maria de Lourdes M. (org.). Campinas, SP: Mercado de Letras, 2006a.

_____. Interactionnisme socio-discursif: une entrevue avec Jean Paul Bronckart. *Revista Virtual de Estudos da Linguagem – ReVEL*, v. 4, n. 6, mar. 2006b. ISSN 1678-8931. Disponível em: <http://www.revel.inf.br/site2007/ed_anterior_list.php?id=6>. Acesso em: 20 jan. 2010.

BRONCKART, Jean-Paul. *Atividades de linguagem, textos e discursos*: por um interacionismo sociodiscursivo. São Paulo: Educ, 1999.

CHAFE, Wallace. Linguistic differences produced by differences between speaking and writing. In: OLSON, D. R.; TORRANE, N.; HYLDIARD, A. (ed.). *Literacy and Language and Learning*. Cambridge: Cambridge University Press, 1985. p. 105-123.

_____. Speaking, writing, and prescriptivism. In: SCHIFFRIN, D. (ed.). *Meaning, Form, and Use in Context: Linguistic Applications*. Georgetown: Georgetown University Press, 1984. p. 95-103.

_____. Integration and involvement in speaking, writing, and oral literature. In: TANNEN, D. (ed.). *Spoken and Written Language*: Exploring Orality and Literacy. Norwood: N. J. Ablex, 1982. p. 35-53.

DOLZ, J.; SCHNEUWLY, B. *Pour un enseignement de l'oral: initiation aux genres formels à l'école*. Paris: ESF ÉDITEUR (Didactique du Français), 1998.

_____.; PASQUIER, A.; BRONCKART, J.-P. L'acquisition des discours: émergence d'une compétence ou apprentissage de capacités langagières diverses? In: *Études de linguistique appliqué*, n. 92, p. 23-37, 1993.

GERALDI, João Wanderley. *Portos de passagem*. 4. ed. São Paulo: Martins Fontes, 2003.

GUMPERZ, John. *Discourse Strategies*. Cambridge: Cambridge University Press, 1982.

HALLIDAY, M. A. K.; HASAN, R. *Language, context and text*: aspects of language in a social-semiotic perspective. Oxford: Oxford University Press, 1989.

KLEIMAN, Ângela. Modelos de letramento e as práticas de alfabetização na escola. In: KLEIMAN, Ângela (org.). *Os significados do letramento*: uma nova perspectiva sobre a prática social da escrita. Campinas, SP: Mercado de Letras, 1995. p. 15-61.

KOCH, Ingedore V. *A inter-ação pela linguagem*. São Paulo: Contexto, 1992.

LABOV, William. *Sociolinguistics Patterns*. Philadelphia: University of Pennsylvania, 1972.

MACHADO, Anna Rachel. A perspectiva interacionista de Bronckart. In: MEURER, J. L.; BONINI, A.; MOTTA-ROTH, D. (org.). *Gêneros, teorias, métodos, debates*. São Paulo: Parábola, 2005. p. 237-259.

MACHADO, Anna Rachel. Prefácio de Calidoscópio. *Revista de Linguística Aplicada*, São Leopoldo, RS: UNISINOS, v. 2, n. 2, 2004.

MATENCIO, Maria de Lourdes M. Textualização, ação e atividade: reflexões sobre a abordagem do interacionismo sociodiscursivo. In: GUIMARÃES, A. M. de M.; MACHADO, A. R.; COUTINHO, A. (org.). *O interacionismo sociodiscursivo*: questões epistemológicas e metodológicas. São Paulo: Mercado de Letras, 2007. p. 51-63.

MARCUSCHI, Luiz Antônio. *Da fala para a escrita*: atividades de retextualização. 6. ed. São Paulo: Cortez, 2005.

_____. Contextualização e explicitude na relação entre fala e escrita. In: I ENCONTRO DE LÍNGUA FALADA E ENSINO, 1995, Maceió. *Anais...* Maceió: Ed. da UFAL, 1995. p. 27-48.

_____. *A repetição na língua falada*: formas e funções. Tese de concurso para titular em Linguística. UFPE, Recife, 1992.

_____. *Análise da conversação*. São Paulo: Ática, 1986. OCHS, Elionor. Plane and Unplanned Discourse. In: GIVÓN, Talmy (ed.). *Discourse and Syntax* (Syntax and Semantics. Vol. XII). New York: Academic Press, 1979. p. 51-80.

ORLANDI, Eni P. *Discurso e texto*: formação e circulação dos sentidos. Campinas, SP: Pontes, 2001.

PEREIRA, Regina Celi M. A constituição sociopsicológica do texto escrito. In: PEREIRA, Regina Celi M.; ROCA, Maria del Pilar (org.). *Linguística aplicada*: um caminho com diferentes acessos. São Paulo: Contexto, 2009.

_____. As diferentes vozes de uma reportagem: o mito da imparcialidade. In: 4º SIMPÓSIO INTERNACIONAL DE ESTUDOS DE GÊNEROS TEXTUAIS, 2007, Tubarão. *Anais...* Tubarão: Universidade do Sul de Santa Catarina, 2007. p. 1.685-1.694.

_____. O social na linguagem: uma heurística ou simples redundância? *Letr@ Viv@*, João Pessoa: Ed. da UFPB, v. 7, n. 1, p. 115-128, 2006.

PRETI, Dino. *Análise de textos orais*. São Paulo: FFLCH/USP, 1993.

_____. *A linguagem dos idosos*. São Paulo: Contexto, 1991.

ROJO, Roxane; BATISTA, Antônio A. G. Apresentação – cultura da escrita e livro escolar: propostas para o letramento das camadas populares no Brasil. In: ROJO, Roxane; BATISTA, Antônio A. G. (org.). *Livro didático de língua portuguesa*: letramento e cultura da escrita. Campinas, SP: Mercado de Letra, 2003. p. 7-24.

SCHNEUWLY, Bernard; DOLZ, Joaquim. Os gêneros escolares: das práticas de linguagem aos objetos de ensino. In: *Gêneros orais e escritos na escola*. Trad. e org. Roxane Rojo e Glaís Sales Cordeiro. Campinas, SP: Mercado de Letras, 1977 [2004]. p. 71-91.

SOARES, Inaldo F. *O professor e o texto – desencontros e esperanças*: um olhar sobre o fazer pedagógico de professores de Português do Ensino Médio e suas concepções de linguagem. 2006. Dissertação (Mestrado em Linguística) – Universidade Federal de Pernambuco, Recife, 2006.

SOARES, Magda B. Concepções de linguagem e o ensino da língua portuguesa. In: BARBOSA, N. B. (org.). *Língua portuguesa*: história, perspectivas, ensino. São Paulo: Educ, 1998. p. 53-60.

TANNEN, Deborah. Relative Focus on Involvement in Oral and Written Discourse. In: OLSON, D. R.; TORRANE, N.; HYLDIARD, A. (ed.). *Literacy and Language and Learning*. Cambridge: Cambridge University Press, 1985. p. 124-147.

_____. *Spoken and Written Language*: Exploring Orality and Literacy. Norwood: N. J. Ablex, 1982.

TARDELLI, Lília Santos Abreu. trabalhodoprofessor@chateducacional.com.br: aportes para compreender o trabalho do professor iniciante em EaD. 2006. Tese (Doutorado em Linguística) – Pontifícia Universidade Católica de São Paulo, São Paulo, 2006.

URBANO, Hudinilson. *Oralidade na literatura*: o caso Rubem Fonseca. São Paulo: Cortez, 2000.

VAN DER VEER, René; VALSINER, Jaan. *Vigotsky*: uma síntese. 4. ed. São Paulo: Loyola, 1988 [2001].

VAN DIJK, Teun A. *Cognição, discurso e interação*. Trad. Cristina T. V. de Melo. São Paulo: Contexto, 1992.

VYGOTSKY, L. S. *A formação social da mente*. Trad. José Cipolla Neto. 6. ed. São Paulo: Martins Fontes, 1933 [1998].

_____. *Pensamento e linguagem*. Trad. Jeferson Luiz Camargo. São Paulo: Martins Fontes, 1934 [1987].

CAPÍTULO 12

Eu não sei escrever as palavras direito, mas sei escrever letras

ADRIANA ALCÂNTARA TEIXEIRA*
MARÍLIA MARIA DE LUCENA MACÊDO
CLEIDELINE VIEIRA DE BARROS
MARIA LUCILENE SILVA MACHADO
MARTA MARIA GONÇALVES DE OLIVEIRA
ANDRÉA CARLA LIMA COELHO
PE. BRUNO CARNEIRO LIRA

---

* *Adriana Alcântara Teixeira* é fonoaudióloga da Secretaria de Saúde do Estado de Pernambuco; especialista em Patologias da Linguagem (UNICAP); mestra em Science in Community Disability Studies pela Universidade de Londres; e docente do Curso de Especialização em Educação e Psicomotricidade da FAFIRE e de Fonoaudiologia Educacional da Faculdade Redentor.

Marília Maria de Lucena Macêdo é fonoaudióloga da Secretaria de Educação do Estado de Pernambuco; especialista em Linguagem (UFPE) e em Patologias da Linguagem (UNICAP); e mestre em Ciências da Linguagem (UNICAP).

Cleideline Vieira de Barros é pedagoga, especializanda em Educação e Psicomotricidade (FAFIRE) e professora de Educação Infantil.

Maria Lucilene Silva Machado é pedagoga, especializanda em Educação e Psicomotricidade (FAFIRE) e professora de Educação Infantil.

Marta Maria Gonçalves de Oliveira é especialista em Educação Física Escolar e Esporte Educacional; professora de Educação Física da Secretaria de Educação do Estado de Pernambuco – SDUC e da Prefeitura da Cidade do Recife; e consultora educacional em projetos sociais.

Andréa Carla Lima Coelho é fonoaudióloga, especialista em Audiologia (CEFAC); mestra em Ciências da Linguagem (UNICAP); docente do curso de Pedagogia da Faculdade dos Guararapes – FG e do curso de Fonoaudiologia da FUNESO; e gerente de produtos do Centro Auditivo AUDIBEL/Recife.

Pe. Bruno Carneiro Lira é linguista; mestre em Ciências da Linguagem (UNICAP); graduado em Letras (UFPE), Filosofia e Teologia (mosteiro de São Bento de Olinda); professor adjunto da Faculdade Pernambucana (FAPE IV); professor da Faculdade Integrada de Pernambuco (FACIPE); supervisor pedagógico da Educação de Jovens e Adultos do SESC – Santo Amaro/PE; autor da Paulinas Editora.

O aprendizado da linguagem escrita tem sido estudado por diversos profissionais envolvidos com a educação. Professores, linguistas, psicólogos, psicopedagogos, fonoaudiólogos e médicos procuram discutir e compreender o processo de aquisição da leitura/escrita e seus distúrbios.

Esse processo deve ser analisado em toda sua complexidade, ou seja, a leitura e a escrita devem ser estudadas enquanto atos sociais que refletem as condições do aprendizado.

É relevante também ressaltar que a linguagem escrita não é fruto de uma herança biológica como ocorre com a linguagem oral, mas sim de uma herança cultural. Por este motivo, as condições educacionais e sociais podem favorecer ou não esta aprendizagem.[1]

Outro aspecto a ser abordado é que, ao chegar à alfabetização, em geral, a criança tem vivenciado uma experiência de linguagem oral em torno de 4 anos. Ou seja, mesmo antes de ser iniciado o aprendizado da escrita, a criança já tem realizado um longo treino e apropriação do sistema fonológico na modalidade auditiva/oral.

A experiência com a linguagem oral explica a influência desta na fase inicial do aprendizado da escrita. Aos poucos a criança vai percebendo que a escrita não é igual à fala, mas possui regras próprias.[2]

Para o aprendizado de uma língua baseada no sistema alfabético, é necessário que a criança compreenda que as letras correspondem a segmentos sonoros os quais não possuem significados em si mesmos. Aprender a ler e a escrever requer níveis mais refinados de conhecimento fonológico, ou seja, é necessário que a criança desenvolva a consciência fonológica.

A consciência fonológica é a capacidade que um indivíduo possui de operar com aspectos sonoros da língua e reconhecer que esta pode ser decomposta em unidades menores.[3]

---

[1] ZORZI, J. L. *Aprendizagem e distúrbios da linguagem escrita*. São Paulo: Artmed, 2003.
[2] KATO, Mary. *No mundo da escrita*: uma perspectiva psicolinguística. São Paulo: Ática, 1986.
[3] MAJOR, E. M.; BERNHARDT, B. H. Metaphonological skills of children with phonological disorders before and after phonological and metaphonological

Vários níveis de processamento são atingidos, desde a segmentação de frases em palavras, palavras em sílabas, sílabas em letras e, por último, letra em fonema.[4]

A noção de fonema tem sido considerada como princípio fundamental para a compreensão do sistema alfabético de escrita. Portanto, a compreensão de que a palavra falada é composta de unidades sonoras mínimas, os fonemas, e a relação desses com seus correspondentes gráficos, os grafemas, permite ao aprendiz lidar com os aspectos estruturais da língua de maneira objetiva, autônoma e fluente, determinando as etapas de aquisição da língua escrita.[5]

No entanto, as crianças não iniciam o aprendizado partindo de um conhecimento preciso entre letras e sons. A percepção da relação grafema-fonema parece ser o resultado de um longo processo. Esse processo caracteriza-se por conquistas progressivas que envolvem a noção de fonema.

Ferreiro e Teberosky (1986) descrevem o aprendizado da escrita como uma sequência psicogenética caracterizada por sucessivas fases: fase pré-silábica, silábica, silábico-alfabética e fase alfabética.[6]

É na fase pré-silábica, ou fase inicial da aquisição da escrita, que observamos que a criança começa a perceber a distinção entre as representações icônicas e não icônicas, em outras palavras, a distinção entre o desenho e a escrita. Constata-se que ocorrem modificações com relação à qualidade do traçado gráfico. As crianças começam e reproduzir as letras

---

intervention. *International Journal of Language and Communication Disorders*, New Jersey, v. 33, n. 3, p. 413-44, 1998.

[4] NAVAS, A. L. G. P.; SANTOS, M. T. M. Linguagem escrita: aquisição e desenvolvimento. In: FERREIRA, L. P.; BEFI-LOPES, Limongi S. C. O. *Tratado de Fonoaudiologia*. São Paulo: Roca, 2004. p. 825-845.

[5] CARVALHO, I. A. M.; ALVAREZ, R. M. A. Aquisição da linguagem escrita: aspectos da consciência fonológica. *Fono Atual*, São Paulo, p. 28-31, 2000; CIASCA, S. M.; ROSSINI, S. D. R. Distúrbios de aprendizagem: mudanças ou não? Correlação de uma década de atendimento. *Temas sobre Desenvolvimento*, São Paulo, v. 8, n. 48, p. 11-16, 2000; BRITTO, D. B. O. et al. A importância da consciência fonológica no processo de aquisição e desenvolvimento da linguagem escrita. *Revista da Sociedade Brasileira de Fonoaudiologia*, São Paulo, v. 11, n. 3, p. 142-50, 2006.

[6] FERREIRO, E.; TEBEROSKY, A. *Psicogênese da língua escrita*. São Paulo: Artmed, 1986.

e organizá-las de forma linear. É nesse período também que percebem que para escrever uma palavra é necessária uma quantidade mínima de letras apresentadas de forma variada, e que palavras diferentes devem ser escritas com letras diferentes.

No entanto, a principal característica dessa fase é que a criança ainda não percebe a relação entre a escrita e as propriedades sonoras das palavras.

Na fase seguinte, denominada de fase silábica, a criança apresenta um avanço significativo no processo de aquisição, uma vez que começa a perceber que as palavras são compostas por sequências fonológicas sem significado. A palavra falada passa a ser decomposta em unidades silábicas, as quais são representadas por letras. Sendo assim, para cada sílaba é empregada uma letra. As crianças percebem também que diferentes palavras podem possuir sons semelhantes e por isso mesmo começam a empregar a mesma escrita para tais sons.

Zorzi (2003) chama a atenção para o fato de que embora o conhecimento silábico possa ser adquirido espontaneamente, a utilização deste conhecimento no campo da escrita se dá graças à mediação. É esta mediação que acaba por gerar na criança novos conflitos e consequentes avanços no processo de aquisição.[7]

Na fase silábico-alfabética, classificada também como fase de transição, a criança começa a segmentar a sílaba, analisando o interior delas e percebendo a presença de elementos menores, os fonemas. Dessa forma, a sílaba ora é escrita por mais de uma letra, ora é grafada com uma letra só.

Na fase alfabética, a criança demonstra um maior refinamento da habilidade de consciência fonológica, estabelecendo uma relação mais precisa entre letras e sons. Na verdade as crianças percebem que as sílabas das palavras nem sempre podem ser representadas só por uma letra. Esta percepção permite a produção de uma escrita com critérios quantitativos mais determinados, possibilitando uma maior precisão entre número de fonemas de uma palavra e o número de letras que deve ser usado para sua escrita.

---

[7] ZORZI, *Aprendizagem e distúrbios da linguagem escrita*, cit.

Para Ferreiro e Teberosky (1986), ao chegar a esta fase a criança pode ser considerada alfabetizada. No entanto, segundo Azenha (apud Zorzi, 2003), seria mais adequado dizer que ao chegar a esta etapa a criança deu início ao processo de alfabetização propriamente dito, uma vez que o domínio das regras ortográficas e gramaticais da língua escrita ainda necessita ser atingido.[8]

No entanto, nem todas as crianças desenvolvem a consciência fonológica de forma satisfatória para o desempenho da leitura-escrita. Crianças com déficit cognitivo, por exemplo, apresentam melhor desempenho nas habilidades visuais e gestuais.[9]

Diversas pesquisas demonstram a eficácia na utilização de gestos com pessoas que apresentam dificuldade na comunicação, inclusive aquelas que têm deficiência intelectual, pois dessa maneira é mais fácil para a criança entender e lembrar os gestos, para depois utilizá-los em sua comunicação.[10]

São inúmeras as dificuldades quanto ao desenvolvimento cognitivo e linguístico dessas crianças em seus primeiros cinco anos de vida, que podem ser minimizadas se as instruções dadas no momento do ensino/aprendizagem forem acompanhadas por gestos. Da mesma maneira, por apresentarem habilidades da memória visual mais desenvolvida do que aquelas referentes às capacidades de processamento e memória auditivas, as crianças com Síndrome de Down, por exemplo, serão beneficiadas de recursos de ensino que façam uso de suporte visual.[11]

Dessa forma, faz-se necessária a utilização de estratégia que não enfoque unicamente o aspecto auditivo para o estímulo da leitura e escrita.

---

[8] FERREIRO; TEBEROSKY, *Psicogênese da língua escrita*, cit.; ZORZI, *Aprendizagem e distúrbios da linguagem escrita*, cit.

[9] BISSOTO, M. L. O desenvolvimento cognitivo e o processo de aprendizagem do portador de Síndrome de Down: revendo concepções e perspectivas educacionais. *Ciências & Cognição*, ano 2, v. 4, mar. 2005.

[10] WORLD HEALTH ORGANIZATION Let's Communicate: a handbook for people working with children with communication difficulties, 1997; TEIXEIRA, A. A. *Meeting the needs of people with communication disability in Pernambuco – Brasil*: the perceptions of mothers and speech and language therapists. Dissertation as partial fulfillment for MSc degree, University of London: 2001.

[11] BUCKLEY, S. J.; BIRD, G. *Meeting the educational needs of children with Down syndrome*. Portsmouth: Sarah Duffen Centre/University of Portsmouth, 1994.

Nessa perspectiva foi desenvolvida a estratégia "Sons e Gestos que Alfabetizam", a qual, através de estimulações multissensoriais, facilita o processo de aquisição da leitura e escrita de alunos com dificuldade de aprendizagem. Essas estimulações são realizadas nas áreas: auditiva e visual – associação do som à imagem de um animal, objeto ou pessoa que o produz; visual – modo como esse som é elaborado pelos órgãos fonoarticulatórios (lábios, língua, palato duro, palato mole etc.); tátil – presença ou ausência da vibração laríngea e ressonância nasal; cinestésica/gestual – gesto que lembra um animal, objeto ou pessoa que produz aquele som; gráfica – grafema que corresponde ao som produzido.[12]

Por exemplo, na apresentação do som /v/ ao paciente/aluno, é solicitado que ele identifique um animal, pessoa ou objeto que produza este som. É solicitado também que perceba visualmente o movimento dos órgãos fonoarticulatórios e, através do tato, a existência ou não da vibração laríngea e ressonância nasal no momento da emissão do referido som. Caso o paciente/aluno mencione que o /v/ lembra o som do avião, é solicitado ao mesmo que diga qual é o movimento corporal que lembra o avião voando. Essa estratégia pode ser utilizada a partir do fonema/grafema ou a partir do texto.

Denominou-se Estratégia "Sons e Gestos que Alfabetizam" e não Método "Sons e Gestos que Alfabetizam", tendo em vista que um método normalmente não pode ser modificado no momento de sua aplicação, diferentemente dessa estratégia, na qual a associação do som à imagem e gesto de um determinado animal, objeto ou pessoa poderá ser alterada de acordo com interesse e realidade do aluno/paciente. Por exemplo, para uma mãe que mora na zona rural, onde não utiliza o avião como meio de transporte, o fonema /v/ poderá ter mais significado quando relacionado ao barulho do liquidificador, o qual diariamente usa para fazer a vitamina do seu filho. No que se refere ao gesto, o mesmo poderá ser representado pelo movimento da hélice desse objeto girando.

Os resultados positivos alcançados com a utilização da estratégia se devem à utilização de vários canais: auditivo, visual, tátil, *sinestésico*/corporal, gráfico, para que os fonemas/grafemas sejam memorizados,

---

[12] TEIXEIRA, A. A.; COELHO, A.; LIRA, F. *Sons e gestos que alfabetizam*. Rio de Janeiro: Fundação Biblioteca Nacional, 2006.

não se utilizando unicamente dos canais auditivos e visuais, os quais geralmente são usados no processo de ensino da leitura e escrita. Além disso, é notória a importância dessa relação concreta que é determinada entre a imagem do sujeito (animal, objeto, pessoa) e o som produzido por ele.

Esta estratégia vem sendo utilizada em crianças, jovens e adultos com dificuldade de aprendizagem, deficiência intelectual, autismo, dislexia, deficiência auditiva e desvio fonológico, bem como em crianças na faixa etária de 05-06 anos, sem patologia, em processo de apropriação da escrita, porém com dificuldade de acompanhar seus pares na escola.

Recentemente a fonoaudióloga Adriana Alcântara Teixeira foi convidada a lecionar a disciplina Psicomotricidade Escolar: Oral e Escrita do curso de Especialização Educação e Psicomotricidade da Faculdade Frassinetti do Recife – FAFIRE, onde teve oportunidade de orientar os alunos quanto à utilização da referida estratégia.

Como forma de avaliação da disciplina, a docente solicitou aos alunos que apresentassem um estudo de caso de um aluno na fase de aquisição da leitura e escrita, avaliando a escrita dele antes de ser estimulado multissensorialmente através da estratégia "Sons e Gestos que Alfabetizam" e após essa estimulação com o objetivo de ser realizada uma análise comparativa a partir das fases de escrita segundo Emília Ferreiro e Ana Teberosky.

Foi proposto que inicialmente as alunas do mencionado curso avaliassem a produção escrita dos alunos e em seguida aplicassem a estratégia, no mínimo em 03 encontros com duração em torno de 30 minutos cada. Tendo em vista o curto período de tempo para aplicação da estimulação multissensorial, foram selecionadas 06 palavras com a utilização de 13 letras no total, as quais se repetiram em algumas palavras.

Foi acordado que o sujeito da pesquisa deveria estar entre 04 a 80 anos de idade, não estar alfabetizado (não estar na fase alfabética da escrita, segundo Emília Ferreiro e Ana Teberosky) e conhecer todas as vogais.

Foram utilizadas palavras monossílabas, dissílabas, trissílabas e polissílabas, conhecidas e com estruturas simples: CVCV (consoante-vogal-consoante-vogal). As palavras selecionadas foram: MACACO, PÉ, SAPATO, VACA, CAVALO E PIRULITO.

Para ilustração dos resultados encontrados pelo grupo de estudantes que formavam a referida turma, foi escolhido o caso de M. V., estudante com 05 anos de idade, de família de classe média, cuja escolaridade dos pais era de nível superior. M. V. encontrava-se em processo de aquisição da leitura e escrita, na classe do Infantil IV, em escola privada da cidade de Recife – PE. Ela não apresentava nenhuma deficiência ou dificuldade de aprendizagem.

Essa atividade foi vivenciada em 04 encontros de trinta minutos, em dias alternados.

No primeiro encontro, foi informado à aluna que ela iria escrever algumas palavras. Ela então respondeu: "Eu não sei escrever as palavras direito, mas sei escrever letras".

Posteriormente foi solicitado à criança que escrevesse uma lista de 06 palavras: MACACO, PÉ, SAPATO, VACA, CAVALO E PIRULITO.

No segundo encontro, foram apresentadas primeiramente as vogais com o uso de estratégia multissensorial "Sons e Gestos que Alfabetizam" através de figuras, sons e gestos correspondentes e depois foi solicitado que ela escrevesse novamente as palavras, após introdução das vogais, conforme tabela a seguir:

VOGAIS

GRAFEMA	FONEMA	ESTIMULAÇÕES MULTISSENSORIAIS					
		AUDITIVA E VISUAL (semelhança do som ao barulho de:)	VISUAL (posição dos órgãos fonoarticulatórios – OFAs: lábios, dentes, língua, palato duro, palato mole)	TÁTIL (presença [P] ou ausência [A] da vibração laríngea [VL] e ressonância nasal [RN])		CINESTÉSICA (movimento gestual/corporal)
				VL	RN	
A	/a/			P	A	Braços dobrados, um sobre o outro, movimentando de um lado para o outro, como colocando um bebê para dormir

VOGAIS

GRAFEMA	FONEMA	AUDITIVA E VISUAL (semelhança do som ao barulho de:)	VISUAL (posição dos órgãos fonoarticulatórios – OFAs: lábios, dentes, língua, palato duro, palato mole)	TÁTIL (presença [P] ou ausência [A] da vibração laríngea [VL] e ressonância nasal [RN]) VL	RN	CINESTÉSICA (movimento gestual/ corporal)
U	/u/			P	A	mão na frente da boca batendo alternadamente
E	/E/			P	A	mão fechada com polegar elevado

O	/o/			P	A	mãos abertas, braços elevados na altura do rosto, boca aberta, rosto com o semblante de espanto
I	/i/			P	A	movimento com os dedos, esticando o orifício da bola de soprar.

No terceiro encontro M. V. mostrou-se interessada, sempre perguntando a hora em que seria realizado o trabalho, e no momento ficou bastante atenta à apresentação das figuras, sons e gestos correspondentes às consoantes, conforme tabela a seguir:

CONSOANTES

GRAFEMA	FONEMA	ESTIMULAÇÕES MULTISSENSORIAIS				
		AUDITIVA E VISUAL	VISUAL	TÁTIL		CINESTÉSICA
				VL	RN	
M	/m/			P	P	mão no formato de Y na testa com movimento para frente, semelhante ao chifre do boi ou mão fechada em punho, perto da barriga, semelhante ao movimento de tirar o leite da vaca

C	/k/			A	A	braços dobrados com movimento para a frente, semelhante ao movimento de segurar o carrinho de compras, tentando empurrá-lo com força para a frente
P	/p/			A	A	palmas da mão para cima, dedos fechados, com movimento de abertura e fechamento dos dedos alternadamente, e braços movimentando-se para cima e para baixo alternadamente, semelhante a uma pipoca estalando na panela

S	/s/			A	mão esticada com dedos fechados, com movimento para a frente em curva sinuosa, semelhante a uma cobra se arrastando
T	/t/			A	mão fechada com dedo indicador para cima, movimento do dedo de um lado para outro, semelhante ao ponteiro do relógio se movimentando

CONSOANTES

GRAFEMA	FONEMA	ESTIMULAÇÕES MULTISSENSORIAIS					
		AUDITIVA E VISUAL	VISUAL	TÁTIL VL	TÁTIL RN	CINESTÉSICA
L	/l/			P	A	mão direita em "G", palma para a direita, indicador apontando para baixo. Colocar o lado do indicador, pela falange média, na ponta do nariz e baixar um pouco a mão
R	/r/			P	A	mãos fechadas para baixo em punho, com movimento alternado de baixo para cima, semelhante ao movimento de se dirigir uma moto

| V | /v/ | ![avião] | P | A | mão na forma de Y com movimentos no ar em curvas, semelhante a um avião voando |

No quarto encontro, foi realizada uma revisão dos sons, imagens e gestos das letras trabalhadas; em seguida foi apresentada uma folha com as 06 figuras: MACACO, PÉ, SAPATO, VACA, CAVALO E PIRULITO, e solicitado que M. V. observasse as figuras e depois escrevesse, ao lado de cada uma, o nome correspondente. Com facilidade M. V. memorizou os gestos e os associou às vogais e às consoantes, escrevendo com sucesso cada palavra, ficando feliz com sua conquista. Neste último encontro, houve uma mudança significativa, com um resultado impressionante.

A seguir serão apresentados os quadros demonstrativos da escrita de M. V.

QUADROS DEMONSTRATIVOS DA ESCRITA DA ALUNA

1º Dia de Estimulação – Avaliação Inicial

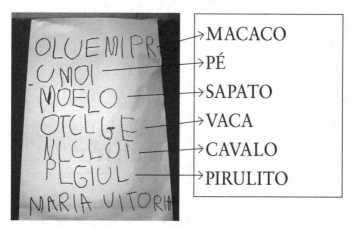

Analisando a produção da escrita de M. V. na etapa inicial do trabalho, ou seja, antes da estimulação através da estratégia "Sons e Gestos que alfabetizam", podemos constatar que segundo a classificação de Ferreiro e Teberosky, já descrita anteriormente, a criança encontra-se na fase *pré-silábica*.

Chamamos a atenção para o fato de que M. V. domina o traçado das letras e os organiza de forma linear. A criança demonstrou também que percebe que palavras diferentes devem ser escritas com letras diferentes.

No entanto, observamos que a principal característica da escrita desta é que não estabelece critérios sonoros para sua construção. Ao dizer: "Não sei escrever palavras, mas sei escrever letras", a criança acaba por definir que ainda não domina o conhecimento que permite a escrita correta das palavras.

2º Dia – Estimulação e Avaliação Parcial

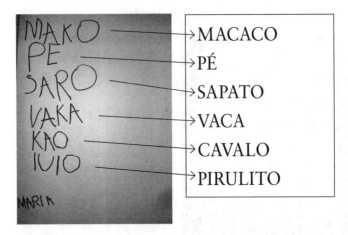

A segunda produção escrita de M. V. se dá após a estimulação das vogais através da estratégia "Sons e Gestos que alfabetizam".

É interessante perceber que o contato com a estratégia mediada pelo adulto possibilitou à criança uma nova percepção da escrita.

Constatamos que após a aplicação da estratégia M. V. foi capaz de utilizar as vogais corretamente. Isso demonstrou que o trabalho multissensorial possibilitou a estimulação da consciência fonológica das vogais de maneira rápida e eficiente.

A análise vai mais além, já que a escrita de M. V. passou da fase pré-silábica para as fases silábica, silábica-alfabética e alfabética, em algumas palavras, unicamente com a estimulação das vogais.

4º Dia – Estimulação e Avaliação Final

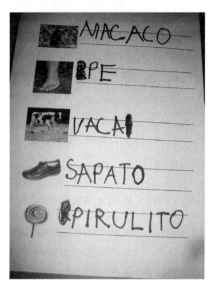

O quarto dia do trabalho foi definido pela estimulação das vogais e consoantes (reforço), através da estratégia "Sons e Gestos que Alfabetizam".

Observa-se claramente o avanço atingido pela criança após essa estimulação multissensorial. M. V. atingiu a fase alfabética de acordo com a psicogênese da língua escrita.

Salienta-se que o trabalho de estimulação da consciência fonológica se deu através da associação dos estímulos visuais, auditivos, táteis e gestuais.

Vemos, assim, a eficácia da estratégia "Sons e Gestos que Alfabetizam" e esperamos que novos estudos sejam desenvolvidos para possibilitar uma análise mais apurada dos seus resultados, com crianças que se encontram na fase inicial de construção da escrita.

REFERÊNCIAS BIBLIOGRÁFICAS

BISSOTO, M. L. O desenvolvimento cognitivo e o processo de aprendizagem do portador de Síndrome de Down: revendo concepções e perspectivas educacionais. *Ciências & Cognição*, ano 2, v. 4, mar. 2005.

BRITTO, D. B. O. et al. A importância da consciência fonológica no processo de aquisição e desenvolvimento da linguagem escrita. *Revista da Sociedade Brasileira de Fonoaudiologia*, São Paulo, v. 11, n. 3, p. 142-150, 2006.

BUCKLEY, S. J.; BIRD, G. *Meeting the educational needs of children with Down syndrome*. Portsmouth: Sarah Duffen Centre/University of Portsmouth, 1994.

CARVALHO, I. A. M.; ALVAREZ, R. M. A. Aquisição da linguagem escrita: aspectos da consciência fonológica. *Fono Atual*, São Paulo, p. 28-31, 2000.

CIASCA, S. M.; ROSSINI, S. D. R. Distúrbios de aprendizagem: mudanças ou não? Correlação de uma década de atendimento. *Temas sobre Desenvolvimento*, São Paulo, v. 8, n. 48, p. 11-16, 2000.

FERREIRO, E.; TEBEROSKY, A. *Psicogênese da língua escrita*. São Paulo: Artmed, 1986.

KATO, Mary. *No mundo da escrita*: uma perspectiva psicolinguística. São Paulo: Ática, 1986.

MAJOR, E. M.; BERNHARDT, B. H. Metaphonological skills of children with phonological disorders before and after phonological and metaphonological intervention. *International Journal of Language and Communication Disorders*, New Jersey, v. 33, n. 3, p. 413-444, 1998.

NAVAS, A. L. G. P.; SANTOS, M. T. M. Linguagem escrita: aquisição e desenvolvimento. In: FERREIRA, L. P., BEFI-LOPES, Limongi S. C. O. *Tratado de Fonoaudiologia*. São Paulo: Roca, 2004. p. 825-845.

TEIXEIRA, A. A. *Meeting the needs of people with communication disability in Pernambuco – Brasil*: the perceptions of mothers and speech and language therapists. Dissertation as partial fulfillment for MSc degree, University of London: 2001.

_____; COELHO, A.; LIRA, F. *Sons e gestos que alfabetizam*. Rio de Janeiro: Fundação Biblioteca Nacional, 2006.

WORLD HEALTH ORGANIZATION. Let's Communicate: a handbook for people working with children with communication difficulties, 1997.

ZORZI, J. L. *Aprendizagem e distúrbios da linguagem escrita*. São Paulo: Artmed, 2003.

CAPÍTULO 13

A importância da estratégia de leitura para o ensino

ADRIANA ALVES BÜCHLER*

ESTRATÉGIAS DE LEITURA

Ao lermos um texto ou um enunciado, cria-se uma comunicação entre o leitor e o texto, pois essa interação é uma aquisição de informações, traz lembranças de algo, ou seja, confirmações do que o leitor já tinha em sua mente ou não. Esse processamento ocorre durante a leitura de forma consciente e inconsciente, pois são ações subjetivas do leitor. Estes são os procedimentos que utilizamos para que haja uma compreensão do que lemos. Eles são necessários ao ato da leitura e são automáticos, mesmo que não tenhamos conhecimento do seu uso e métodos. Solé (1998, p. 69), seguindo a visão que Valls frisou (1990), afirma que:

> a estratégia tem em comum com todos os demais procedimentos sua utilidade para regular a atividade das pessoas, à medida que sua

---

* Mestra em Ciências da Linguagem pela Universidade Católica de Pernambuco – UNICAP (1º sem. 2009); especialista em Psicopedagogia pela Universidade Salgado de Oliveira – UNIVERSO (2003); graduada em Letras-Inglês pela Fundação de Ensino Superior de Olinda (2002); possui curso técnico de Libras pela Fundação Nacional de Educação e Integração dos Surdos – FINEIS (2004). Atualmente é professora do Serviço Social do Comércio – SESC, em Pernambuco, da Educação de Jovens e adultos – EJA; professora teórica do 1º curso Estadual do Brasil de Interpretação e Tradução de Sinais – LIBRAS, pela Secretaria da Educação – PE; capacitadora de Formação de Professores pela CONAPE; professora da Faculdade Luso-Brasileira – FALUB do curso de Letras; e pesquisadora nas áreas de Linguagem, Linguística, Psicologia e Educação.

aplicação permite selecionar, avaliar, persistir ou abandonar determinadas ações para conseguir a meta a que nos propomos.

Quando lemos, construímos uma direção no texto que facilite o controle da contextualização, e este controle é um componente vivo na utilização das estratégias, pois no decorrer da leitura estamos avaliando cada informação e processando de maneira somatória e com objetivos funcionais de esclarecimentos que o texto propõe. Neste caminho de leitura, podemos modificar os processos estratégicos se houver necessidade de assim o fazer. As estratégias são um procedimento de condução para a compreensão.

> Um procedimento com frequência chamado também de regra, técnica, método, destreza ou habilidade. É um conjunto de ações ordenadas e finalizadas, isto é, dirigidas à consecução de uma meta (COLL, 1987, p. 89, apud SOLÉ, 1998, p. 68).

Tendo esta ideia de modo técnico, entendemos, ou melhor, podemos dizer que as estratégias deveriam ser ensinadas como metodologia para uma forma didática e prática em sala de aula (SOLÉ, 1998). As estratégias implícitas no leitor são, naturalmente, uma forma de associação do cognitivo e do linguístico que, de uma forma coerente pela escrita do texto, terá como resultado uma compreensão satisfatória.

O ensino das estratégias deve permitir um planejamento de atividades durante a leitura geral do aluno, para que sua linha de raciocínio localize, comprove e faça uma revisão dos objetivos do texto e de seu crescimento pessoal, sendo um meio de criar leitores ativos e capazes de construir seus próprios significados, tendo a capacidade de utilizá-los de forma inteligente e própria. Isso ocorre com os conteúdos e devem ser praticados no ensino (SOLÉ, 1998).

A prática de sala de aula irá funcionar como motivação para uma leitura mais eficiente, pois na elaboração dos métodos de ensino dar-se-á o enfoque das formas e caminhos criativos que proporcionem ao aluno uma espontaneidade de participação nos questionamentos da leitura, a monitoração dos conteúdos, pois o professor irá perceber a necessidade de ser proficiente. Solé (1998, p. 78) exemplifica a visão de Baumann (1990, p. 141), retratando a eficácia do professor:

[...] quando há ensino direto, dedica-se tempo suficiente à leitura, os professores aceitam sua responsabilidade no processo dos alunos e esperam que estes aprendam. Os professores conhecem os objetivos de suas aulas e são capazes de expô-los claramente aos alunos. A atmosfera é séria e organizada, mas ao mesmo tempo cálida, relaxada e solidária [...].

Enfocaremos também as estratégias de leitura como facilitadoras para a compreensão textual, em que os aspectos cognitivos e linguísticos são relevantes na interação leitor/texto. Todo texto é analisável no discurso do autor perante o mundo. Uma estratégia de leitura é um amplo esquema para obter, avaliar e utilizar informação. Goodman (1987, p. 19) afirma que:

[...] em todas as línguas os leitores devem utilizar os mesmos índices psicolinguísticos e as mesmas estratégias. Devem selecionar, predizer, inferir, confirmar e corrigir. Devem passar através dos mesmos ciclos ótico, perceptivo, sintático e semântico.

Tal observação, feita por Goodman, nos diz que os leitores constroem seu significado pelo trabalho que se faz no uso das estratégias de leitura. Elas têm seu papel de serem partes integrantes na construção e elaboração de sentidos. Nesta mesma linha de entendimento, Ferreiro (1988) diz que a leitura possui um trabalho feito em ciclos sintáticos, pois cada ciclo possui uma significação e que, somados, prosseguem para um resultado de compreensão. Ferreiro ainda acrescenta que o ciclo "é uma sondagem e pode não ser completado se o leitor for diretamente ao encontro do significado" (p. 18).

Quando o leitor sente dificuldade, ele passa a atentar com cuidado as palavras, letras, frases, pois antes seu objetivo é adquirir sentido do texto. Para concordar com a citação de Goodman, descrevemos a fala de Ferreiro (1988, p. 18), que diz: "podemos pensar na leitura como sendo composta de quatro ciclos, começando com um ciclo ótico, que passa a um ciclo perceptual, daí a um ciclo gramatical, e termina, finalmente, com um ciclo de significado".

A leitura é de caráter humano, e cada leitor com inteligência própria adquire a forma de como interagir, através do comando do cérebro, que controla e dirige a construção do que se deseja encontrar. Podemos conceituar as estratégias de leitura para que tenhamos ideias de sua estrutura e trabalho, porém, antes é preciso entender que, aqui, estratégia é um amplo esquema para obter, avaliar e utilizar informações (FERREIRO, 1988).

As estratégias básicas de leitura são: seleção, antecipação, inferência e verificação. Podemos conceituar as estratégias para que tenhamos ideia de sua estrutura e processo. Solé (1998, p. 41) diz que:

> [...] a questão dos objetivos que o leitor se propõe a alcançar com a leitura é crucial, porque determina tanto as estratégias responsáveis pela compreensão quanto o controle que, de forma inconsciente, vai exercendo sobre ela, à medida que lê.

Vejamos, agora, uma a uma as estratégias de leitura.

Estratégia de seleção

Esta permite ao leitor ler apenas o que é de seu interesse, dispensando detalhes. É como se nosso cérebro tivesse "um filtro" que selecionasse apenas o que nos interessa no momento (SOLIGO, 2000).

Solé (1998, p. 30) confirma que "o leitor faz a síntese da parte mais interessante do texto para os objetivos que determinam a leitura". Esta estratégia é um procedimento de controle "consciente", pois o leitor reconhece, por sua capacidade de decodificação, o caminho que a leitura perfaz. No ato da leitura, em que há um processo construtivo de sentido, esta relação forma-se de certa maneira consciente para o leitor, pois também está implícito. Para reafirmar, citamos Marcuschi (1996, p. 79): "o resumo é uma seleção de elementos textuais a partir de um certo interesse". Neste momento, o aluno/leitor desenvolve seu entendimento escrevendo ou falando aquilo que lhe chamou atenção.

Para Silveira (2005), a estratégia de seleção é a habilidade de selecionar apenas os índices que são relevantes à sua compreensão e propósito. Como também Silva (2002) afirma que a estratégia de seleção consiste em escolher apenas os aspectos mais relevantes, apoiando-se no esquema que possui sobre o tipo de texto, de acordo com suas características e significado. Queremos ainda endossar que tanto Ferreiro como Silveira concordam com Goodman (1987, p. 17), quando afirmam: "se os leitores utilizassem todos os índices disponíveis, o aparelho perceptivo ficaria sobrecarregado com informações desnecessárias, inúteis e irrelevantes".

Já descrevemos que o leitor tem interesse na construção de significados, e esta estratégia se atém às características que cada aluno/leitor ache relevante para si, e não é igual em todos; é uma ação subjetiva que se faz mediante a leitura do texto.

Estratégia de antecipação

Pela estratégia de antecipação é possível adivinhar o que ainda está por vir, com base em conhecimentos prévios, informações implícitas ou suposições. O gênero, o autor, o título, o vocabulário e muitos outros índices nos informam sobre o que é possível encontrarmos num texto. Ao levantarmos hipóteses com os alunos sobre estes índices, estaremos tornando consciente tal estratégia (SOLIGO, 2000).

Essa estratégia é uma das maneiras que utilizamos como recurso na ajuda do caminho para a compreensão. Sua utilidade tem como característica a busca de ordem das coisas que são vivenciadas. É uma leitura de esquema. Ainda podemos acrescentar que permeia também pelo conteúdo e a estrutura textual; com isso, facilita aos leitores a construção de uma lógica, de uma forma explicativa de seu entendimento da história, como também a organização de uma oração bem estruturada. Podemos incluir nesta explicação o que diz Goodman (1987, apud SILVA, 2002, p. 93): "os leitores utilizam todo seu conhecimento disponível e seus esquemas para predizer o que virá no texto e qual será seu significado". Quando percebemos a estratégia de antecipação junto com a estratégia de seleção, verificamos que pode ocorrer uma rapidez e uma produção de eficiência da leitura, visto que nenhum leitor poderia trabalhar com muitas informações de modo plenamente satisfatório, se tivesse de processar todo o conteúdo dessas informações.

Solé (1998) acrescenta que a estratégia de antecipação ativa aporta à leitura os conhecimentos prévios relevantes para o conteúdo em questão. É facilitadora da forma de obter rapidamente uma informação específica acerca do conteúdo textual. Ainda acrescentamos que dois fatores são decorrentes do uso desta estratégia: o primeiro é como o leitor faz uso dos esquemas ao buscar compreender a ordem das coisas que vivencia; e o segundo refere-se ao assunto e à estrutura recorrente do texto, pois o leitor pode utilizar a estratégia de antecipação, também chamada de predição, em relação ao final de uma história, à lógica de uma explicação, à estrutura de uma oração composta e ao final de uma palavra (SILVA, 2002).

A forma como lemos é um diferencial para a construção de significados. Todas as informações, no ato da leitura, estarão sendo processadas, com uma lógica de organização, e esta estratégia é um meio auxiliar de ordenar todo conhecimento disponível para uma significação da leitura feita do texto.

Estratégia de inferência

Permite captar as informações implícitas. É tudo aquilo que "lemos" sem estar escrito. Podem ser adivinhações baseadas em pistas dadas pelo próprio texto ou baseadas em seu conhecimento de mundo. Podemos inferir sobre o conteúdo de um texto, sobre as intenções do autor ou até mesmo sobre a significação de uma palavra. O importante é observar o contexto e as pistas deixadas pelo autor (SOLIGO, 2000).

Portanto, a inferência é uma estratégia de leitura básica, pois através dela o aluno/leitor complementa a informação disponível, utilizando-se dos conhecimentos conceituais e linguísticos, bem como dos esquemas que possui.

É possível ao leitor inferir tanto a informação textual explícita quanto a implícita, ou seja, a inferência é utilizada quando se quer saber a respeito do antecedente de um pronome, sobre a relação entre caracteres, sobre as preferências do autor ou até mesmo sobre uma palavra que apareceu no texto com erro de imprensa (SILVA, 2002, p. 94).

Essa citação nos orienta de maneira clara como se processa a estratégia de leitura, pois os leitores, ao utilizá-la, leem o que não está escrito no texto, mediante pistas e adivinhações dadas pelo próprio texto. Para concordar, Ferreiro (1988, p. 17) define igualmente, conforme a citação acima, e ainda acrescenta ao afirmar: "como a seleção, as predições e as inferências são estratégias básicas de leitura, os leitores estão constantemente controlando sua própria leitura para assegurar-se de que tenha sentido". Observamos que as estratégias utilizadas no ato da leitura fazem parte da construção do sentido que os leitores têm do texto, os leitores aprendem a ler através do autocontrole de sua própria leitura. Acrescentamos, ainda, que não vivemos isolados no mundo, mas em sociedade. É importante para a compreensão textual o contexto social, ideológico, político, religioso etc. em que vivemos, e dentro desta vivência trazemos para a leitura, através da inferência, o entendimento do texto. Marcuschi diz que "a inferência é aquela atividade cognitiva que realizamos quando reunimos algumas informações conhecidas para chegarmos a outras informações novas" (1996, p. 74). Esta estratégia no trabalho de compreensão, proveniente de informações textuais que o autor ou falante nos dá no seu discurso, faz parte do momento de enunciação, ou seja, quando o texto é produzido; e no ato de compreender é de suma importância os conhecimentos prévios, estabelecendo, também, a construção de sentidos, pois inferimos conteúdos que são cognitivos e linguísticos.

A inferência dá ao leitor condições de complementar a informação que está disponível, pois, através da utilização dos conhecimentos de conceitos linguísticos e de mundo, o leitor consegue inferir as informações explícitas e implícitas do conteúdo textual. Segundo Goodman (1987, p. 94), "a inferência é tão utilizada que, muitas vezes, o leitor não consegue recordar exatamente se um determinado aspecto do texto estava explícito ou implícito". Daí o processo da leitura ser considerado um ciclo sintático e, segundo Ferreiro (1988, p. 19), "o uso de estratégias de predição e de inferência" é necessário para se chegar à compreensão. Ainda podemos acrescentar que, conforme Solé (1998, p. 119):

> [...] a inferência de previsão consiste em estabelecer hipóteses ajustadas e razoáveis sobre o que será encontrado no texto, baseando-se na interpretação que está sendo construída sobre o que já se leu e sobre a bagagem de conhecimentos e experiências pelo leitor.

Dá-se a entender que ambas as estratégias são inseparáveis, e, a partir do momento que trazemos o conhecimento de mundo, nossa cognição leva a antecipar o entendimento do texto.

Estratégia de verificação

Torna possível o monitoramento das demais estratégias, permitindo confirmar, ou não, as especulações realizadas. O leitor maduro utiliza todas as estratégias de leitura, mais ou menos simultaneamente, sem ter consciência disso.

Ao processar o texto, o leitor recupera a intenção do autor, apoiado nos elementos extralinguísticos (conhecimento prévio, objetivos e formulação de hipóteses e nos elementos linguísticos (micro e macroestrutura). Esse tipo de checagem, para confirmar ou não a compreensão, é inerente à leitura. Segundo Soligo (2000 p. 72).

> [...] utilizamos todas as estratégias de leitura mais ou menos ao mesmo tempo, sem ter consciência disso. Só nos damos conta do que estamos fazendo se formos analisar com cuidado nosso processo de leitura como estamos fazendo ao longo deste texto.

Esta estratégia permite, por sua estrutura, condicionar o leitor a ter uma compreensão textual, no momento em que utiliza a estratégia de verificação no processo da leitura. Ao selecionar uma determinada estratégia, o aluno/leitor pode ou não ser bem-sucedido em sua leitura, pois nem sempre o uso de determinada estratégia é satisfatória para a obtenção da compreensão. Nesse caso, ao perceber que a estratégia escolhida conscientemente se torna uma atrapalhada, cabe ao aluno/leitor recorrer às outras estratégias, mais adequadas para a realização de seus propósitos de leitura do texto (SILVA, 2002).

Esta estratégia é chamada por Ferreiro (1988) de autocorreção e serve para uma reconsideração das informações que foram assimiladas ou conseguiram mais informações, por ocasião de não poder confirmar as suas expectativas. Dá a ideia de alternativa e escolhas para voltar a partes anteriores do texto. "A autocorreção (verificação) é também uma forma de aprendizagem, já que é uma resposta a um ponto de desequilíbrio no processo de leitura" (FERREIRO, 1988, p. 18).

Entendemos que a verificação é uma forma de agrupar todas as demais estratégias de leitura, e sua utilização é caracterizada pelo uso de estratégias cognitivas (inconsciente) e as metacognitivas (consciente), pois o leitor consegue ter controle. As estratégias de leitura são classificadas em cognitivas e metacognitivas.

Para Kleiman (1997, p. 50), "as estratégias cognitivas seriam aquelas operações inconscientes do leitor, no sentido de não ter chegado ainda ao nível consciente, que ele realiza para atingir algum objetivo de leitura". Esta subdivisão da estratégia é o trabalho que todo leitor executa quando lê um texto. São automáticas e implícitas. Não seria possível, para a maioria dos falantes, a explicação de como está sendo feito o seu entendimento do texto, haja vista que as estratégias de leitura não são matérias dadas nas escolas, pois, se assim fosse, teríamos uma modelagem e o desenvolvimento de habilidades para uma abordagem do texto.

Queremos ainda dizer que a leitura é uma atividade complexa, em que "ler é compreender" (SILVEIRA, 2005, p. 20). Com isso, obviamente, se entende que a leitura exige do leitor uma postura estratégica, pois esta é uma ação mental. Para Silveira (2005), as estratégias de leitura podem ser: de natureza interna, portanto, de difícil observação e controle; de caráter cognitivo por excelência, portanto, inconsciente; de natureza mais externa, também chamada de metacognitivas, que são, por sua vez, mais fáceis de ser observadas e controladas, exigindo do leitor um monitoramento consciente (SILVEIRA, 2005, p. 21). Tanto Kleiman como Silveira entendem o papel das estratégias de leitura como essenciais para compreensão textual e suas afirmações orientam que os leitores fazem uso destas operações com frequência, de modo que a construção de sentidos e significados torna-se evidente na compreensão.

Sabemos que as estratégias existem inconscientemente como ação abstrata na mente humana, e consciente, quando o leitor detecta um problema e toma uma atitude de correção para solucionar e dar sentido significativo a sua construção. A inter-relação criada entre leitor-texto cria uma mudança de atitude, comportamento, pois o leitor logo executa uma forma de adquirir meios para que sua compreensão textual seja efetivada. Com isso, Solé (1998, p. 89) confirma que "muitas das estratégias são passíveis de trocas, e outras estarão presentes antes, durante e depois da leitura, portanto as estratégias de leituras devem estar presentes ao longo de toda a atividade".

O presente estudo investiga as Estratégias de Leitura usadas pelos alunos da Educação de Jovens e Adultos (EJA), da Unidade Executiva de Casa Amarela do SESC – PE.

Estimulou-se o nível de compreensão de cada aluno, assim como as impressões do seu entendimento sobre o texto, a saber, sua compreensividade textual. Assim, esse diagnóstico aponta as estratégias de leitura mais constantes, pois cada aluno/leitor utiliza critérios particulares ao construir sentido na leitura.

Apresentaremos, agora, dois exemplos de aplicação das estratégias de leitura a partir do mesmo texto, com a presença de atividades orais e escritas. Tais exemplos foram recortados da pesquisa que realizamos durante o período do mestrado.

Como maneira de aplicar essas estratégias de leitura, exemplificaremos a partir de um texto:

"Queridos pais",
Imagino a raiva que têm de mim. Sim, fui muito ingrata com vocês. Larguei os estudos, tornei-me viciada, desapareci. Vim para São Paulo com um amigo e, aqui, passei a viver de pequenos expedientes. Na verdade, afundei-me na lama.
O fato é que, agora, estou na pior. Peguei AIDS. O que temo não é a morte. Ela é inevitável para todos nós. Tenho medo é de ficar sozinha. Preciso de vocês. Mas também sei que os maltratei muito e posso entender que queiram manter distância de mim. Cada um na sua.
É muito cinismo da minha parte vir, agora, pedir socorro. Mas, sei lá, alguma coisa dentro de mim dá forças para que eu escreva esta carta. Nem que seja para saberem que estou no início do fim.
Um dia qualquer, passarei aí em frente de casa, só para dar um último adeus com o olhar. Se por acaso tiverem interesse que eu entre, numa boa, prendam, à goiabeira do jardim, um pano de prato branco ou uma toalha de rosto. Então pode ser que eu crie coragem e dê um alô. Caso contrário, entendo que vocês têm todo o direito de não querer carregar essa mala pesada e sem alça na qual me transformei. Irei em frente, sem bater à porta, esperando em Deus. Que, um dia, a gente se reencontre no outro lado da vida.

Beijos da filha ingrata, mas que ainda guarda, no fundo do coração, com muito amor (sic.).

Clara

Três semanas depois, antes das cinco horas da manhã, Clara desembarca na rodoviária e toma um ônibus para a Praia do Canto. É quinta-feira, e o vento sul começa a aplacar o calor, encapelando o mar e silvando entre prédios e janelas. Clara desce na esquina e caminha, temerosa, pelo outro lado da rua. Sabe que, a essa hora, seus pais e as duas irmãs costumam estar dormindo.

Ao decifrar a ponta do telhado, seu coração acelera. Olha o portão de ferro esmaltado de preto, as grades em lança que marcam o limite entre a casa e a calçada. Vislumbra o cume da goiabeira. Seus olhos ficam marejados. De repente, uma coisa branca quebra o antigo cenário. Não é uma toalha nem um pano de prato. É um lençol, com pequenos furos no meio, tremulando entre a árvore e o muro da garagem.

Em prantos, Clara atravessa a rua e corre para casa.

(Extraído do romance de Fr. Betto, O *vencedor*, Ática, 1995)

PROCEDIMENTO DO TRABALHO REALIZADO PARA COMPREENSÃO TEXTUAL

Agora, apresentaremos um questionário que, segundo Rodrígues (2006, p. 95-96), é uma "lista de questões [...] com linguagem simples, direta e clara, *permitindo* [grifo nosso] que [...] o pesquisador obtenha respostas livres e mais precisas", com três perguntas, separadamente por aluno.

Como já dissemos, as perguntas foram feitas de forma oral e escrita, tendo por base a leitura do texto e direcionadas aos alunos com um caráter argumentativo, para despertar o senso reflexivo destes e facilitar a explicitação das respostas.

Ainda acrescentamos que a pesquisa é de caráter comparativo e, segundo Rodrígues (2006, p. 144), "conduz a investigação por meio da análise de dois ou mais fatos ou fenômenos, procurando ressaltar as diferenças e similaridades entre eles", e baseada em fundamentação teórica.

O período da realização da coleta dos dados foi compreendido entre os meses de março e abril de 2008, e sua análise foi efetivada nos meses de maio a agosto desse mesmo ano.

No período em que os alunos realizaram a leitura do texto "Queridos Pais", sugeriu-se que o fizessem em voz alta e, depois, em silêncio. Em seguida, fizeram-se as três perguntas individualmente aos alunos e de modo oral, sendo as respostas destes registradas em áudio. Duas semanas depois, foi feito o mesmo procedimento de leitura do mesmo texto, sendo que as perguntas foram escritas. Isso para comparar os modos de entendimento por parte dos alunos.

METODOLOGIA UTILIZADA NO TRABALHO REALIZADO PARA COMPREENSÃO TEXTUAL

A amostra do questionário (oral e escrito) realizado com os alunos da Educação de Jovens e Adultos (EJA) tem por sequência as respostas dos educando na seguinte ordem:

- Aluna A5 do Ensino Fundamental II.
- Aluna M8 do Ensino Médio.

Cada aluno leu suas cópias dos textos e, em seguida, respondeu as 3 (três) perguntas seguindo a seguinte organização: Texto I, "Queridos Pais", na modalidade oral e depois na modalidade escrita; em seguida, comentamos o resultado de cada resposta do texto, nas devidas modalidades. Observou-se o uso das estratégias de leitura nas práticas leitoras dos alunos da EJA para se obter a compreensão textual.

Resultados das análises

1.1. *Aluna A5 – Ensino Fundamental II*

1.1.1. Alunos que usam estratégias para ler e compreender um texto *(modalidade oral do texto)*

TEXTO: "QUERIDOS PAIS"

1º QUE ESTRATÉGIAS VOCÊ UTILIZOU PARA LER E COMPREENDER ESTE TEXTO? OU SEJA, O QUE VOCÊ FEZ? COMENTE.

"Eu procurei ler o texto com calma e pausadamente. <u>Assim posso observar o que me chamou mais atenção em algumas frases</u> (**seleção**). Sempre que faço isso fica mais fácil pra ler e entender um texto, principalmente da parte que eu mais <u>gostar como esta história que fala de uma realidade e que já aconteceu com uma conhecida minha</u>" (**seleção**).

2º "CONSTRUA DUAS PERGUNTAS COM BASE NA LEITURA DO TEXTO E JUSTIFIQUE O PORQUÊ DESTAS PERGUNTAS.

a) **Por que um lençol?** <u>Um lençol, assim, não era um pano de prato ou uma toalha uma coisa pequena era um lençol</u> (**antecipação**), uma coisa bem maior, <u>era a representação dos pais, assim como eles quisessem mostrar o quanto gosta dela, é como fosse mais de uma confirmação de querer ela de mostrar o grande amor por ela</u>" (**inferência**).

b) "**Por que ela achava que os pais estavam com raiva dela?** <u>Por que ela largou os estudos, deixou os pais, foi morar longe, tornou-se aviciada</u> (**antecipação**), assim, deixou a família pra viver do jeito que quer".

3º QUAL O GÊNERO TEXTUAL UTILIZADO NO PROCESSO DE COMUNICAÇÃO? COMO FOI PARA VOCÊ A COMPREENSÃO? EXPLIQUE.

"Foi boa! É uma <u>história da filha que pedi perdão aos pais através da carta</u> (**antecipação**) que escreveu. E <u>isso pode gerar um debate para as pessoas que passam pelo mesmo problema</u>" (**inferência**).

1.1.2. Alunos que usam estratégias para ler e compreender um texto (modalidade escrita do texto)

TEXTO: "QUERIDOS PAIS"

1º QUE ESTRATÉGIAS VOCÊ UTILIZOU PARA LER E COMPREENDER ESTE TEXTO? OU SEJA, O QUE VOCÊ FEZ? COMENTE.

"Li com calma, paciência, devagar, prestando atenção, <u>principalmente em algumas partes do texto que mostra a verdade nos dias de hoje e quando gosto do texto faço isso</u> (**seleção**). E o que me chama atenção eu destacava para refletir em cima dessa ideia".

2º CONSTRUA DUAS PERGUNTAS COM BASE NA LEITURA DO TEXTO E JUSTIFIQUE O PORQUÊ DESTA PERGUNTA.

a) "Por que Clara largou o lar e o conchego familiar para fugir com amigos? <u>Eu acredito que ela era imatura. Queria ser dona de si próprio, vivendo uma vida sem controle e sem limites</u>" (**inferência**).

b) "Por que Clara acharia que seus pais e suas irmãs não gostavam mais dela e não queriam mais vê-la? Por que pelo fato dela ter <u>sido ingrata, deixou os estudos, tornou-se viciada e foi para São Paulo com amigos, pegou Aids</u> (**antecipação**) e por ter abandonado tudo, perdendo sua vida, <u>como ela escreve na carta</u> (**antecipação**). Eu acredito que isso chocaria qualquer família ao ponto de ter magoas dela".

3º QUAL O GÊNERO TEXTUAL UTILIZADO NO PROCESSO DE COMUNICAÇÃO? COMO FOI PARA VOCÊ A COMPREENSÃO? EXPLIQUE.

"O gênero é carta. Foi boa a compreensão <u>até por que a maneira que estava escrita na carta era a realidade de muita gente de hoje</u>" (**inferência**).

1.1.3. Resultado do uso das estratégias de leitura pelos alunos da Educação de Jovens e Adultos – EJA

- ENSINO FUNDAMENTAL II – <u>ALUNA A5</u> – TEXTO "QUERIDOS PAIS"

Questionário oral

Desta forma oral, a *aluna A5* não identifica o gênero, mas seleciona partes do texto que gosta para facilitar seu entendimento; entende os sinais que são descritos no texto, como "lençol", e faz uma interpretação do significado; utiliza a estratégia de *inferência* para justificar e explicar a pergunta do questionário; houve uma *compreensão da proposta textual*, além das estratégias de *seleção* e *antecipação* que somaram para o seu entendimento.

Questionário escrito

Para facilitar o seu entendimento da leitura, responde com reflexão da mensagem do texto e utiliza estratégias de leitura. *Antecipação, seleção* e suas *inferências* expressam a vivência social com conhecimento crítico. Esta teve *compreensão textual*.

Resultado da análise do texto, na forma oral e escrita, da aluna A5

A *aluna A5* tratou com objetividade suas respostas, obtendo de forma resumida a compreensão do texto.

A construção da compreensão, através da leitura de um texto, é tão contínua que seu desenvolvimento é fruto da prática da fala e escrita, e podemos dizer que o crescimento da aprendizagem é um trabalho de natureza social, histórica e cognitiva, vivida nas relações interpessoais. "A propriedade da interatividade é um aspecto inerente à própria língua" (MARCUSCHI, 2005, p. 145).

A percepção da *aluna A5* criou "diálogo" com o texto, ou seja, interagiu com ele. Vale ressaltar aqui que interatividade e diálogo não são sinônimos e se manifestam de forma diferenciada.

Marcuschi (2005, p. 145) explica que "o processo da interação é o relacionamento criado entre o leitor e o texto, mas diálogo é criação de meios para ser correspondido". Exemplo é o monólogo no teatro. O ator encena, interage com o público, há uma transmissão sem haver uma conexão, ou seja, uma troca "palpável".

Toda palavra escrita ou falada possui dois lados: ela é proveniente de alguém, como também está direcionada a alguém, ou seja, o texto oral/escrito, quando produz interatividade no leitor, instiga-o a uma ação de raciocínio interativo, seja de identificação, contestação, crítica, aquisição de conhecimento, mas há uma percepção de interação, envolvimento. A aluna, através de sua relação de interatividade, adquiriu um envolvimento com a história e absorveu o sentido da mensagem textual.

2.1. Aluna M8 –Ensino Médio

2.1.1. Alunos que usam estratégias para ler e compreender um texto *(modalidade oral do texto)*

TEXTO: "QUERIDOS PAIS"

1º QUE ESTRATÉGIAS VOCÊ UTILIZOU PARA LER E COMPREENDER ESTE TEXTO? OU SEJA, O QUE VOCÊ FEZ? COMENTE.

"Eu já vir esse texto, agora assim pra ler e entender. Ele já foi explicado claramente para mim, eu já sei mais ou menos como ele é. Eu não sei dizer."

2º CONSTRUA DUAS PERGUNTAS COM BASE NA LEITURA DO TEXTO E JUSTIFIQUE O PORQUÊ DESTAS PERGUNTAS.

a) **"Por que ela ficou sozinha?** *Por várias promoções da vida dela, ela pegou AIDS (antecipação). Eu acho que ela foi castigada não só por isso, mas por outras coisas também. Ela sabia que estava com essa doença por isso que foi difícil ela voltar pra casa".*

b) **"Como foi que ela pegou AIDS?** <u>*Porque provavelmente, ela saiu com alguém e não sabia que essa pessoa tinha AIDS*</u> *(****inferência****), aí foi difícil ela voltar, até porque ela sabia que estava com essa doença".*

3º QUAL O GÊNERO TEXTUAL UTILIZADO NO PROCESSO DE COMUNICAÇÃO? COMO FOI PARA VOCÊ A COMPREENSÃO? EXPLIQUE.

"Como assim? Bom, é que eu fico nervosa, mas é assim mesmo, e ao ler o texto é como se fosse um tipo da vida real da gente entendeu? Que pode acontecer com algum de nós".

2.1.2. Alunos que usam estratégias para ler e compreender um texto *(modalidade escrita do texto)*

TEXTO: "QUERIDOS PAIS"

1º QUE ESTRATÉGIAS VOCÊ UTILIZOU PARA LER E COMPREENDER ESTE TEXTO? OU SEJA, O QUE VOCÊ FEZ? COMENTE.

"Este texto foi muito bem elaborado e muito claro de entender a situação. <u>Quando eu estava lendo lembrei da história de uma amiga minha que passou pela mesma situação, parece mentira, mas foi idêntica a história dela com essa foi aí que me deu mais vontade de ler</u> (**seleção**). *<u>Interessante que estas histórias acontecem também na vida real, realmente são fatos verídicos</u>* (**inferência**), *e <u>Clara tinha medo de ficar sozinha e precisava dos pais</u>* (**antecipação**). *Por isso que para mim foi fácil entender e compreender o texto."*

2º CONSTRUA DUAS PERGUNTAS COM BASE NA LEITURA DO TEXTO E JUSTIFIQUE O PORQUÊ DESTAS PERGUNTAS.

a) **"Por que Clara escreveu esta carta (antecipação) para os pais?** *Por que ela se arrependeu de tudo que tinha feito e queria voltar para casa, e viver ao lado da família".*

b) **"Por que Clara resolveu sair de casa?** *<u>Ela pensava que a vida, que ela ia ter era a melhor, mas foi tudo engano. A vida é dura e ensina a cada dia as pessoas viver neste mundo"</u>* (**inferência**).

3º QUAL O GÊNERO TEXTUAL UTILIZADO NO PROCESSO DE COMUNICAÇÃO? COMO FOI PARA VOCÊ A COMPREENSÃO? EXPLIQUE.

"*Uma carta e foi muita <u>clara por conta da situação que aconteceu na vida de uma amiga minha</u> (inferência), e por isso que ficou muito claro a compreensão deste texto.*"

2.1.3. Resultado do uso das estratégias de leitura pelos alunos da Educação de Jovens e Adultos – EJA

ENSINO FUNDAMENTAL II – <u>ALUNA M8</u> – TEXTO: "QUERIDOS PAIS"

Questionário oral

A *aluna M8*, na forma oral, apresenta-se nervosa e usa duas estratégias (*antecipação* e *inferência*) de modo simples; talvez, pelo seu comportamento, ela tenha perdido o sentido do texto, mas, em análise, neste aspecto, ela obteve *compreensividade textual*.[1]

Questionário escrito

A *aluna M8* menciona, em suas respostas, uma experiência de seu conhecimento e atribui a este fato uma melhor compreensão do texto. Ela utiliza as estratégias de leitura de *antecipação, inferência* e *seleciona* o que a levou a ler o texto; sua compreensão pode ser demonstrada na descrição da resposta à primeira pergunta do questionário, apesar de não justificar suas próprias perguntas, talvez por falta de atenção, mas para com o texto ela demonstra familiaridade e obteve *compreensão textual*.

---

[1] Grifo meu, criado para caracterizar parte de um todo, elementos para uma compreensão textual. Solé (1998, p. 99) diz que: "É compreensível que se avaliem se realmente houve compreensão [...], não se tem certeza de que, mediante uma série de perguntas/respostas, possa se avaliar de fato a compreensão do leitor. Algumas pesquisas (Raphael, 1982; Winograd e Pearson, 1980, apud Solé, 1998) mostram que é possível responder a perguntas sobre um texto sem tê-lo compreendido globalmente. Com esta explicação venho enfatizar o termo "compreensividade textual", que é uma aglutinação de compreensão + atividade, ou seja, desempenho em construção. Paulo Freire usou este termo compreensividade em uma atividade de matemática, onde foi observado que os jovens e adultos perpassavam pelo caminho, conhecimento de parte, mas não chegavam ao resultado correto nos numerais.

Resultado da análise do texto, na forma oral e escrita, da aluna M8

A dificuldade demonstrada na escrita e oralidade pode ser proveniente do baixo entendimento linguístico. A repetição da leitura demonstra esta dificuldade. Dessa forma, a *aluna M8* teve compreensividade. Quando não há interatividade textual, o entendimento obtido por quem lê não traduz ação contínua; a interatividade para construção de sentido é importante no processo da compreensão. O autoenvolvimento e o envolvimento com o leitor é a funcionalidade discursiva. Quando tal interação é ocorrida no aluno/leitor, a identificação das estratégias inconscientes nas respostas possui uma lógica segmentada que é reconhecida por quem lê e também por quem analisa o resultado.

Assim, é importante que os alunos tenham a oportunidade de, por meio de gravações em áudio e em vídeo, observarem o funcionamento de conversações. Ou seja, a praticidade do trabalho textual em várias formas (oral e escrita) em sala de aula ajuda a criar maneiras de contribuição ao aluno na construção de um caminho para a compreensão. É até verdade que, na leitura, o título possibilita ao leitor situar-se na temática, facilita as coordenadas e tem certo grau de conveniência (CINTRA, 1986), mas esses dados não são indispensáveis para a construção de uma textualização; devem atuar na contextualização e são decisivos no avanço de expectativas a respeito do texto, pois estão situados num espaço contextual de interação (MARCUSCHI, 1983).

A interação real é completa, não só induz a argumentação, trocas, questionamentos, mas extrapola o texto e comunica em boa parte a previsão de fatos, ou melhor, explica. A inter-relação desta aluna com o texto não lhe foi suficiente para uma compreensão textual.

Este estudo comprova que as estratégias de leituras são importantes para o entendimento do texto e que devem ser ensinadas pelo professor em suas práticas pedagógicas, a fim de que o ato da leitura seja prazeroso e leve os leitores à plena compreensão dos textos que circulam na sociedade.

REFERÊNCIAS BIBLIOGRÁFICAS

BAUMANN, J. F. La enseñanza directa de la habilidad de comprensión de la idea principal. In: SOLÉ, I. *Estratégias de leitura*. Porto Alegre: Artmed, 1998.

BÜCHLER, Adriana A. *O uso das estratégias de leitura para compreensão textual pelos alunos da Educação de Jovens e Adultos* (EJA). 2009. Dissertação (Programa de Pós-Graduação – Mestrado em Ciências da Linguagem) – Universidade Católica de Pernambuco – UNICAP, Recife, 2009.

CINTRA, A. M. M. Estudo de caso: leitura de um texto acadêmico por um leitor maduro em língua materna. *Cadernos PUC/SP*, São Paulo, v. 22, p. 61-169, 1986.

COLL, C. Psicología y curriculum: una aproximación psicopedagógica a la elaboración del curriculum escolar. In: SOLÉ, I. *Estratégias de leitura*. Porto Alegre: Artmed, 1998.

FERREIRO, Emília; PALACIO, M. G. (ed.). *Os processos de leitura e escrita*: novas perspectivas. Trad. de Maria Luiza Silveira. Porto Alegre, 1988.

GOODMAN, K. S. O processo de leitura: considerações a respeito das línguas e do desenvolvimento. In: FERREIRO, E.; PALÁCIOS, M. G. *Os processos de leitura e escrita*. Porto Alegre: Novas Perspectivas, 1987.

KLEIMAN, Ângela. *Texto e leitor*: aspectos cognitivos da leitura. 9. ed. Campinas: Pontes, 2002a.

_____. *Oficina de leitura*. 8. ed. Campinas: Pontes, 2002b.

_____. *Letramento e formação do professor*: quais as práticas e exigências no local de trabalho? Campinas: Pontes, 2001.

_____. *Oficina de leitura*: teoria e prática. 5. ed. Campinas: Pontes. 1997.

MARCUSCHI, L. A. *Da fala para a escrita*: atividade de retextualização. 4. ed. São Paulo: Cortez, 2003.

_____. Exercícios de compreensão ou copiação nos manuais de ensino de língua? *Em Aberto*, Brasília, ano 16, n. 69, p. 64-82, jan./mar. 1996.

MARCUSCHI, L. A. *Linguística de texto*: o que é e como se faz. Recife: Universidade Federal de Pernambuco, 1983. (Série Debates, v. 1, p. 12-13).

RODRÍGUES, Inajara. *Escola, leitura e produção de textos*. Trad. Porto Alegre: Artes Médicas, 2006.

SILVA, Elisabeth, R. (org.). *Texto & ensino*. São Paulo: Cabral Editora e Livraria Universitária, 2002.

SILVEIRA, Maria Inês M. *Modelos teóricos & estratégias de leitura: suas implicações no ensino*. Maceió: Ed da UFAL, 2005.

SMITH, Frank. *Compreendendo a leitura*. Porto Alegre: Artes Médicas, 1989.

SOLÉ, Isabel. *Estratégias de leitura*. Porto Alegre: Artmed, 1998.

SOLIGO, Rosaura. *Cadernos da TV Escola-Português*. Brasília: MEC/SEED, 2000.

SPILLINO, Alina G. O leitor e o texto: desenvolvimento da compreensão de textos na sala de aula. *Revista Interamericana de Psicologia*. No prelo.

_____. Como desenvolver a capacidade de compreensão de textos na sala de aula. In: VII CONGRESSO INTERNACIONAL DE EDUCAÇÃO. [S.l]: SAPIENS-Centro de Formação e Pesquisa, 2008.

VALLS, E. Ensenyança i aprenentatge de continguts procedimentals: una proposta referida a l'Àrea de la història. In: SOLÉ, I. *Estratégias de leitura*. Porto Alegre: Artmed, 1998.

CAPÍTULO 14

A construção dos sentidos da metáfora pela criança com perda auditiva de grau moderado[1]

KÁTIA MARIA GOMES DE ALBUQUERQUE[*]

O grupo de indivíduos com perda auditiva não é homogêneo, pois as variáveis individuais são muitas, como tipo, causa, configuração audiométrica, além do grau da perda auditiva, entre outras. Em relação ao diagnóstico da perda auditiva em crianças, o grau de severidade dessa perda influencia no tempo decorrido até a sua descoberta, sendo, provavelmente, mais tardia quanto menos severa for a perda auditiva. Uma perda de grau moderado traz dificuldades à sua detecção precoce, possivelmente porque as crianças que a apresentam ora responderam ao estímulo sonoro, ora não. Muitos pais só suspeitam da perda auditiva de seu filho quando este manifesta ou deveria manifestar seus usos da linguagem (HECK; RAYMANN, 2003). A perda auditiva interfere no aprendizado da fala, tornando-o lento, pois a criança vai perdendo oportunidades de trocas linguísticas com o meio.

A criança com perda auditiva de grau moderado apresenta características bem particulares na sua constituição enquanto sujeito de linguagem. Geralmente não se aceita como surda, negando a condição de

---

[1] Artigo originado da dissertação aprovada no Mestrado em Ciências da Linguagem da Universidade Católica de Pernambuco.

[*] Pós-graduada em Audiologia Clínica pela Irmandade da Santa Casa de Misericórdia de São Paulo; mestra em Ciências da Linguagem pela Universidade Católica de Pernambuco; gerente de Fonoaudiologia do Hospital Agamenon Magalhães – SES/PE; e docente do Curso de Bacharelado em Fonoaudiologia da Fundação de Ensino Superior de Olinda-PE (FUNESO).

pertencer a um grupo minoritário com direito a uma cultura própria e a ser respeitado na sua diferença. Ela se reconhece como "falante" e "ouvinte", entretanto, o seu canal de aquisição da língua oral – o acústico-articulatório – apresenta uma limitação receptiva. Surgem daí inquietações, como: se essa limitação nas oportunidades de trocas interativas acarreta perdas que interferem na compreensão metafórica.

Os questionamentos levantados neste trabalho surgiram da necessidade de investigar a capacidade de construção do sentido metafórico por esse sujeito, visto que:

- existe escassez de literatura sobre a criança com perda auditiva de grau moderado e sua linguagem oral;

- por ser um sujeito oralizado, podem passar despercebidas essas alterações de compreensão pelos profissionais que lidam com ele, como fonoaudiólogos e educadores, ao se aterem somente à perspectiva da fala, do ponto de vista fonoarticulatório.

Para tanto, este trabalho teve como objetivo maior analisar a compreensão metafórica da criança com perda auditiva de grau moderado; como objetivo secundário, pretendeu-se analisar a compreensão de metáforas implícitas em ditos populares apresentados oralmente, através de indagações também orais sobre o sentido dos enunciados.

O IMPACTO DA PERDA AUDITIVA

O grau da perda auditiva é a variável que exerce maior influência sobre o desenvolvimento linguístico do indivíduo que a possui. Portanto, diversos autores relacionam essa classificação da perda auditiva com diferentes graus de dificuldade para a comunicação. Hungria (1987), Leibovici (1997) e Pedalini, Gomez e Liberman (2000) demonstram como, de acordo com o grau da perda auditiva, diferem os comportamentos auditivos e a compreensão e aquisição da fala:

- Leve – incapacidade de compreender a fala em fraca intensidade ou de ouvir normalmente além de três metros. O indivíduo encontra certa dificuldade de ouvir em teatro, cinema. Ele escuta, mas, às vezes, não entende.

- Moderada – dificuldade de ouvir conversação normal a pequena distância, além de um metro. A pessoa só escuta em algumas situações, demonstrando necessidade de prótese auditiva. Pode apresentar alterações articulatórias.

- Severa – o indivíduo não pode ouvir conversação a não ser em voz forte ou com o uso de prótese amplificadora. Apresenta atraso na aquisição da linguagem oral, necessitando, além do auxílio da prótese, de fonoterapia.

- Profunda – incapacidade de ouvir voz falada mesmo com amplificação máxima. O desenvolvimento da linguagem oral encontra-se prejudicado.

Entretanto, não há unanimidade quanto à relevância dessa classificação das perdas auditivas segundo o grau. Para Botelho (2002), o grau da perda não é fator determinante dos resultados educacionais. A autora concebe a surdez como uma experiência que desenvolve a acuidade visual. Em relação às possibilidades de sucesso escolar dos indivíduos com perda auditiva, Botelho (2002, p. 13) relata que alguns profissionais da área acreditam que "um surdo profundo tem maiores dificuldades pedagógicas em comparação àquele cuja perda auditiva tem grau menos acentuado e que, teoricamente, tem resultado escolar e pedagógico mais satisfatório". A autora discorda dessa afirmação, rebatendo-a baseada na constatação de que os adeptos dessa ideia desconhecem completamente o fato de que os indivíduos com perda auditiva se orientam a partir da visão, ainda que façam um uso maior ou menor das pistas acústicas, dependendo dos seus resíduos auditivos. O essencial é reconhecer que um surdo que tem uma perda auditiva leve pode ter as mesmas ou mais intensas dificuldades que um surdo profundo. Enquanto se argumenta exaustivamente se falta um ou vinte decibéis, a maioria dos surdos continua iletrada, podendo essa discussão perdurar tanto tempo quanto se mantiverem as mentalidades daqueles educadores que aspiram transformar os surdos em ouvintes.

Essa é uma questão central do nosso trabalho: o reconhecimento de que um indivíduo com perda auditiva menos intensa possa ter dificuldades de compreensão, dentre outras que possa apresentar, que passam despercebidas por aqueles que insistem em negar ou não estão suficientemente atentos às suas particularidades auditivas.

As crianças com perda auditiva leve/moderada, em média, apresentam atraso nas séries escolares de um a quatro anos, quando comparadas com os seus pares com audição normal, a menos que ocorra um acompanhamento apropriado (ASHA, 2004). Lima, Boechat e Tega (2003) consideram que, para desenvolver o seu potencial máximo, uma criança com perda auditiva (mesmo a de grau moderado) requer uma intervenção especial ao longo de toda a sua vida escolar. Podem variar, de tempos em tempos e de criança para criança, a natureza e a quantidade de serviços de apoio necessários. Os pais devem continuar a ter contato com profissionais que os aconselhem e esclareçam continuamente sobre a perda auditiva de seu filho.

A criança com perda auditiva não percebe adequadamente os sinais auditivos verbais que possibilitam à criança ouvinte a aquisição da linguagem oral no meio em que vive (CORDEIRO, 2003). Botelho (2002) comenta que, pela sua experiência de quase duas décadas de trabalho com surdos, no âmbito pedagógico, dentre eles adolescentes com perda auditiva leve e concomitantes dificuldades cognitivas, os indivíduos com perda leve/moderada frequentemente não compreendem o que dizem seus professores ouvintes nas escolas regulares onde estudam e, por isso, fracassam. As crianças que vivenciam essa situação tendem a se desmotivar com a escola e com o aprendizado (PEDALINI, GOMEZ e LIBERMAN, 2000).

Quanto à sua socialização, as crianças com perda auditiva leve/moderada frequentemente reportam problemas sociais, particularmente quando a sua interação social com outras crianças com perda auditiva é limitada (ASHA, 2004).

Entendemos que alguma dificuldade que a criança com perda auditiva moderada possa ter de se inserir socialmente se deve ao fato de ela não se identificar plenamente com nenhum dos grupos sociais dos quais participa. Como dissemos anteriormente, ela (e/ou a família) não se considera surda, na medida em que ouve muitos dos sons a que é exposta e consegue falar, tendo a desvantagem em relação à criança com perda mais intensa de não pertencer à comunidade dos surdos, grupo social no qual poderia interagir com outras crianças com perda auditiva, trocando vivências, conhecimentos e identificações. Geralmente, a criança com perda moderada convive somente com ouvintes e, em muitas situações, o faz à custa de muito esforço comunicativo e emocional para alcançar todas as outras pistas que o contexto linguístico e social lhe fornece para compensar o que é perdido pela via auditiva. Da parte dos ouvintes, observamos que, por vezes, existe uma tendência da sociedade e da família a negar ou negligenciar a perda auditiva moderada e as dificuldades secundárias a ela, já que a criança "ouve" e "fala". Porém, consideramos que essa "normalização" contrapõe-se à tão propalada inclusão social, pois, ao se agir dessa forma, incluir passa a ser tornar igual, negando a aceitação da criança na sua diferença e com as suas necessidades próprias.

A fim de se evitarem sequelas adversas ao desenvolvimento, todas as perdas auditivas em crianças, incluindo aquelas que são leves e moderadas, devem sofrer intervenção, e o limite de tempo para isso deve ser diminuído. Todos os esforços devem ser realizados a permitir o acesso e a disponibilidade ao fluxo linguístico.

LINGUAGEM E PERDA AUDITIVA

A vivência com a linguagem oral é a desencadeadora da sua estruturação morfossintática, semântica, fonológica e pragmática. Pela experiência limitada com a linguagem oral, o indivíduo com perda auditiva, mesmo quando protetizado, pode ser incapaz de substituir a informação perdida devido ao comprometimento sensorial.

Quanto à compreensão e aquisição de fala, Leibovici (1997) acredita que o indivíduo com perda auditiva de grau moderado apresenta dificuldade com a fala em voz normal, o que pode resultar em desvios fonéticos. Essa criança é capaz de ouvir sons como as vogais e consoantes mais graves do tipo: /m/, /d/, /b/ etc. A dificuldade maior é para ouvir os sons fricativos do tipo: /f/, /v/, /s/, /z/ etc (LIMA, BOECHAT e TEGA, 2003). Existem vários fonemas com o mesmo ponto articulatório, se distinguindo uns dos outros pela presença ou ausência de sonoridade (MOGFORD, 2002).

A criança que não ouve bem percebe os sons de forma distorcida, perde a riqueza de detalhes que uma informação sonora pode trazer. Como tem capacidade para ouvir o seu interlocutor, a criança que apresenta discreta perda auditiva (leve a moderada), por vezes, nem tem consciência de haver perdido parte da mensagem. Quando uma criança não pode ouvir o que está sendo dito, ou somente ouve parte da mensagem, ela pode facilmente se enganar, ocasionando falhas na compreensão (PEDALINI, GOMEZ e LIBERMAN, 2000). O conteúdo emocional da fala também fica prejudicado, uma vez que as suas inflexões podem não ser percebidas (AFONSO e SIMONEK, 1998). Entendemos que essa possa ser uma das razões que dificultam à criança com perda auditiva moderada lidar com a polissemia das palavras, compreender metáforas, ambiguidades etc., por ela perceber a fala de modo diferente dos ouvintes.

Goldfeld (1998) diz que para o surdo fluente na língua de sinais é mais fácil compreender as metáforas e outras sutilezas da língua, por tomar os exemplos da língua de sinais para se orientar. Pode ser justamente essa outra das razões que levam o indivíduo com perda moderada a ter alguma dificuldade de compreensão. Ele não utiliza a língua de sinais, não tendo outros parâmetros de língua além da oral, que em muitas situações não capta completamente. O surdo utiliza-se menos do português oral, porém tem a compensação de, geralmente, dominar completamente a sua língua materna – a língua de sinais – nas suas várias nuances e de poder usá-la como referência no contato com a sua segunda língua. O sujeito com perda auditiva moderada não tem a opção de uma língua anterior para servir de base, apresentando um desempenho insatisfatório das habilidades de compreensão, conforme ressaltam Nachman (2002 apud SANTOS, LIMA e ROSSI, 2003) e Botelho (2002).

Rittenhouse e Kenyon (1991) descrevem a aquisição de metáforas pela criança com perda auditiva. Os achados revelam uma correlação significante entre metáfora/idade, sugerindo que a experiência desempenha um importante papel na compreensão metafórica. Entretanto, a metáfora não está significativamente relacionada com o grau da perda auditiva, concluem os autores.

Outra questão que se coloca muito frequentemente em relação à linguagem do surdo é se ele tem, de fato, dificuldades de abstração. Botelho (2002) assevera que, por não desenvolverem a linguagem completamente, mesmo os indivíduos com perda auditiva leve/moderada têm comprometidos certos níveis de abstração. Quando essas dificuldades existem, entretanto, estão relacionadas a experiências linguísticas e escolares insatisfatórias. O que falta aos indivíduos com perda auditiva é o acesso ao domínio completo da língua, que lhes permita pensar com todas as complexidades necessárias.

Em situações nas quais é impossível acompanhar a totalidade das interações orais, muito frequentemente os indivíduos com perda auditiva utilizam a *simulação de compreensão*, estratégia para que passem despercebidas as suas dificuldades e para evitar a tensão na comunicação. No entanto, a simulação acaba por piorar a situação, porque aparenta uma ausência de problemas e reforça o equívoco de que a compreensão é possível sem dificuldades (BOTELHO, 2002).

Botelho considera ainda que o nó da questão está na associação da construção do sentido do texto com o domínio das palavras. Os indivíduos com perda auditiva se habituam a parar nas palavras desconhecidas, como se o sentido fosse lexicalizado. Por outro lado, verifica-se que um montante lexical disponível não resolve os problemas de interpretação textual, pois, mesmo conhecendo as palavras, os sujeitos com perda auditiva não sabem considerar o contexto. Por vezes, são desencorajados a recorrer a essas informações contextuais, pelo fato de o contexto ser tomado como um acessório, ou uma solução adotada como alternativa para a ausência de um vocabulário vasto, ao invés de ser considerado como uma condição essencial para a compreensão.

OS SENTIDOS DA METÁFORA

A metáfora pode ser apresentada como processo puramente linguístico – para a semântica, enquanto outros estudos levam em consideração as circunstâncias de enunciação e as intenções dos locutores e ouvintes, na pragmática, porém, passamos a revisar os estudos que dão uma guinada na visão que se tem do processo metafórico, ao situá-lo essencialmente no pensamento (concepção que se filia à semântica cognitiva) e ao considerar a parte linguística apenas a sua manifestação material. Portanto, neste tópico, tratamos da teoria escolhida para a análise do nosso *corpus*, a Teoria da Metáfora Conceptual de Lakoff e Johnson (BORBOREMA FILHO, 2004; LAKOFF e JOHNSON, 1980, 2002; OLIVEIRA, 2001; PONTES, 1990).

Já há alguns anos, estudiosos como Lakoff e Johnson (1980, 2002) têm afirmado que os valores fundamentais de uma cultura formam uma estrutura coerentemente organizada com aquilo que eles chamam *as metáforas pelas quais vivemos*. Isso também evidencia o fato de que as metáforas são absolutamente frequentes e cotidianas. Os autores demonstram como as metáforas são utilizadas e importantes na língua do dia a dia, pois na realidade elas são estruturadoras do pensamento.

Lakoff e Johnson (1980, 2002) chamam de metáforas *estruturais* as que estruturam um conceito em termos de outro, como nos exemplos: "tempo é dinheiro", "perdendo tempo", "ganhando tempo", "investindo tempo", "economizando tempo". Essas metáforas estruturam nosso sistema conceptual de maneira sistemática. Segundo os autores, essas maneiras tão comuns de falar do tempo têm por trás uma concepção própria de uma sociedade capitalista, em que o tempo significa literalmente dinheiro, uma vez que o trabalho é pago em termos de horas, dias, meses ou anos. Esse conceito mercantilista de tempo está tão enfronhado no cotidiano das pessoas, influencia suas ações e as faz viver em função dele, que nunca param para pensar o que é o tempo independentemente dessa visão culturalmente formada. Lakoff e Johnson reiteradamente chamam a atenção para o fato de que há verdadeiros sistemas metafóricos e que através deles pode-se compreender de que maneira a realidade é concebida (PONTES, 1990).

Os autores chamam de metáforas *orientacionais* as que estão ligadas à orientação espacial. Pode-se observá-las em exemplos como: "daqui pra frente, tudo vai ser diferente", "de lá para cá, tudo mudou", "se olharmos para trás, a situação era ainda pior". Em algumas culturas, como a nossa, o futuro está orientado para a frente e o passado está atrás. Os advérbios de lugar orientam a posição em que o falante está, portanto, usando-se "cá" e "aqui" indica-se o presente (o momento da fala), "frente" para indicar o futuro, "lá" e "trás" para o passado (lugar afastado do falante).

As metáforas *ontológicas* são uma maneira de compreender e lidar com conceitos abstratos, como o tempo, ou que nos perturbam por serem enigmas, transformando-os em entidades – coisas ou seres (animais ou pessoas). Em português, diz-se normalmente: "o tempo passa", "o tempo voa", "o tempo corre", "o tempo para". Segundo Lakoff e Johnson (1980, 2002), nesses exemplos o tempo é concebido como um objeto que se desloca no espaço. Ao dizer que "o tempo destrói as coisas e as pessoas", "o tempo envelhece a gente", "o tempo faz a gente ficar mais sábio" ou "o tempo faz a gente ficar mais amargo", atribui-se a ele ações como que voluntárias, sendo visto ora como um inimigo, ora como um aliado. Essa é uma espécie de metáfora ontológica chamada de personificação.

Na sua teoria, Lakoff e Johnson usam o termo "metáfora" para se referir ao conceito metafórico ou à metáfora conceptual. O termo "expressão metafórica" é usado para se referir às expressões linguísticas individuais. Para definir a metáfora conceptual, eles recorrem à conceptualização de AMOR COMO VIAGEM, que se reflete em expressões linguísticas como "veja a que ponto nós chegamos" e "nossa relação não vai chegar a lugar nenhum". Eles dizem que a metáfora envolve a compreensão de um domínio da experiência, o amor, em termos de um domínio muito diferente, as viagens. A metáfora pode ser entendida como um mapeamento (no sentido matemático) de um domínio de origem (nesse caso, as viagens) a um domínio-alvo (o amor). Para designar o nome do mapeamento, os autores adotam como estratégia representá-lo em letras maiúsculas, seguindo a forma: DOMÍNIO-ALVO É DOMÍNIO-FONTE ou DOMÍNIO-ALVO COMO DOMÍNIO-FONTE.

Compartilhamos da visão de metáfora proposta por Lakoff e Johnson (1980, 2002), pois a metáfora é indiscutivelmente de natureza conceptual, sendo um importante instrumento do nosso aparato cognitivo, além de essencial para a nossa compreensão do mundo, da nossa cultura e de nós mesmos.

Quanto ao desenvolvimento da competência metafórica, entendemos que essa decorre das habilidades de compreensão textual e de construir inferências. A compreensão de textos envolve alguns fatores de natureza linguística e cognitiva: os linguísticos remetem aos aspectos sintáticos, semânticos, lexicais e à habilidade de decodificação; os cognitivos, à memória de trabalho, às estratégias de monitoramento, às capacidades de integrar informações e de estabelecer inferências.

Num estudo realizado por Gardner e Winner (1992), cujo objetivo foi obter informações sobre como as crianças adquirem a habilidade de parafrasear uma figura de linguagem, oferece-se um retrato do desenvolvimento das capacidades cruciais para a compreensão metafórica. Foi apresentado aos sujeitos um número de metáforas predicativas em forma de sentença e perguntou-se sobre seu significado. Os sujeitos entre seis ou sete anos às vezes escolhiam uma versão totalmente literal da sentença; muitas vezes alteravam a conexão entre o tópico e o veículo, mudando a relação de identidade para uma de contiguidade. Por volta de 8 anos, as crianças começavam a perceber algum sentido não literal na sentença, mas ainda são incapazes de discernir uma conexão entre domínios tão remotos um do outro, como o dos objetos físicos e o dos estados psicológicos ("Depois de anos trabalhando na cadeia, o guarda da prisão transformou-se numa rocha..."). Finalmente, por volta dos 10 anos, os sujeitos eram capazes de fazer uma ponte entre os domínios físico e psicológico, apesar de frequentemente escolherem um traço de personalidade que era de algum modo incoerente com o esperado. Apenas em uma idade ainda mais avançada é que as crianças puderam atingir consistentemente o traço psicológico que constituía a base da metáfora.

Lakoff e Johnson (1980) consideram que a compreensão metafórica se dá pela interação entre proposições. Esse aspecto da sua teoria nos parece original e da máxima importância, sendo bastante diferente da de outros autores, que consideram a interação entre semas. Em certas circunstâncias, para compreender determinadas metáforas, é necessário inferir passagens que são degraus lógicos intermediários e que pode acontecer que sejam metáforas.

Neste estudo, consideramos compreensão de uma metáfora ou expressão metafórica o processo de explicar o seu significado e a construção que o receptor diz efetuar na sua identificação, atividade de natureza metacomunicativa e metalinguística, e a sua conformidade com as intenções comunicativas do emissor.

COMPREENSÃO DE METÁFORAS x PERDA AUDITIVA MODERADA

Este estudo refere-se a uma pesquisa qualitativa analítico-discursiva, centrada na interpretação dos dados. Nosso *corpus* foi formado a partir de um protocolo verbal construído pelas transcrições das interações verbais entre a pesquisadora e os participantes.

A amostra foi constituída por duas crianças com perda auditiva moderada, com idade entre 9 e 12 anos, usuárias de próteses auditivas, com acompanhamento fonoterapêutico e frequentando escolas privadas.

Usamos como fundamentação teórica para a análise e discussão dos dados as propostas de Lakoff e Johnson (1980, 2002) sobre a metáfora conceptual, para mostrarmos como a metáfora se apresentava nos enunciados e como os nossos participantes a compreenderam. Para este artigo, exemplificamos abaixo algumas das expressões metafóricas utilizadas e como foi feita a análise da leitura das metáforas realizada pelos participantes.

Num dos fragmentos do protocolo verbal, quando os participantes (P1 e P2) foram questionados sobre o que significava a expressão metafórica "o goleiro do Santa é uma *muralha*", observamos que P1 realizou uma inferência não autorizada para a proposta de sentido pretendida pela pesquisadora. Provavelmente por entender que as crianças torciam pelo Sport e seria difícil ganhar do Santa por causa do goleiro, P1 interpretou a palavra "muralha" como sendo "uma pessoa ruim", diferentemente do sentido pretendido pela pesquisadora ao formular a história. A interpretação metafórica sugerida pelo contexto situacional de que GOLEIRO É BARREIRA, determinada pelas propriedades interacionais associadas ao goleiro, não foi executada por P1, que a leu como MURALHA É PESSOA RUIM, realizando um julgamento de valor não solicitado.

Na justificativa, P2 demonstrou realizar uma inferência pragmático-cultural ao associar as propriedades interacionais relacionadas ao goleiro na metáfora "muralha" com a sua capacidade de não deixar passar nenhuma bola, situação já vivenciada na atuação do então goleiro do Sport, o Maisena.

Lakoff e Johnson (2002) dizem que as propriedades interacionais de um objeto ou evento podem não ser *inerentes* a eles; são produtos de nossas interações com eles em nosso ambiente, ao experienciarmo-los diretamente.

Quanto à expressão metafórica "roupa *alegre*", observamos que P1, ao referir que "roupa alegre" significava que "a criança fica bem alegre", realizou uma inferência analógico-semântica, demonstrada pela associação estabelecida entre os termos "roupa alegre" e "criança alegre", atribuindo a propriedade de uma à outra. Ao concluir com essa inferência não autorizada (Marcuschi, 1985), a criança demonstrou não haver apreendido o sentido da metáfora ontológica COR É ALEGRIA. Lakoff e Johnson (1980, 2002) dizem que as nossas experiências com objetos físicos fornecem a base para diversas formas de se conceber eventos, atividades, emoções, ideias etc., como entidades e substâncias. Portanto, as metáforas ontológicas servem a vários propósitos, dentre os quais *identificar aspectos*, como no exemplo "roupa alegre".

P2 inicialmente respondeu à expressão metafórica como "bonita", sentido produzido pela metáfora BELEZA É ALEGRIA, porém confundiu essa leitura com "confortável" e "com algum bicho que as crianças gostarem". A metáfora na qual P2 se baseou poderia ter sido suscitada pelo contexto narrativo, porém os outros sentidos por ele referidos e, principalmente, a sua explicação da construção realizada para identificar a metáfora não estão em conformidade com as intenções comunicativas da pesquisadora.

Na expressão metafórica "passavam o *diabo*", observamos que P1 hesitou na sua resposta, terminando por associar "o diabo" com "mal cuidadoso", inferência não autorizada da metáfora DIFICULDADES SÃO UM MAL. Essa metáfora ontológica é personificada na figura do diabo. Parece-nos que a criança realizou uma inferência analógico-semântica (MARCUSCHI, 1985), ao associar a situação difícil vivida pela família – descrita no enunciado em passagens como: "pessoas muito pobrezinhas", "uma situação tão ruim, tão difícil" – com o comportamento do chefe da família, que bebia muito e agravava todo o contexto familiar. Esses indicadores contextuais levaram P1 à associação da situação familiar com uma falta de cuidados demonstrada pelo pai da família, resultando na metáfora DESCUIDO É UM MAL. Na justificativa, em que afirmou já conhecer a expressão metafórica, P1, porém, relatou uma situação em que a expressão foi utilizada com um sentido diferente dos anteriores, que remetia à metáfora LOUCURA É UM MAL. Isso demonstra a inconsistência da criança na leitura da metáfora.

P2 realizou uma inferência pragmático-cultural (MARCUSCHI, 1985), por associar a expressão metafórica "diabo" à figura demoníaca das suas crenças religiosas. Em outras passagens da conversa, P2 demonstrou haver lido a metáfora como BEBIDA É UM MAL, a qual pode ter sido sugerida pelo contexto conversacional, entretanto, não era a pretendida pela pesquisadora. Segundo Marcuschi (1985, p. 10), quando a força ilocucional subjacente ao texto não é captada, pode-se perder o foco central e desviar "a compreensão para analogias secundárias com respeito ao cenário montado pelo texto".

A expressão "ele é um *pé-rapado*" é um exemplo de um dito popular estruturado metaforicamente. A metáfora a que "pé-rapado" remete é *STATUS* INFERIOR É PARA BAIXO. A base física e social dessa metáfora orientacional é que, como o *status* é correlacionado ao poder (social) e o poder (físico) é PARA CIMA, então a falta de *status* é PARA BAIXO (LAKOFF e JOHNSON, 1980, 2002).

P1 não conseguiu realizar a construção do sentido sugerido para a expressão metafórica, nem mesmo se utilizando das pistas intratextuais.

Inicialmente, P2 apresentou o sentido esperado para a interpretação da expressão metafórica, porém não manteve uma estabilidade na sua resposta, relatando informações não contidas ou sugeridas pelo texto. Observamos que a criança P2 apresentava recorrentemente esse comportamento de extrapolar a proposta do texto, realizando inferências atitudinais. Essas são definidas por Marcuschi (1985) como inferências de caráter cultural-cognitivo, muito próprias de quem sempre ressitua tudo o que lê/ouve dentro de uma perspectiva de convicções estritamente pessoais.

Outra das expressões metafóricas apresentadas aos participantes foi "deu *carta branca* para o irmão dele resolver tudo". A metáfora ontológica CONFIANÇA É ENTIDADE é a que estrutura a expressão metafórica "carta branca", quando afirmamos que "eu lhe dou carta branca". Descrevendo a concepção das metáforas ontológicas, Lakoff e Johnson (2002, p. 81) comentam que, como "somos seres físicos, demarcados e separados do resto do mundo pela superfície de nossas peles", tendemos a impor fronteiras, até mesmo uma linha ou plano abstrato, quando não há uma demarcação natural física que possa ser vista. Dessa forma, pela metáfora transformamos um sentimento de confiança numa entidade que pode ser fisicamente repassada para alguém.

As duas crianças confundiram esse sentido pretendido para a expressão metafórica com outras informações intratextuais, como: "que o irmão vai resolver tudo, porque ele tem mais tempo" etc.

CONSIDERAÇÕES FINAIS

Os resultados do nosso estudo demonstraram que as crianças com perda auditiva de grau moderado apresentavam um desempenho insatisfatório na compreensão dos sentidos das metáforas e nas habilidades metalinguísticas de explicar as estratégias utilizadas, o que comprovou o que já havíamos observado intuitivamente na convivência e na atuação profissional com esses sujeitos.

Alguns autores, como Botelho (2002) e Nachman (2002 apud Santos, Lima e Rossi, 2003), relatam que essa dificuldade fica, por vezes, camuflada pela aparente "normalidade" da criança ou que muitos (como família, escola, fonoaudiólogos ou a própria criança) querem impô-la. É justamente por essa *simulação de compreensão* (BOTELHO, 2002) que a criança pode deixar de ser assistida nas suas necessidades próprias, enquanto sujeito que também tem direito ao pleno domínio da sua língua.

Dentre várias sugestões que podemos fazer aos fonoaudiólogos, educadores e familiares que lidam com sujeitos com perda auditiva moderada, lembramos algumas estratégias que podem ajudá-los a exercitar essa habilidade de dar sentido a "coisas" de domínios diferentes. Como eles têm o canal visual muito aguçado, uma atividade muito criativa é vivenciar o absurdo através de imagens. O contato com significados visuais diversos possibilita o reconhecimento da polissemia, que do visual passa a ser discutido no verbal. Pode-se também trabalhar em situações de produção artística o humor, o inusitado e a criatividade com imagens em metamorfose ou mutantes.

Uma atividade sempre interessante é a leitura de textos que também trabalhem com a polissemia das palavras, o humor, a ironia, os provérbios. As expressões metafóricas que suscitem ambiguidades ou mesmo expressões que não são do uso da criança devem ser questionadas a fim de se construírem sentidos para elas.

Essas estratégias podem ser realizadas também oralmente, em situações de conversa. A família pode estimular construções de sentidos, por exemplo, ao assistir a propagandas na TV, quando, de maneira informal, se pode questionar o que se entende. A criança deve ser incentivada a perceber os diversos usos da língua.

Em relação ao trabalho fonoaudiológico, parece-nos apropriado criar a possibilidade de atividades em grupo com algumas crianças com perda auditiva, pois já que as crianças com perda moderada normalmente convivem e interagem somente com ouvintes, elas teriam a oportunidade de dividir experiências com outras crianças que tenham dificuldades similares às suas. Isso ajudaria na questão da sua identificação enquanto sujeito que pertence a um grupo, não sendo o único com determinadas características.

Um procedimento básico, que nem sempre é realizado pelo fonoaudiólogo, é incluir os aspectos da compreensão, como a metáfora, na avaliação e no planejamento terapêutico. Geralmente a criança com perda moderada busca um atendimento fonoaudiológico com o intuito de aprimorar a fala, razão pela qual o profissional pode não estar atento às suas outras necessidades.

Nas escolas, devem ser propostas desde muito cedo atividades para estimular a compreensão textual. As expressões metafóricas podem ser trabalhadas tanto com a escrita quanto com desenhos, podendo ser discutidos o significado dicionarizado e outras possibilidades de significado. Todas essas atividades, no entanto, devem indicar a busca do significado no contexto, trabalhando com enunciados contextualizados.

Atividades de compreensão textual podem ser realizadas em todas as disciplinas, não só em português, pois todas têm enunciados que precisam ser entendidos, como matemática, geografia, história etc.

Finalizamos este estudo reconhecendo que ainda temos muito a descobrir sobre essa criança com perda auditiva moderada e a sua linguagem. Ao concluir, esperamos ter contribuído com esta investigação na elucidação de certas particularidades da linguagem dessa criança observadas na prática clínica fonoaudiológica.

REFERÊNCIAS BIBLIOGRÁFICAS

AFONSO, H. C. S.; SIMONEK, M. C. (org.). *Série audiologia 4*: surdez e prevenção. Rio de Janeiro: INES, ago./dez. 1998. Periódico semestral.

AMERICAN SPEECH AND HEARING ASSOCIATION (ASHA). Hearing loss. Disponível em: <http://www.asha.org/public/hearing/disorders.htm>. Acesso em: 07 set. 2004.

BORBOREMA FILHO, E. de A. *A metáfora na construção da percepção da realidade no discurso jornalístico*. 2004. 255 f. Tese (Doutorado em Linguística) – Universidade Federal de Pernambuco, Recife, 2004.

BOTELHO, P. *Linguagem e letramento na educação dos surdos*: ideologias e práticas pedagógicas. Belo Horizonte: Autêntica, 2002.

CORDEIRO, A. A. de A. *Resolução de problemas da lógica predicativa por surdos usuários da língua de sinais brasileira*: um enfoque da teoria da lógica mental. 2003. 291 f. Tese (Doutorado em Psicologia Cognitiva) – Universidade Federal de Pernambuco, Recife, 2003.

GARDNER, H.; WINNER, E. O desenvolvimento da competência metafórica: implicações para as disciplinas humanísticas. Tradução Lenita R. Esteves. In: SACKS, S. (org.) *Da metáfora*. São Paulo: EDUC/Pontes, 1992. p. 127-144.

GOLDFELD, M. Surdez. In: GOLDFELD, M. (org.). *Fundamentos de fonoaudiologia*: linguagem. Rio de Janeiro: Guanabara Koogan, 1998. p. 69-83.

HECK, F.; RAYMANN, B. C. W. Tempo decorrido entre a suspeita da surdez, a primeira ida ao médico e/ou fonoaudiólogo, o diagnóstico e o início da reabilitação com crianças surdas. *Jornal Brasileiro de Fonoaudiologia*, Curitiba, v. 4, n. 16, p. 175-185, jul./set. 2003. Edição trimestral.

HUNGRIA, H. *Otorrinolaringologia*. 5. ed. Rio de Janeiro: Guanabara Koogan, 1987.

LAKOFF, G.; JOHNSON, M. *Metaphors we live by*. Chicago: UCP, 1980. cap. 1-4. Disponível em: <http://theliterarylink.com/metaphors.html>. Acesso em: 16 jul. 2004.

_____. *Metáforas da vida cotidiana*. Coordenação da tradução: Mara Sophia Zanotto. Campinas, SP: Mercado de Letras; São Paulo: EDUC, 2002.

LEIBOVICI, Z. Comunicação do surdo: a família e a sociedade. In: ARAÚJO, R. B. de; PRACOWNIK, A.; SOARES, L. S. D. (coord.). *Fonoaudiologia atual*. Rio de Janeiro: Revinter, 1997. p. 55-59.

LIMA, M. C. M. P.; BOECHAT, H. A.; TEGA, L. M. Habilitação fonoaudiológica da surdez: uma experiência no Cepre/FCM/Unicamp. In: SILVA, I. R.; KAUCHAKJE, S.; GESUELI, Z. M. (org.). *Cidadania, surdez e linguagem*: desafios e realidades. São Paulo: Plexus, 2003. p. 41-54.

MARCUSCHI, L. A. Leitura como processo inferencial num universo cultural-cognitivo. *Leitura: teoria & prática*: revista semestral da Associação de Leitura do Brasil, Campinas, SP, ano 4, n. 5, p. 3-16, jun. 1985.

MOGFORD, K. Aquisição da linguagem oral no indivíduo pré-linguisticamente surdo. In: BISHOP, D.; MOGFORD, K. *Desenvolvimento da linguagem em circunstâncias excepcionais*. Rio de Janeiro: Revinter, 2002. p. 145-177.

OLIVEIRA, R. P. de. Semântica. In: MUSSALIM, F.; BENTES, A. C. (org.). *Introdução à linguística*: domínios e fronteiras. São Paulo: Cortez, 2001. v. 2, p. 17-46.

PEDALINI, M. E. B.; GOMEZ, M. V. S. G.; LIBERMAN, P. H. P. *Audiologia*. Centro de Tratamento e Pesquisa – Hospital do Câncer AC Camargo, 2000. Disponível em: <http://www.hcanc.org.br/smaux/fono/fono.html>. Acesso em: 16 jul. 2004.

PONTES, E. O "continuum" língua oral e língua escrita: por uma nova concepção do ensino. In: PONTES, E. (org.). *A metáfora*. 4. ed. Campinas: Unicamp, 1990. p. 35-44.

RITTENHOUSE, R. K.; KENYON, P. L. Conservation and metaphor acquisition in hearing-impaired children. *American annals of the deaf*, n. 136, v. 4, p. 313-320, 1991. Disponível em: <http://www.sign-lang.uni--hamburg.de/BibWeb/LiDat.acgi?ID=17077>. Acesso em: 07 set. 2004.

SANTOS, M. F. C. dos; LIMA, M. C. M. P.; ROSSI, T. R. de F. Surdez: diagnóstico audiológico. In: SILVA, I. R.; KAUCHAKJE, S.; GESUELI, Z. M. (org.). *Cidadania, surdez e linguagem*: desafios e realidades. São Paulo: Plexus, 2003. p. 17-40.

Tecendo redes de interlocução

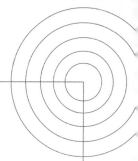

Nossa obra desejou fazer uma interlocução entre os vários pesquisadores que teceram os seus textos na perspectiva da relação entre a linguagem e a sua aprendizagem formal.

Como se viu ao longo de cada artigo, foram apresentados os vários ângulos da linguagem: seus aspectos fonéticos e fonológicos; seus modos de circulação, oral e escrito; suas concepções e perspectivas; a importância do texto como unidade básica de sentido e instrumento de avaliação no processo de interpretação e produção de língua, seus tipos, gêneros...

Os autores perseguiram temas atuais e motivadores, sobretudo aqueles que se relacionam com a aquisição de linguagem, seja ela oral ou escrita. Os textos desejaram subsidiar tantos educadores da língua, sedentos em aprofundar novas abordagens aplicativas para o momento da própria intenção de ensinar, aliás, motivo único de nossa profissão. Devemos ensinar até que os alunos aprendam. Daí termos visto, ao longo dos textos, várias experiências de sucesso.

Muitas questões abordadas nesta obra são frutos de experiências docentes que nasceram e cresceram no terreno da discussão e do debate crítico, terra essa adubada por indagações consistentes suscitadas a partir das práticas de sala de aula.

Inúmeras ideias apresentadas aqui fazem parte de um aspecto da ciência linguística chamado de sociolinguística. Isso porque observamos, em quase todos os artigos, a preocupação com os contextos sociais de uso linguístico, seja na sua aquisição espontânea ou formal. Conforme Lira (2010, p. 117):[1]

---

[1] LIRA, Bruno Carneiro. *Leitura e recontextualização*: o discurso multicultural. São Paulo: Paulinas, 2010.

Cada leitura construirá um novo texto, produto de determinações múltiplas e de experiências variadas. Assim, o leitor constitui-se numa pluralidade de outros textos. Nessa perspectiva, o autor/leitor estabelece uma relação dialógica ao analisar o discurso que lê, em que o lugar social e histórico de ambos, leitor e escritor, permitirão a produção de novos sentidos, reproduzindo-os ou transformando-os ao se tornarem conscientes das informações que veiculam em seus discursos.

Como vemos, o lugar social é determinante para as práticas linguageiras, pois essas deverão ser sempre adaptadas às condições de uso levando em consideração os interlocutores e seus graus de maturidade leitora. Diante desse pano de fundo e como vimos ao longo da leitura dos textos da presente obra, a concepção de linguagem que mais se adéqua às práticas e indagações dos autores é aquela que vê a língua como atividade, acontecendo no momento mesmo da interação. São os usos sociais que fazem uma língua e que dão sentido às suas realizações.

Encontramos, portanto, vários pontos de interlocução que valeria a pena relembrar nesse momento de fechamento do livro: explicações dos fenômenos fonéticos e fonológicos no momento de produção de fala e de escrita; a importância da oralidade e sua influência nos processos comunicativos; o apoio do oral no ato de escrever; a interferência da audição no processo de aquisição oral da linguagem; a presença da intertextualidade; a dialogicidade discursiva; reflexos das concepções de língua nas produções escritas dos alunos; as duas faces da moeda no que se refere à escola: local de construção ou estigma?; análise de livro didático e compreensão leitora; questões de prosódia; importância do convívio familiar no processo de aquisição de linguagem; o ensino de leitura e escrita a distância; estratégia multissensorial de sons e gestos que alfabetizam, a ser aplicada em alunos com algum déficit de aprendizagem linguística; as estratégias de leitura e a construção dos sentidos da metáfora pela criança com perda auditiva de grau moderado. Todas essas facetas da linguagem e de seu ensino são práticas sociais que cercam o nosso dia a dia, as quais nos levam a realizar o ato sublime da comunicação, pois assim estamos em plena interação com o outro, já que somos seres sociáveis, e uma das formas mais perfeitas de realizar esse atributo do ser humano são, sobretudo, as nossas práticas linguísticas.

Os nossos leitores interessados em aprofundar, ainda mais, os temas apresentados aqui poderão se valer de uma corrente de outros pesquisadores renomados que refletem sobre a psicolinguística e a linguística de texto, ou também discorrer sobre as referências dos vários artigos que desfilaram neste compêndio.

Comprova-se, portanto, a tese da epígrafe: os analfabetos são mesmo aqueles que aprendem a ler e não leem. Nós, caro leitor e cara leitora, é clarividente que já transpomos esse patamar ou, talvez, nunca passamos por ele. Resta-nos, agora, a partir de nossas práticas de ensino, transformar os analfabetos funcionais, os decodificadores dos grafemas, em leitores maduros que darão ressignificados a tudo aquilo que leem. Assim, concluímos que a linguagem e o ensino são realidades inseparáveis e que estão em constante inter-relação.

O organizador.

Impresso na gráfica da
Pia Sociedade Filhas de São Paulo
Via Raposo Tavares, km 19,145
05577-300 - São Paulo, SP - Brasil - 2012